Julia Cameron

en collaboration avec Emma Lively

LIBÉREZ LA CRÉATIVITÉ DE VOS ENFANTS

Traduction de l'anglais par Laurence Le Charpentier

Dangles
DEPUIS 1926
ÉDITIONS

Ce livre est dédié à

Dorothy et James Cameron,

ainsi qu'à

Martha et Robert Lively,

qui ont encouragé la créativité chez leurs enfants.

Avec mes remerciements à...

La famille Cameron, La famille Lively, Tyler Beattie,
Sara Carder, Linda Kahn,
Joel Fotinos, Susan Raihofer

Paru en anglais sous le titre :
The Artist's Way for Parents : raising creative children

ISBN : 978-2-7033-1020-4

Une marque du groupe éditorial Piktos,
Z.I. de Bogues – rue Gutenberg – 31750 Escalquens

www.piktos.fr

TABLE DES MATIÈRES

AVANT-PROPOS

L'éducation des enfants est une belle aventure. Éveiller leur curiosité et leur sens de l'émerveillement contribuera à faire renaître en vous ces facultés. En faisant renaître ainsi votre curiosité et votre sens de l'émerveillement, cela contribuera à éveiller ces facultés chez votre enfant.

JULIA CAMERON

Quittant des yeux mes *pages du matin* pour plonger mon regard dans celui de ma fille, Serafina, je reste ébahie. Aujourd'hui, elle a découvert avec jubilation comment jouer à « coucou, te voilà » en attrapant la serviette humide qui me servait à débarbouiller son petit minois couvert de taches de purée de courge. Avec un grand sourire rayonnant, elle a poussé des cris de joie, en me fixant de ses immenses yeux bleus, ne s'interrompant que pour voir ce que j'allais faire ensuite. « Te voilà ! » me suis-je écrié gaiement. Et de nouveau, elle se cache le visage avec la serviette, puis, avec de grands éclats de rire, elle jette un petit coup d'œil, toute fière, radieuse. Quel bonheur ! Je m'empresse de griffonner cette scène dans mon journal, devenu une merveilleuse chronique de toutes les « premières fois » de Serafina.

Voir ainsi ses yeux pétiller quand elle joue est un pur plaisir. Ils expriment tant de choses, souvent fort sérieux, déterminés, avec une idée derrière la tête – ce que j'appelle : « Ça va être ta fête ! » Dans ces moments-là, je pense à ma mère, Julia. Ce même regard chez ma mère laisse entendre : « Je suis le genre de mère qui n'hésiterait pas à faire ça ! » ; les mots et l'œil pleins de promesses et de menaces implicites ! Intense, impressionnante et d'une grande créativité – la « fête » qui se prépare n'est pas pour les âmes sensibles. Cet éclair d'audace, associé à la ténacité et à l'ingéniosité de ma mère, la place au premier rang parmi mes maîtres et mes héros.

Ce livre en est la parfaite illustration – et c'est aussi un cadeau – pour tous ceux qui, comme moi, cherchent à développer pour leurs enfants et pour eux-mêmes une vie plus épanouie. Lors de mes meilleurs moments en tant que nouvelle maman, en tâtonnant pour trouver ma voie au cours de la première année de Serafina, je découvre qui est ma fille et quelle mère je suis. Je découvre l'écart entre « la mère que je devrais être » et celle que je suis en réalité – la mère que Serafina a besoin que je sois. Et puis, il y a ces moments où je me retrouve en train de me poser des questions et de m'inquiéter, comme je sais si bien le faire. « Est-ce que je suis une bonne mère ? », « Est-ce que ça suffit ? », « Est-ce que je lui suffis ? » et « Est-ce que je m'y prends comme il faut ? »

Et je me remets à penser à ma maman. Vingt-cinq ans plus tôt, elle m'a demandé si je pensais qu'elle était une « bonne mère ». Alors âgée de onze ans, je me suis empressée de répondre : « Tu es une maman RIGOLOTE ! » Pour moi, « bonne » n'excluait pas nécessairement « rigolote » et vice versa. Enfant sérieuse, j'avais besoin de m'amuser. Ma mère avait remarqué que nos aventures m'étaient nécessaires : faire du patin à roulettes dans tout l'appartement, du VTT ou du saut d'obstacles à cheval. J'avais besoin de l'occasion qu'elle m'offrait d'être une gamine, explorant courageusement la vie tout en l'appréciant. À présent, je constate combien les choix de ma mère étaient fondés sur ce qui m'était nécessaire. Elle a fait tout son possible pour m'offrir toutes les occasions de m'épanouir en devenant celle que suis – et pas seulement de « grandir ».

Quand ma mère m'apprenait à sauter à cheval, je me souviens qu'elle me disait de regarder au-dessus de l'obstacle, puis qu'elle me criait : « Maintenant ! Mets tout ton cœur dans le saut ! » Sans surprise, mon poney Shetland, Silver Lilly, bondissait par-dessus les petites barres croisées, et nous étions partis dans les airs ! Il s'agit là d'une des nombreuses méthodes de ma mère pour m'enseigner comment mettre la foi en pratique. Elle m'encourageait à découvrir mes limites. Je lui suis reconnaissante de m'avoir appris à composer ma vie comme une aventure créative. J'espère faire de même pour ma fille. J'ignore si Serafina aimera les chevaux, mais j'ai hâte de le découvrir.

D'ici là, nos aventures sont plus sages : des « mini rendez-vous avec l'artiste », se lâcher dans le rayon des fruits et légumes exotiques, ou se balader dans la serre du Jardin botanique pour voir des orchidées et des bougainvilliers en plein hiver dans le Midwest. Lors de nos promenades plus qu'emmitouflées, je cherche des signes du printemps, en indiquant du doigt les rouges-gorges, les jonquilles et les crocus qui poussent parmi les parterres de pensées bien entretenus. C'est le premier printemps de Serafina et, en le partageant avec elle, je vois le monde sous un autre jour, en trouvant réconfortants les cycles perpétuels.

Domenica Cameron-Scorsese

INTRODUCTION

Il y a vingt ans, j'ai publié un livre intitulé *Libérez votre créativité*, dont le propos central – que la créativité est une affaire spirituelle et que nous sommes tous créatifs – a trouvé un écho favorable chez les lecteurs. Près de quatre millions de personnes se le sont procuré et se servent de sa trousse à outils. Lorsque j'étais en déplacement pour enseigner, les gens venaient me voir avec des cadeaux.

« Je me suis servi de vos outils, et voici ce que j'ai fait », disaient-ils en m'offrant qui un livre, qui un CD ou un DVD. Or, ces cadeaux étaient souvent accompagnés d'une requête : « Je suis parent. Pourriez-vous écrire un livre sur la créativité pour les enfants ?

— Non, répondais-je toujours en riant. Si vous voulez que vos enfants soient créatifs, soyez-le vous-même. Les enfants apprennent en prenant exemple sur ce que nous faisons. »

Je devais faire face à la déception de mes interlocuteurs. Je croyais sincèrement que si mes lecteurs suivaient le programme proposé dans *Libérez votre créativité*, ils y découvriraient des moyens imaginatifs et innovants adaptés aux parents.

Mais ma réponse était sans doute un peu simpliste. Année après année, requête après requête, j'ai résisté parce que je pensais que les enfants étaient en fait déjà créatifs, et que leurs parents pouvaient toujours appliquer les conseils de mon premier livre pour se libérer du point de vue créatif et montrer ainsi l'exemple à leur progéniture. Mais qu'en était-il des parents qui ne connaissaient pas encore ce livre ? Les premières années de l'éducation des enfants ne sont pas les plus propices pour que les parents débordés puissent se lancer eux-mêmes dans une reconquête créative intense. Quelles idées sur l'éducation créative des enfants tirais-je de ma propre immersion dans une vie créative ? Quelles idées retenais-je de l'éducation dispensée par mes parents, aussi originale qu'encourageante ? Peut-être que certaines leçons pouvaient – et devaient – être enseignées.

Pendant vingt ans, on m'a demandé d'écrire ce livre.

Alors, pourquoi maintenant ? Tandis que ma fille embarque pour son nouveau voyage en tant qu'épouse et mère, je me surprends à reconsidérer ma situation, à vouloir lui donner un ensemble d'outils pratiques pour s'occuper de son enfant. Je veux transmettre les outils que j'ai moi-même utilisés, ainsi que ceux dont se servait ma mère, particulièrement créative.

Je viens d'une famille de sept enfants. Chacun d'entre nous gagne sa vie grâce à ce qu'il crée. Ma sœur aînée, Connie, est écrivain, ma sœur Lorrie aussi, tout comme Pegi, la benjamine, mes frères Jaimie et Christopher sont musiciens, et ma sœur Libby, peintre.

Quant à ma mère, poétesse, elle dispensait généreusement son amour maternel. Elle avait un grand panneau où elle affichait nos dernières œuvres. Chaque période de vacances était dédiée à des projets à thèmes artistiques. Nous réalisions des fantômes et des gobelins pour Halloween, des flocons de neige pour Noël, des cartes à la Saint-Valentin et des œufs pour Pâques. Nous travaillions tous sur nos projets à la grande table en chêne de la salle à manger. Les garçons comme les filles s'essayaient aux travaux manuels. Notre mère exposait le fruit de nos efforts le long du mur de notre escalier en spirale. Elle nous enseignait l'art de faire des découpages de flocons de neige, et ceux que nous produisions étaient affichés sur toutes les fenêtres disponibles.

Entre les vacances, notre mère s'assurait toujours que nous ne manquions pas de fournitures d'art. Je me rappelle avoir dessiné un cheval palomino en train de se cabrer, que mon père a encadré et suspendu dans la salle de séjour. Pas le moindre esprit de compétition entre frères et sœurs. On nous encourageait à nous réjouir mutuellement des talents de chacun. À cet égard, nos parents nous ont donné un bon exemple, invariablement enthousiastes devant nos créations.

D'une certaine manière, mes parents ne nous ont jamais transmis le message de notre société : qu'il est difficile de gagner de l'argent quand on est artiste, ou qu'être artiste n'est pas un « vrai » métier. Exercer notre créativité était toujours considéré comme un effort en valant la peine. Quand nous leur parlions de nos rêves, ils n'ont jamais dit : « Oh, mon amour, tu ne crois pas que tu devrais avoir aussi un plan de secours ? » Ils ont plutôt encouragé notre croyance que nous pouvions faire ce que nous aimions – et même gagner notre vie ce faisant.

Rétrospectivement, je trouve que mes parents se montraient originaux, et même radicaux, dans leur soutien inconditionnel à notre créativité. Sans se soucier des normes culturelles ni du qu'en-dira-t-on, ils ont attaché une grande importance à établir dans leur foyer une culture de saine créativité. Est-ce une coïncidence – ou même seulement surprenant – si, aujourd'hui adultes, nous gagnons tous notre vie grâce à nos talents créatifs ? Cette éducation a-t-elle préparé le terrain pour les concepts que j'allais exprimer et développer dans *Libérez votre créativité* et dans les trente livres qui ont suivi ?

Je ne suis pas experte en éducation familiale mais en créativité. Je suis cependant moi-même parent, et je me suis servie des outils de la créativité pour m'occuper de mon enfant. En grandissant, elle reflétait parfaitement ma croyance selon laquelle peu de choses sont plus propres – ou précieuses – à l'enfance que la créativité. La créativité est un projet d'ordre spirituel, tout comme l'éducation des enfants. La mission nous est confiée de porter tout aussi attention à l'âme de nos enfants qu'à leur corps. Il y a – et il y aura toujours – une multitude de traités scientifiques sur le développement de l'enfant. *Libérez la créativité de vos enfants* n'en fait pas partie. Ce livre est une trousse à outils spirituels, un soutien et un guide.

Dans notre société du « toujours plus », l'éducation des enfants également est censée viser les sommets. En quête de perfection, nous cherchons à élever des enfants parfaits. Nous sommes obsédés par les résultats de nos actions éducatives tandis que nous planons au-dessus de nos petits en essayant de leur offrir toutes les opportunités, la moindre bribe de connaissance et d'ouverture au monde. Nous en venons à nous inquiéter pour l'avenir universitaire de notre enfant alors qu'il est encore dans les langes. Nous sommes persuadés que, en tant que parents, nous devons montrer le plus grand sérieux. Or, sérieux, nous le sommes suffisamment comme ça. Ce qu'il faut à nos enfants, c'est une bonne dose de joie. Levons le pied sur cette quête obsessionnelle de perfection, sur cette éducation totalement « maîtrisée », et autorisons-nous plutôt à explorer ce qu'il y a de mystérieux là-dedans, et en y prenant plaisir.

C'est là qu'intervient la trousse à outils. Pour les enfants, de bons conseils et des encouragements pour tout ce qui concerne leurs talents créatifs. Pour les parents, de la complicité, de l'organisation, du soutien. Tout enfant – comme tout parent – est créatif. Pour certains d'entre nous, peut-être est-il plus facile de percevoir la créativité de nos enfants que la nôtre. En remarquant leur ouverture d'esprit et leur sens des possibilités, nous découvrirons éventuellement qu'ils nous rappellent aussi notre propre potentiel créatif. Mettre en pratique notre créativité, c'est un acte de foi, qui nous relie à une Puissance suprême.

Quand nous sommes disposés à explorer nos talents créatifs, nous nous autorisons, ainsi que nos enfants, à entrer en contact avec quelque chose de plus vaste – et aussi les uns avec les autres.

Dans ce livre, j'emploierai le mot « Dieu ». Je vous prie de ne pas laisser la sémantique vous empêcher de faire l'expérience des concepts qu'il recouvre. Peu importe le nom que vous lui donnez – la source, la force, l'univers, le Tao –, il existe un « Quelque Chose » bienveillant, plus vaste que nous-mêmes et auquel nous pouvons nous connecter. Nous pouvons trouver une voie spirituelle, indépendamment de notre éducation religieuse – laquelle, pour bon nombre d'entre nous, est peut-être un lointain souvenir. En encourageant la créativité de nos enfants, nous encourageons par la même occasion leur spiritualité. Les parents et les enfants sont en relation indépendante et directe avec un pouvoir supérieur et, par conséquent, ont toujours à disposition une réserve illimitée de soutien spirituel. Ce livre aidera les parents autant que les enfants à aller puiser à cette source.

Chaque enfant a différents besoins à différents moments. Et cependant, les mêmes outils spirituels ne cessent d'y répondre. Ce livre source se concentre sur les concepts universels auxquels les parents peuvent revenir, encore et encore, au fur et à mesure que leurs enfants grandissent. Il nous rappelle à bon escient que nous sommes tous des êtres spirituels avec la créativité inscrite dans notre ADN. Le moindre signe d'encouragement spirituel produit de grands résultats. Divisé en douze chapitres, chacun traitant d'un thème spirituel accompagné d'exercices, *Libérez la créativité de vos enfants* est destiné aux parents d'enfants âgés de zéro à douze ans. Il n'est jamais trop tôt – ou trop tard – pour prendre soin de leur créativité. À l'aide de ce livre, les parents reconstitueront leurs réserves créatives et prendront soin de celles de leurs enfants en leur donnant de précieux outils lors de ce voyage vers l'âge adulte.

L'éducation des enfants est une grande aventure. Les premières années en tant que parents peuvent s'avérer l'un des chapitres les plus inspirants de votre vie, car elles vous permettent de vous ouvrir à une forme d'amour et d'épanouissement encore inédite pour vous. En mettant à profit ces années pour puiser dans votre propre créativité et dans celle de votre enfant, ensemble vous aimerez et vous épanouirez. Éveiller la curiosité et le sens de l'émerveillement de votre enfant contribuera à faire renaître en vous ces facultés. En faisant ainsi renaître votre curiosité et votre sens de l'émerveillement, cela contribuera à éveiller ces facultés chez votre enfant. Pratiquer la créativité, seul ou ensemble, renforce le lien parent-enfant. Nourri par l'optimisme, votre enfant prendra la voie d'une vie trépidante et aux vastes horizons.

LES TROIS OUTILS DE BASE

Libérez la créativité de vos enfants fait usage de trois outils de base : les « pages du matin », les « expéditions créatives » et les « temps forts ». Ces outils, utilisés en association, vous permettront de développer votre capacité à conseiller, votre énergie et une certaine clarté d'esprit tandis que vous explorerez toutes ces bonnes impulsions créatives qui se produiront en vous et chez vos enfants. Utilisés régulièrement, ces outils vous apporteront une fondation spirituelle et un sentiment continu de structure et de sécurité.

1. LES « PAGES DU MATIN » – TROIS PAGES D'ÉCRITURE PAR JOUR À EFFECTUER À LA MAIN, UNIQUEMENT PAR LE PARENT

J'appelle « pages du matin » l'outil de base de la (re) découverte créative. Pratiquées dès le réveil, elles permettent de détourner la négativité, car elles provoquent, clarifient, réconfortent, cajolent, donnent la priorité et synchronisent la journée qui s'annonce. Parfois, les parents ont l'impression d'avoir perdu leur droit à l'intimité, mais ce n'est pas nécessairement le cas. Les pages du matin sont strictement privées. Elles représentent un lieu sûr où évacuer, méditer, élaborer des stratégies et rêver. Il n'y a pas de façon incorrecte de faire ses pages du matin. Il s'agit simplement d'écrire à la main – oui, à la main ! – tout ce qui vous passe par la tête, et au bout de trois pages, vous vous arrêtez. Ne partagez ces textes avec personne. Certains de mes étudiants déchiquettent, brûlent, cachent ou mettent sous clé leurs pages du matin. Moi-même, j'ai souvent plaisanté en disant que dans mon testament devrait être indiqué : « Incinérez d'abord les pages du matin, ensuite seulement occupez-vous du corps. » Les pages du matin constituent pour le parent un kit de soutien portable et privé.

L'éducation des enfants est une expérience émotionnelle, et vous avez le droit d'éprouver tous les sentiments qui se manifestent en vous. Les pages du matin constituent un lieu sûr où vous transformerez ces sentiments, ce qui vous permettra finalement d'être davantage présent dans votre journée – et avec votre enfant.

« Mais Julia, s'exclament parfois mes étudiants, je n'ai pas le temps de me lever pour écrire ces pages du matin avant que mon enfant se réveille ! »

Je leur recommande alors d'écrire autant de pages que possible avant le réveil de leur enfant, puis de se consacrer à la famille, en terminant leurs pages comme ils peuvent. Dans un monde idéal, nous aurions tous le temps de terminer nos pages du matin. Mais mieux vaut les écrire petit à petit que pas du tout. Ce qui est ici important, c'est que vous ayez un endroit où transformer sans risque un grand tumulte émotionnel. Virginia Woolf disait qu'un écrivain avait besoin « d'une chambre à soi ». Selon moi, elle a voulu dire que tous les écrivains ont besoin d'intimité et de solitude. J'élargirais ce conseil à tout le monde, pas uniquement aux écrivains, et plus particulièrement aux parents. Vues sous cet angle, les pages du matin peuvent être considérées comme « une chambre à soi », privée, nomade. Au début, il sera peut-être tentant de les partager, mais après quelques semaines de pratique, l'importance de leur aspect privé vous paraîtra évidente.

J'ai inventé les pages du matin quand ma fille était toute petite et que son besoin d'attention me submergeait. J'ai commencé à me lever avant elle pour griffonner rapidement une page. J'éprouvais un sentiment commun à bon nombre de nouvelles mères : « Je ne sais plus qui je suis. » Les pages du matin m'ont aidée à reprendre contact avec moi-même.

Ces pages n'ont pas vocation à être de l'« art ». C'est même plutôt le contraire. Il est essentiel qu'elles soient manuscrites, car le simple déplacement de la main sur la page nous met en relation avec notre Moi authentique. La plupart d'entre nous iraient sans doute plus vite en pianotant sur un clavier d'ordinateur. Mais aller plus vite ne signifie pas que ce serait mieux. Dans ce cas, la vitesse est l'ennemie.

Imaginez-vous au volant d'une voiture, en train d'accélérer à 120 km/h. « Oups ! C'était là, ma sortie ? C'était une station-service ou une supérette ? » Voilà à quoi cela ressemble d'écrire les pages du matin sur ordinateur.

Maintenant, imaginez-vous en train de conduire plus modérément, à 90 km/h : « Tiens, voilà une station-service », et « C'est ma sortie… et il y a aussi une supérette ». En d'autres termes, les pages du matin vous permettent de vous positionner précisément dans le paysage de votre vie.

Je compare souvent les pages du matin à une forme de méditation exclusivement adaptée aux Occidentaux hyperactifs. La plupart d'entre nous trouvent très difficile de rester assis sans rien faire ne serait-ce que vingt minutes. Ces pages vous permettront de vous asseoir tout en faisant quelque chose. Avec ces pages, nous disons : « C'est ce que j'aime, c'est ce que je n'aime pas… C'est ce dont je voudrais davantage, c'est ce dont je voudrais moins. » C'est comme si nous envoyions un télégramme à l'univers.

« Mais Julia, mes nuits sont plutôt courtes ! » vous entends-je déjà protester. Je dois vous dire que je compatis, et je vous promets que les pages du matin vous apporteront du temps comme de l'énergie.

Quand j'ai commencé à écrire les pages du matin, j'étais mère célibataire. Domenica et moi, nous vivions à Taos, au Nouveau-Mexique, dans une maison en pisé tout au bout d'un sentier de terre tortueux. Les fenêtres donnaient au nord, sur le mont Taos. Je me levais tôt et m'installais à une longue table en pin, face au nord. J'ignore d'où est sortie l'idée de me mettre à écrire trois pages par jour, mais c'est ce que j'ai fait, en me levant dès que le soleil émergeait des montagnes. Au début, mes pages reflétaient une humeur grincheuse, des ronchonnements. Je leur demandais quelle direction je devais prendre. À l'époque, j'étais scénariste pour Hollywood, et mes scénarios, pourtant toujours achetés, n'étaient pas réalisés. Je me sentais découragée. Puis, un matin, alors que je terminais mes pages, un personnage s'est manifesté dans ma conscience, accompagné de l'idée suivante : « Tu pourrais écrire un roman au lieu d'un film. » Et c'est ce que j'ai fait. Chaque jour, j'écrivais mes pages du matin, puis j'enchaînais avec la rédaction de mon roman. Les pages m'avaient révélé mon dilemme créatif et proposé une solution. Au fil du temps, j'ai découvert qu'elles me proposaient des solutions à des problèmes en tout genre. En terminant mon roman, mes pages mirent en lumière que je ne voulais pas vraiment vivre au bout d'un sentier dans une maison en pisé. Peut-être un de ces jours, mais pas maintenant. Au lieu de cela, les pages me suggéraient de retourner à New York. Et après le déménagement, j'ai reçu « l'ordre de route » qui me disait que je devais enseigner.

Je me souviens de tout très clairement : je marchais dans Greenwich Village en priant pour que vienne l'inspiration d'un nouveau projet d'écriture. Ce que j'entendis clairement fut la directive : « Enseigne. » J'en ai été horrifiée. Je ne voulais pas enseigner. Je pensais que cela étoufferait mon artiste intérieur. De retour à la maison après ma promenade, j'ai téléphoné à une amie :

« Regina, on m'a appelée pour enseigner.

— Ahh, a-t-elle répondu. Je te rappelle tout de suite. »

Et fidèle à sa parole, elle m'a rappelée quinze minutes plus tard.

« Félicitations, m'a-t-elle dit. Tu es maintenant au *New York Feminist Art Institute*, et ta première classe t'attend jeudi. »

Et c'est ainsi que j'ai commencé à enseigner, en donnant à mes étudiants trois pages à écrire le matin et en constatant que, pour eux comme pour moi, cette pratique menait à des découvertes capitales.

Je remarquais que ce phénomène semblait tout particulièrement se vérifier chez les parents. Même s'ils protestaient qu'ils « ne pouvaient pas » les faire, en réalité, ils les faisaient bel et bien, et rapportaient avec enthousiasme les intuitions et les idées qui venaient se déverser sur la page. La solitude liée à l'éducation des enfants faisait de ces pages une compagne d'autant plus précieuse. Enfin, quelqu'un à qui parler !

Je vous conseille vivement d'essayer les pages du matin, et de découvrir par vous-même ce qui en résultera.

2. L'« EXPÉDITION CRÉATIVE » – UNE AVENTURE EN DUO À PLANIFIER UNE FOIS PAR SEMAINE, À ATTENDRE AVEC IMPATIENCE ET À ENTREPRENDRE ENSEMBLE, PAR LE PARENT ET L'ENFANT

Une « expédition créative » n'a pas à être d'envergure, mais se doit d'être ludique. L'essentiel est de remplir nos coffres spirituels. Pour trouver des idées d'expédition créative, pensez fantaisie, frivolité, divertissement. En fonction de l'âge de vos enfants, ils pourront s'investir activement dans le choix de votre destination.

Natasha, une mère au foyer, a commencé à faire des expéditions créatives alors que son enfant était encore en bas âge.

« J'avais besoin de sortir de la maison. C'était bon pour ma fille et pour moi d'aller prendre l'air. Je la mettais dans sa poussette et m'aventurais là où j'allais me faire plaisir. Parfois, c'était un musée, d'autres fois, un magasin de chaussures. Je pouvais dire, alors même que mon enfant était trop jeune pour apprécier par elle-même tous ces endroits, qu'elle était attentive et s'imprégnait de ce qu'elle voyait. Je constatais que le changement de décor l'intéressait et qu'elle y prenait autant plaisir que moi. En grandissant, ma fille m'a aidée à choisir ces aventures. Je l'ai emmenée au zoo et dans les magasins de jouets, à l'aquarium et au concert. Et même si je l'aurais fait de toute façon, le fait d'en prendre la peine et de planifier nos sorties en les attendant avec impatience a fait toute la différence. Cela m'a obligée à trouver une nouvelle aventure à vivre chaque semaine. Cela reste, pour ma fille et moi, l'une de nos activités communes préférées. »

Les parents d'enfants plus grands ou plus nombreux trouveront dans l'organisation des expéditions créatives l'occasion d'amener un peu de magie dans leur foyer. Minette, mère de quatre garçons, les encourage à choisir à tour de rôle l'aventure de la semaine.

« Mon aîné, Cormic, a douze ans et adore planifier des expéditions créatives, dit Minette. Il se montre très protecteur envers ses trois jeunes frères, et il est fier de choisir quelque chose que tout le monde appréciera vivement. J'ai vraiment le sentiment qu'il acquiert ainsi une bonne expérience dans l'art d'éduquer les enfants… Un art qui réclame un certain sens du compromis quand on a plusieurs enfants. Cependant, il y a des aventures auxquelles tout le monde peut participer. Pour nous, c'est toujours une expérience qui resserre les liens familiaux. Plus mes enfants grandissent, plus ils prennent de responsabilités – et plus ils ont d'eux-mêmes envie d'en prendre. »

Pour le parent et l'enfant, respecter cette plage de « divertissement » planifié peut se révéler le temps fort de la semaine – et l'un des aspects les plus importants pour accroître la régularité et l'émerveillement dans la vie de nos enfants. Il est essentiel que les expéditions créatives n'évoluent pas en balades-shopping. Il vaut mieux aller faire un tour au zoo ou à l'aquarium qu'au magasin de jouets.

PLANIFIEZ DES EXPÉDITIONS CRÉATIVES

Un exercice

Répertoriez cinq expéditions créatives que vous pourriez entreprendre avec votre enfant, comme aller au zoo, dans un musée pour enfants, sur une nouvelle aire de jeux, dans une cathédrale ou à la bibliothèque.

1. ______________________________
____
2. ______________________________
____
3. ______________________________
____
4. ______________________________
____
5. ______________________________
____

3. LES « TEMPS FORTS » – UN RITUEL QUOTIDIEN AVANT D'ALLER DORMIR, OÙ LE PARENT ET L'ENFANT SE RACONTENT LEUR MOMENT PRÉFÉRÉ DE LA JOURNÉE

Combien de mères et de pères finissent la journée exténués, et même parfois grincheux ? Ayant bordé leur enfant dans son lit, ils sont prêts à ce que la journée se termine. Mais le moment d'aller se coucher peut se révéler un rituel revitalisant. Le troisième outil, les « temps forts », permet de terminer la journée sur une note positive. « Voilà ce que j'ai préféré aujourd'hui, dit le parent. C'est quand nous sommes allés au parc canin regarder les chiens jouer. Et toi, quel était ton moment préféré ? »

« J'ai bien aimé faire de la balançoire », répondra leur enfant, ou peut-être : « Moi aussi », choisissant également le parc canin.

« Oui. C'était marrant de te pousser sur la balançoire », ou : « Oui… je pensais que ces chiots te plairaient. »

En prenant l'habitude de considérer le positif, chaque promenade de la journée deviendra un jeu.

Domenica et moi, nous avons pratiqué ce rituel tous les soirs. À présent, même si nous vivons dans des villes différentes, nous avons gardé l'habitude de prendre des nouvelles l'une de l'autre chaque jour. Nos conversations n'ont pas besoin d'être longues pour que nous nous connections et nous sentions à jour sur la vie de l'autre tandis que nous passons rapidement en revue les moments les plus mémorables de la journée.

Revoir les temps forts de la journée est une habitude à prendre qui permet de forger d'heureux souvenirs.

Chapitre premier

CULTIVEZ UN SENTIMENT DE SÉCURITÉ

Tous les enfants sont des artistes. Le problème, c'est de le rester une fois adulte.

PABLO PICASSO

La créativité naît de la générosité et prospère dans une atmosphère de sécurité et d'approbation. Pour que nos enfants s'épanouissent, nous devons cultiver cet environnement dénué de danger. Et pour cela, nous devons accepter de nous occuper aussi de notre propre santé créative et spirituelle. En prenant soin de nous, nous nous donnons l'énergie et la clarté mentale nécessaires pour prendre soin de nos enfants. Tout comme, en avion, on nous conseille de mettre notre propre masque à oxygène avant d'aider les enfants qui nous accompagnent à s'équiper, nous devons prendre soin de notre propre développement afin de servir d'exemple à nos enfants. Puisqu'un foyer heureux et créatif s'épanouit grâce à un parent heureux et créatif, notre premier objectif sera de trouver des approches créatives aux réalités courantes et exigeantes inhérentes au rôle parental. Quelques outils simples nous aideront à entreprendre ce voyage le cœur léger et confiant, en établissant au sein de notre foyer un sentiment de sécurité spirituelle communicatif et plein d'entrain.

PLANTEZ LE DÉCOR

Les enfants nous imitent ; en jouant avec des camions ou à la poupée, dès leur plus jeune âge, ils imitent les comportements des adultes. Ils s'imprègnent aussi de nos attitudes et de nos états émotionnels, et nous en renvoient l'image. Quand nous sommes stressés, ils le perçoivent. Quand nous sommes joyeux, ils se font le reflet de notre plaisir. Quand nous nous sentons en sécurité, nos enfants aussi. Quand nous montrons un enthousiasme sincère, ils apprennent à se passionner pour quelque chose. Constater comment ils apprennent en suivant notre exemple est l'une des grandes joies lors de leur éducation. En tant que parents, nous leur fournissons l'exemple qui leur montre comment vivre leur vie.

Desi, mère d'Aaron, six ans, est infirmière, et son mari, Eric, a fait carrière comme pompier. Aaron a une collection de camions de pompier miniatures – des cadeaux de son papa – qu'il considère comme un vrai trésor. « Il est tout à fait convaincu qu'il répond aux urgences quand il joue avec ces camions, dit Desi en riant. Il dit qu'il est un héros, comme son papa, et il a raison. »

Le rapport qu'entretient Aaron avec ses petits camions de pompier est en réalité le rapport qu'il a avec son père.

Lorsque Domenica était en maternelle, tous les jours je l'emmenais et allais la chercher à pied à l'école. Même si je variais les itinéraires, notre trajet préféré impliquait de passer devant une poissonnerie. Tenant Domenica par la main, je l'entraînais à l'intérieur du magasin, plutôt sombre. Je la conduisais jusqu'à l'aquarium où flottait un couple assorti de pterophyllums. « Jolis, mais mesquins », lui ai-je dit. Je l'ai ensuite conduite à l'aquarium qui contenait une flottille de xiphos. À notre approche, les poissons se sont précipités comme des fous pour aller se cacher derrière une formation de corail. « Jolis, mais timides », ai-je dit à ma fille.

« Maman, regarde ! » est-elle intervenue en m'entraînant vers un aquarium plein de poissons rouges à la queue en éventail. À notre approche, ils se sont rapprochés, aussi intéressés par nous que nous l'étions par eux. « Jolis, mais pas timides », ai-je expliqué en prenant note à part moi que Domenica était assez grande pour apprécier un aquarium. Pour son sixième anniversaire, à sa plus grande joie, je lui ai offert un couple de poissons rouges à la queue en éventail dans un aquarium de la taille d'une petite télé. Des années plus tard, quand Domenica est partie étudier à la fac, elle a acheté un aquarium pour sa chambre en résidence universitaire. « J'ai l'impression d'être à la maison », a-t-elle expliqué. J'ai souri intérieurement, en me souvenant de nos trajets vers l'école et en m'émerveillant que ce simple arrêt ait pu avoir un tel impact.

Tout autant que nous devons faire l'effort conscient d'entrer en contact avec nos enfants, nous devons aussi faire l'effort conscient d'« entrer en contact » avec nous-mêmes, en prêtant bien attention à nos propres besoins et désirs.

En tant que parents, nous pensons souvent à tort que nous devons nous rendre absolument disponibles à tout moment pour nos enfants – y déroger ferait de nous de « mauvais parents ». Mais quel est précisément le modèle que nous voulons leur donner si nous renonçons à nous-mêmes au nom de la générosité ? Devenir parent est certes un acte d'abnégation – mais nous ne devons pas nous perdre de vue si nous voulons pouvoir transmettre quelque chose à nos enfants.

Lorsque ma fille était toute petite, j'étais mère célibataire et mon boulot consistait à subvenir à nos besoins en écrivant. Je ne pouvais me permettre d'arrêter d'écrire, et c'est ainsi que je suis devenue une écrivaine avec enfant. Je me suis formée en autodidacte à l'écriture, pendant que ma fille se promenait à quatre pattes à mes pieds. « Maman est occupée à écrire », lui disais-je, en l'incitant à jouer avec ses chevaux miniatures. J'ai ainsi appris à jeter sur la page les idées qui me passaient par la tête, en écrivant rapidement.

« Maman, m'interrompait ma fille.

— Maman travaille. Maman est occupée à écrire », lui répétais-je.

Ma fille a vite appris que je ne lui accorderais mon attention qu'une fois ma page terminée. Elle m'a dès lors interrompue de moins en moins souvent et s'est concentrée sur ses jouets. Et elle a vite compris aussi que « je joue » s'apparentait à une limite, tout comme « je suis occupée à écrire ». Elle avait pris exemple sur la concentration qu'elle me voyait afficher. Avec un petit choc, je me suis rendu compte que je lui avais appris une précieuse capacité d'autonomie. Tandis que je puisais dans mon imagination pour écrire, elle puisait dans la sienne pour jouer. Une fois que je m'étais empressée de remplir la page, ma fille réclamait alors mon attention.

« Quel est ton cheval préféré ? » lui demandais-je.

Elle aimait le palomino doré.

« C'est mon préféré, à moi aussi », lui disais-je.

Et ensemble, nous placions la petite figurine dans une boîte à chaussures qui lui servait d'écurie.

« Comment trouves-tu le temps d'écrire ? » me demandaient parfois mes amis.

Je leur parlais des petits chevaux de Domenica et de la limite que j'avais fixée : « Maman est occupée à écrire. »

« Mais Domenica ne t'en veut pas ? » s'est enquise une autre mère qui n'avait fixé aucune limite, toujours prête à répondre à l'appel de son fils. Au fil du temps, je remarquais que celui-ci devenait de plus en plus avide de l'attention constante de sa mère. Je me souviens qu'il était venu jouer chez nous et que j'avais sorti les chevaux miniatures et invité les deux enfants à s'amuser avec. Sans tarder, notre jeune visiteur avait requis mon attention. C'est alors que j'avais entendu Domenica lui dire : « Maman est occupée à écrire. » Non, Domenica ne m'en voulait pas d'écrire. En fait, il ne lui a pas fallu longtemps pour se mettre elle-même à l'écriture. Au fil des ans, les petits chevaux ont cédé la place aux journaux intimes. Elle écrivait des poèmes, des histoires courtes, des mini pièces de théâtre – ce que j'avais moi-même écrit quand elle jouait à mes pieds avec son palomino doré.

PLANTEZ LE DÉCOR POUR FAVORISER L'ENTHOUSIASME

Un exercice

Faites la liste de ce que vous aimez, par exemple : la neige, la tarte aux cerises, les perroquets, les gerberas ou jouer de la batterie.

1. ______________________________

2. ______________________________

3. ______________________________

4. ______________________________

5. ______________________________

Comment pourriez-vous partager ces goûts et centres d'intérêt avec votre enfant ?

Par exemple :

La neige – Découpez des flocons de neige.

La tarte aux cerises – Faites-en une en suivant la recette de grand-mère.

Les perroquets – Rendez-vous dans une oisellerie.

Les gerberas – Allez ensemble à la jardinerie pour en acheter une, puis, de retour à la maison, dessinez la fleur.

Jouer de la batterie – Recyclez une boîte de flocons d'avoine en tambour.

Maintenant, choisissez un élément de cette liste et lancez-vous dans son exploration avec votre enfant.

ISOLEMENT

Devenir parent exige que nous introduisions – et fassions disparaître – certaines choses dans notre vie telle qu'elle était auparavant. S'introduisent dans notre quotidien un berceau et une table à langer, et en disparaissent les sorties spontanées en soirée et le temps de sommeil essentiellement dicté par notre degré de fatigue. Un sentiment d'isolement peut naturellement intervenir dans cette transition, et ce n'est aucunement un échec de votre part. Cependant, il est important d'éviter de prendre l'habitude de vous isoler. Aussi impuissants que nous puissions nous sentir face aux grandes plages de temps passées seuls avec notre enfant, nous ne le sommes pas en réalité. Certaines stratégies simples peuvent nous protéger des souffrances de l'isolement – ce qui est important pour notre bien-être comme pour celui de nos enfants.

L'isolement quand on est parent revêt deux formes : l'une consiste à s'éloigner de ses amis, et l'autre à s'éloigner de soi-même. Si vous êtes capable de rester en contact avec les nombreuses facettes de votre personnalité, vous serez alors mieux à même de gérer les relations fluctuantes – et le temps passé seul – dont vous ferez l'expérience en tant que parent.

Hier, mon téléphone a sonné. Une nouvelle maman était au bout du fil :

« J'ai juste besoin d'entendre la voix d'un autre adulte, m'a-t-elle expliqué.

— La maternité vous tape sur le système ? ai-je demandé.

— J'en ai bien peur, a-t-elle répondu en riant. Mon fils est de bonne compagnie, mais il ne représente pas toute la compagnie dont j'ai besoin. »

Mon interlocutrice avait raison à ce sujet. Comme beaucoup de mères, elle s'était retrouvée en proie aux affres de l'isolement, ainsi qu'à la culpabilité.

« Je devrais être plus épanouie », dit-elle.

Mais alors même qu'elle consacrait son temps et toute son attention à son enfant, elle aspirait plus que tout à une conversation avec un autre adulte. Ce qu'elle ignorait, c'était que ses aspirations et le sentiment de culpabilité qu'elles engendraient étaient parfaitement normaux. Je ne pouvais lui proposer de traverser tout le pays pour effectuer une heure de baby-sitting chez elle, mais je pouvais l'écouter pendant ses quelques minutes de temps libre. Je pouvais la comprendre et m'identifier à elle, et lui montrer que j'avais moi-même éprouvé les mêmes sentiments lorsque j'étais une jeune maman. Je pouvais lui rappeler qu'elle n'était pas seule.

Avant la naissance de ma fille, je gagnais ma vie comme journaliste de cinéma. Je me déplaçais sur les lieux de tournage d'un film et y passais de longues journées, entourée de l'équipe technique. J'appréciais ce travail, et j'adorais poser des questions directes à chaque membre de l'équipe. Ils étaient tous trop heureux de me parler de leur boulot, convaincus, à juste titre, que le film n'aurait pu se faire sans eux. Cela se vérifiait pour l'éclairage, le son, les costumes – les nombreux et divers domaines de l'expertise cinématographique. Quand j'ai été enceinte de Domenica, je me suis surprise à ne plus me sentir à ma place. Mon uniforme de cinéaste – blue-jean et tee-shirt – a cédé la place à des vêtements de grossesse. Alors que les membres de l'équipe de tournage se montraient courtois, j'ai eu l'impression d'être mise sur la touche. Bien que je me sois rebellée contre ces sentiments, ils n'en demeuraient pas moins.

J'ai accouché de Domenica le jour de la Fête du Travail, notre unique jour de congé dans le planning de vingt-deux semaines. Lorsque la voiture est arrivée pour me conduire à la maison, ma fille dans les bras, j'ai indiqué au chauffeur de nous emmener, non pas chez nous, mais au plateau de la MGM où le père de Domenica était en plein tournage. Je lui ai présenté le bébé avec fierté – un nourrisson magnifique. Mais bientôt, il a été temps pour mon époux et son équipe de reporter leur attention sur le tournage, et la responsabilité m'a incombé de ramener le bébé à la maison. J'ai ressenti malgré moi un sentiment d'isolement et de peur, alors même que Domenica dormait profondément dans son lit d'enfant préparé pour elle avec grand soin. À partir de là, mes journées sont devenues celles de ma fille. Lorsque mon mari rentrait à la maison, j'étais impatiente de l'écouter parler de la vie sur le plateau, et j'étais plus que consciente que lui relater comment la journée de notre fille s'était déroulée était répétitif. Elle mangeait, elle dormait, elle jouait, et moi, j'incarnais son public captif. Mon époux l'adorait, mais il n'était pas enchanté par ses pitreries. Quant à moi, j'avais perdu mon rôle de camarade de jeu pour lui. J'étais de plus en plus « Maman », et ce que j'avais été avant me manquait. Quand notre fille a eu presque un an, mon mariage s'est désintégré. Avec ma machine à écrire et mon enfant, j'ai emménagé dans la maison qui serait dorénavant la mienne.

À ce moment, j'étais vraiment isolée. Mes journées se limitaient à m'occuper de mon enfant et à travailler. J'écrivais dès que Domenica faisait un somme ou était absorbée par ses jouets dans son parc pour bébé. Désirant être une bonne mère, j'ai fait l'erreur de penser que la maternité équivalait à un boulot qui ne me laissait plus aucune place – un boulot à assurer vingt-quatre heures sur vingt-quatre, sept jours sur sept, me disais-je alors. Sans son père, cette enfant dépendait de moi, et de moi seule. Je n'avais plus d'autre choix, aucune autre option. Et si des idées n'incluant pas ma fille me venaient parfois, elles devaient tout simplement attendre, être remises à plus tard ou finir aux oubliettes. Je suis devenue de plus en plus irritable et frustrée, ayant l'impression d'être retenue par une laisse courte. C'est alors que mon amie Julianna McCarthy, plus âgée et plus sage, m'a dit de prendre une baby-sitter et de sortir un peu de chez moi toute seule.

« Tu dois t'occuper de toi en priorité », m'a-t-elle conseillé.

La prenant au mot, j'ai engagé une baby-sitter et pris le premier congé de ma maternité.

« Tu vois combien tu te sens mieux quand tu te donnes la priorité », m'a fait remarquer Julianna.

En effet, je me sentais mieux. J'avais plus de patience, de fantaisie, d'optimisme. J'étais plus réceptive aux émotions de Domenica, à son humeur et à ses idées – ainsi qu'aux miennes. Et c'est ainsi que cette habitude de faire une expédition en solo une fois par semaine, le précurseur des « rendez-vous avec l'artiste », s'est établie.

Il est important de ne pas se laisser aller en restant confiné chez soi. L'isolement mène à la dépression et à l'impression d'être piégé. En restant seuls à la maison avec notre enfant, nous risquons de nous sentir déconnectés et déprimés. Et en proie à ces sentiments tout en passant du temps avec notre enfant bien-aimé, nous ressentons de la culpabilité. Si nous étions de meilleurs parents, ne serions-nous pas aux anges de passer chaque instant avec notre enfant ? Les pages du matin nous signalent ces sentiments d'apitoiement sur soi. Les parents en font couramment l'expérience. Par le passé, les jeunes parents n'étaient pas isolés. Vivant au sein de foyers multigénérationnels et de communautés très soudées, ils étaient constamment entourés d'adultes. La vie privée et la famille nucléaire sont des phénomènes relativement nouveaux, qui s'accompagnent d'autant d'avantages que de pièges.

En écrivant ses pages du matin, un jeune père participant à mon atelier du moment à Santa Fe pour libérer sa créativité a rapidement découvert qu'il y déversait beaucoup de sa colère de nouveau parent.

« Je suis gêné de l'admettre, m'a-t-il confié, mais j'envie mes amis toujours célibataires. Je ne peux plus sortir avec eux ni rester debout tard le soir et j'ai l'impression que ma vie ne va plus jamais être drôle... du moins, comme elle l'était avant. Je n'arrive pas à croire combien leur liberté me rend jaloux.

— C'est tout à fait normal d'éprouver ces sentiments », lui ai-je dit.

Mais je me doutais qu'il ne s'agissait pas seulement de jalousie quant à leur style de vie.

« C'est parce qu'ils vous manquent ? ai-je demandé.

— Oui, a-t-il répondu après un profond soupir. Ils me manquent vraiment. J'ai l'impression qu'ils se sont quasiment retournés contre moi. D'une certaine façon, à présent, j'ai besoin d'eux plus que jamais... Or j'ai plutôt l'impression de les avoir tellement moins qu'avant. »

Très souvent, nos amis célibataires ou sans enfants se sentent menacés par notre nouveau rôle de parent. Ils se sentent effrayés par nos enfants, et même en rivalité avec eux. Habitués qu'ils étaient à nous trouver toujours disponibles, ils peuvent presque se montrer hostiles quand ils n'obtiennent pas ce qu'ils attendent de nous parce que nous sommes occupés avec nos enfants.

« Cela nécessitera sans doute un peu de créativité, mais pourquoi ne pas essayer d'accueillir vos amis dans votre nouvelle famille ? lui ai-je demandé. Avez-vous une idée de comment procéder ?

— Vous savez, c'est très simple, a-t-il répondu après quelques secondes de réflexion, mais ce que mes copains et moi avions l'habitude de faire, c'était de nous retrouver le dimanche après-midi pour regarder le foot. Je devrais peut-être les inviter tous… comme au bon vieux temps. Si je dois aller dans la pièce d'à côté pour m'occuper du bébé de temps en temps, je le ferai, mais j'aurai toujours le plaisir d'avoir mes amis chez moi. Et peut-être qu'ils aimeraient savoir comment ça se passe, dans ma nouvelle vie. »

Une semaine plus tard, il revint me voir.

« J'ai organisé une réunion foot, m'a-t-il annoncé avec un grand sourire. Ma femme et moi nous sommes occupés du bébé à tour de rôle. Il a pleuré et hurlé par moments, mais mes amis l'ont toléré, ce qui m'a surpris. Et certains étaient tellement sous le charme de mon fils qu'ils voulaient le prendre dans leurs bras. Il y avait le match à la télé dans l'autre pièce, comme ça, tout le monde pouvait faire ce qui lui plaisait. Mais je me suis rendu compte que je n'avais pas perdu mes copains. Ils ne savaient simplement pas comment faire partie de ma nouvelle vie, alors que je n'avais qu'à les inviter chez moi. »

Au fil du temps, le jeune père a découvert qu'il pouvait renouer avec ses « vieux » amis, et s'en faire de nouveaux aussi. Avoir des enfants lui a permis de rencontrer d'autres personnes avec enfants, et il s'est rendu compte que sa nouvelle situation élargissait son cercle social au lieu de le restreindre.

Les trois outils de base briseront votre isolement en favorisant les contacts. Il est crucial, en tant que parents, de parvenir à conserver notre sens de l'aventure – et de considérer l'éducation des enfants comme une aventure. La clé, c'est de trouver de manière proactive des aventures qui nous feront sortir de la maison et interagir avec autrui. En planifiant et en faisant ces sorties, nous créons du lien – avec nous-mêmes, nos enfants et le monde qui nous entoure.

LE RENDEZ-VOUS AVEC L'ARTISTE

Exercice

L'un des outils de base proposés dans *Libérez votre créativité* est « le rendez-vous avec l'artiste » : une entreprise en solo à effectuer une fois par semaine pour faire quelque chose d'amusant, tout seul. Un « rendez-vous avec l'artiste » n'a pas vocation à être un chef-d'œuvre, mais consiste simplement à vous rendre à un « rendez-vous » que vous penserez être une aventure que vous apprécierez.

Faites la liste de cinq sorties qui pourront s'avérer amusantes, par exemple : aller visiter une boulangerie, se faire faire une manucure en choisissant une couleur de vernis à ongles délirante, aller dans une jardinerie, ou assister à un match de base-ball ou à un concert.

1. ______________________________________
2. ______________________________________
3. ______________________________________
4. ______________________________________
5. ______________________________________

Cette semaine, engagez une baby-sitter pour deux heures, et en route pour votre « rendez-vous avec l'artiste » ! Peu de choses nous relient à nous-mêmes davantage que la volonté de faire cette simple sortie.

Faites maintenant la liste de cinq aventures que vous pourriez vivre avec votre enfant. Choisissez-en une ensemble, et en route pour votre expédition créative !

1. ______________________________________
2. ______________________________________
3. ______________________________________
4. ______________________________________
5. ______________________________________

LE CERCLE DE SÉCURITÉ

Je me rappelle qu'une fois, juste après avoir dit à l'une de mes amies que je me sentais seule depuis que j'étais mère, je me suis rendu compte que c'était le jugement sévère que cette amie portait sur moi – et mon aveu de solitude – qui me faisait me sentir si seule. « Pourquoi serais-tu seule alors que tu es toujours avec ta fille ? » m'a-t-elle demandé avec insistance.

C'est ainsi que j'ai pris conscience d'un mythe répandu à propos du fait d'être parent : selon ce mythe, on devrait être totalement comblé par ses enfants, sinon ce serait le signe que quelque chose cloche en nous. J'ai dû faire preuve de discernement dans mes amitiés. Certaines personnes essayaient de me donner honte de ce que j'éprouvais. Rare et précieux l'ami qui savait me dire : « Bien sûr, tu es seule. Comme je le serais, moi aussi. » En accédant à cette nouvelle étape de la vie, notre identité ainsi que notre routine quotidienne connaissent un changement soudain et drastique.

Après une carrière prenante, exigeante et excitante, quel choc pour moi de me retrouver soudain dans le rôle d'une « mère » ! D'une certaine façon, accaparée par ma grossesse, il ne m'était jamais venu à l'esprit que le bébé serait pour toujours sous ma responsabilité. Mais c'était bien le cas. J'étais responsable, et mes amis se devaient aussi de s'y adapter. Certains d'entre eux trouvèrent ma nouvelle personnalité difficile à accueillir à bras ouverts. Ils regrettaient leur collègue qui ne refusait pas un verre et ne mâchait pas ses mots.

D'autres, parmi lesquels Julianna McCarthy, m'ont donné un sentiment de continuité bienvenu, se souvenant de l'« ancien » moi tout en accueillant chaleureusement le « nouveau ». Je me suis rendu compte que ce que je devais faire, c'était établir un « cercle de sécurité » – un groupe d'amis avec lesquels je pouvais être totalement et franchement moi-même. Je devais m'entourer de ceux et celles qui me voyaient comme une « maman », mais pas seulement comme ça. Je devais laisser s'éloigner certaines amitiés très chères et en trouver d'autres pour combler ce vide qu'elles allaient laisser.

Certains de mes nouveaux amis étaient surprenants. C'est à Blair que je pense en ce moment. Célibataire endurci et play-boy, il a, de manière surprenante, fait montre d'un grand intérêt et d'affection pour ma fille.

« Je vais la garder deux heures », se portait-il volontaire, ce qui me permettait de filer dans une librairie ou au cinéma, tiraillée entre ma culpabilité de faire ainsi l'« école buissonnière » et la certitude de plus en plus marquée que ces créneaux de liberté portaient leurs fruits en accroissant ma patience envers ma fille.

L'un de mes étudiants, Josh, découvrit qu'en nommant et, ce faisant, en prenant conscience de son propre cercle de sécurité, il était en mesure de mieux préserver sa clarté mentale en période de stress. Josh, avocat, occupe un poste chronophage et à hautes responsabilités au bureau de sa société.

« C'est moi qui subviens aux besoins de ma famille, m'a-t-il confié. Mais je passe de longues heures loin de la maison.

Cela ne plaît pas à ma femme, et j'ai souvent l'impression qu'elle et notre fils se liguent contre moi. Je commence à me sentir comme un étranger dans ma propre maison... comme si je n'y étais pas le bienvenu. »

Josh a contacté un membre de son cercle de sécurité pour l'inviter à la pause-déjeuner, confiant à son ami qu'il sentait un fossé se creuser entre lui et sa femme.

« Exposer simplement la vérité à cet ami a été si libérateur, a dit Josh. J'ai pris conscience que ma femme et moi nous sentions tous deux seuls et surchargés de travail, et que je devais renouer le lien avec elle et avec mon fils. »

En revenant aux outils de base, Josh a pris le temps de converser avec son épouse et son enfant, en leur demandant quels avaient été les temps forts de leur journée.

« Je ne voulais pas vraiment essayer, m'a-t-il avoué, mais je m'en étais fait la promesse, même si je ne me sentais pas à l'aise. J'avais repoussé ma femme tout autant qu'elle m'avait repoussé. Et nous pensions tous les deux que nous faisions tout pour la famille. Selon moi, ce que nous devions vraiment faire, c'était nous écouter et nous soutenir mutuellement. »

Notre cercle protecteur peut inclure notre conjoint(e), et maintenir une communication ouverte renforcera notre relation mutuelle, ainsi que celle avec nos enfants. Il s'agit de viser un juste équilibre entre moments solitaires et moments en commun.

Dans nos vies très actives, bon nombre d'entre nous ont terriblement envie de solitude pour pouvoir s'adonner à la créativité. Rares parmi nous sont ceux qui prennent conscience qu'il en faut peu pour aller très, très loin. Karen et Doug ont deux garçons magnifiques, énergiques et accaparants. Lorsque Karen va les chercher à la garderie, ils ont plein d'histoires à raconter, pas toutes pour rapporter l'un sur l'autre. Karen les ramène à la maison et les installe dans la cuisine pour le goûter avec des cookies et du lait. Puis elle s'installe elle-même avec un cahier et un crayon. En datant la page, elle passe en revue sa journée de travail, en veillant à noter les tâches accomplies. Et quand ses enfants ont fini de goûter, elle a terminé de prendre ses notes.

Lorsque Doug rentre à la maison, il se concentre en priorité sur les enfants, puis sur Karen. Le dîner est un moment en famille, et après le repas, pendant que Doug fait la vaisselle, Karen s'occupe du bain des garçons. Une fois que ceux-ci sont douillettement au lit, les parents peuvent s'accorder quinze minutes. Ce temps suffit à Karen pour prendre une douche revigorante ou passer un coup de fil, et à Doug pour se détendre en lisant un magazine ou en se laissant dériver au fil de ses pensées. Karen et Doug prennent ensuite le temps de s'enquérir l'un de l'autre, en veillant à discuter avec sincérité de leur situation respective du moment. Ayant fait de leur relation une priorité, ils sont ancrés et en mesure d'être présents à tout moment de la journée, pour eux-mêmes, l'un pour l'autre et pour leurs enfants.

Sally, mère au foyer, a admis qu'elle se sentait coupable de passer du temps avec son cercle de sécurité. Étant donné que son mari assurait les revenus de la famille, elle avait le sentiment qu'il méritait de passer le week-end à se détendre. Mais accorder ainsi tous les week-ends à son époux l'obligeait à assurer son devoir vingt-quatre heures sur vingt-quatre, sept jours sur sept. Elle n'avait pas le moindre créneau pour faire une pause dans le travail très accaparant qu'elle assumait à plein temps et qui consistait à élever leur enfant.

« Je suis adhérente à une association de bowling, m'a-t-elle dit. Nous nous retrouvons tous les week-ends depuis le lycée. C'est mon activité préférée et j'aime beaucoup les autres participantes. Je peux tout leur dire. Mais ce que je viens de leur expliquer – ainsi qu'à moi-même –, c'est que, étant la première du groupe à avoir un enfant, je n'ai plus de temps pour jouer avec elles.

—Y a-t-il une garderie au bowling ? ai-je demandé à Sally.

— Oui, mais je ne peux pas laisser Sharon là-bas. Je ne peux imaginer de la mettre à la garderie et d'aller comme ça traîner avec mes copines pour jouer au bowling.

— Je pense que vous devriez essayer, l'ai-je encouragée. Juste une fois, pour voir. »

Sally est revenue me voir, folle de joie.

« Je ne sais même pas qui s'est le plus amusée ! s'est-elle exclamée. Sharon ne jure plus que par la garderie et n'arrête pas de me supplier d'y retourner. Et j'ai eu l'impression que je revenais à la maison, en revoyant les copines. Ce break était vraiment nécessaire… ainsi que de renouer contact avec un groupe de filles auxquelles je sais que je peux parler. »

Sally a fait part de son enthousiasme à son mari, qui l'a encouragée à prendre quelques heures pour elle chaque week-end – et pas seulement là où elle pourrait emmener leur fille.

« Je m'occuperai de Sharon quelques heures le week-end, lui a-t-il suggéré, comme ça, tu pourras avoir un peu de temps pour toi, en plus de ton bowling. »

Être ainsi témoin du bonheur de sa femme après ces réunions avec ses amies l'avait incité à lui en offrir davantage. Et, cerise sur le gâteau, cela lui permettait de passer des moments en tête à tête avec leur fille, ce qui est important.

« Je suis parent, moi aussi, lui a-t-il dit, et nous avons tous besoin que je participe. C'est bénéfique pour tout le monde. »

Au début, Sally n'était pas sûre de savoir comment occuper son nouveau temps libre, mais elle n'a pas tardé à découvrir qu'entretenir ses amitiés et avoir ses propres centres d'intérêt se révélait relaxant et revivifiant, et lui apportait au final davantage d'énergie en tant qu'épouse et mère.

En établissant votre cercle de sécurité, vous vous rendrez compte qu'il est constitué de quelques vieux amis et de nouveaux aussi. Il est important que ces différentes personnes puissent saisir toutes les facettes de votre personnalité. Prendre rapidement des nouvelles de personnes avec qui vous pouvez être tout à fait vous-même vous apportera à coup sûr une énergie considérable. On ne saurait surestimer la nécessité d'être tout simplement compris.

ÉTABLISSEZ VOTRE CERCLE DE SÉCURITÉ

Exercice

Dressez une liste des personnes avec lesquelles vous pouvez être tout à fait franc. Appelez l'une d'elles et prenez chaque jour des nouvelles l'un de l'autre – ne serait-ce que quelques minutes à peine.

L'HEURE CREUSE

« Je n'ai pas le temps… c'est-à-dire pas un seul moment », me disent les nouveaux parents. Quand on a des enfants, notre vie ne nous appartient plus. Concentrés – et à juste titre – sur les moyens de subvenir à leurs nombreux besoins, nous voyons nos propres besoins s'accumuler comme une pile de linge en attente d'une lessive. Nous nous répétons sans cesse « on verra ça plus tard », en cavalant toute la journée et en tâchant de gérer nos angoisses pour nous limiter au « plus important » : l'enfant qui requiert notre attention et notre énergie.

« J'adore lire, m'a dit Todd, un éditeur. J'ai fait ce choix de carrière car j'adore les livres. Avant d'avoir des enfants, je lisais un livre par semaine, voire deux. C'est ma plus grande passion et mon plaisir le plus coupable. Je lis de nouveaux manuscrits pour mon travail et des classiques pour mon plaisir. Ce qui m'inspire le plus, c'est d'analyser et d'apprécier comment divers auteurs choisissent d'utiliser la langue anglaise. Je pourrais presque appeler cela une pratique spirituelle. »

Mais aujourd'hui, en tant que père de deux garçons âgés de six et huit ans, Todd se plaint de ne plus avoir le temps de lire comme il l'entend.

« Je n'ai pas ouvert un classique depuis que j'ai les gamins, dit-il. J'ai honte de l'admettre, mais cela m'embête. Je fais très attention de ne pas me défouler sur eux de cette frustration, mais chaque fois que je regarde le livre qui m'attend en vain sur ma table de chevet, cela me rappelle furtivement que je n'ai plus de temps pour mes centres d'intérêt. »

Le choix de renoncer à ses passions par « manque de temps » mérite d'être analysé de plus près. En décidant que nous n'avons pas le temps de lire pour le plaisir – parce que ce n'est pas important, parce que ça ne ferait « que » nous rendre heureux –, nous décidons qu'il n'y a pas de temps pour nous-mêmes, pour notre équilibre spirituel et, de ce fait, nous prenons une décision pour le moins dangereuse. Non seulement nous courons le risque d'entretenir du ressentiment, mais notre comportement va servir d'exemple à nos enfants.

« Quand je rentre du boulot, je veux passer du temps avec les gosses », affirme Todd.

Quoi de plus naturel ? Cependant, tous les enfants font la sieste quand ils sont petits, vont au cinéma quand ils sont plus grands, ou se retrouvent complètement absorbés par un projet qui requiert toute leur concentration. L'astuce consiste à préserver notre énergie, à saisir les moments opportuns et à nous autoriser à les utiliser comme bon nous semble.

Passer du temps à faire ce que nous *voulons* faire, par opposition à ce que nous *devons* faire, demande du courage. Il vous faudra peut-être y aller progressivement. Traitez-vous avec gentillesse et soyez prêt à faire un essai à petite échelle.

Si l'on se donne ne serait-ce que quinze minutes par jour rien que pour soi, l'anxiété pourra céder la place à l'optimisme. Nos enfants font une petite sieste, et nous voilà en train de nous presser pour faire la vaisselle, ouvrir le courrier, rappeler des contacts professionnels. Nous repoussons nos désirs comme nous nous poussons vers une ligne d'arrivée imaginaire matérialisant la fin de notre interminable liste de « choses à faire ». On dit que l'individu moyen a entre deux et trois cents heures de « choses à faire » à « rattraper ». On ne les rattrape jamais. Cependant, nous pouvons ajuster le tir au quotidien grâce à des moyens simples d'introduire davantage d'équilibre dans notre vie. En laissant de la place à nos propres désirs, nous découvrons un paradoxe inattendu : en prenant un moment « en égoïste », nous devenons en fait plus productifs – et plus disponibles pour nos enfants.

« Quel est le livre que vous mourez d'envie de lire, là, maintenant, pour le plaisir ? » ai-je demandé à Todd.

Il a détourné les yeux, se sentant coupable d'avoir envie d'un tel luxe et regrettant déjà de m'en avoir parlé.

« *Moby Dick*, a-t-il dit doucement. Mais je l'ai déjà lu. Je n'ai pas vraiment besoin de le relire. J'ai pris tellement de retard avec tout le reste… il me paraît ridicule de perdre du temps à relire un livre sans aucune raison valable. Je dois être disponible pour mes gamins.

— Qu'est-ce que vous aimez dans *Moby Dick* ? l'ai-je encouragé à poursuivre, ayant moi-même lu et relu nombre de mes livres favoris.

— Chaque fois que je le lis, j'y vois quelque chose de différent. Les thèmes majeurs m'inspirent par leur constante pertinence. Je m'y retrouve, en quelque sorte. »

À mesure qu'il parlait, ses yeux s'illuminaient.

« Très bien, ai-je dit. Vous devez vous trouver quinze minutes par jour pour relire *Moby Dick*. Vous offrir ce cadeau est aussi important que quoi que ce soit d'autre sur votre liste. Essayez rien qu'une semaine pour voir. »

Lorsque Todd m'a appelée une semaine plus tard, son optimisme était manifeste.

« Je croyais que vous étiez un peu farfelue, m'a-t-il dit. Mais comme vous m'avez lancé ce défi, je l'ai relevé. Peut-être que je voulais vous prouver que vous vous trompiez… mais quelle qu'en soit la raison, je suis tellement heureux d'avoir essayé. »

Je jubilais intérieurement, me doutant que son petit acte « en égoïste » avait été à l'origine d'une grande amélioration dans sa semaine.

« Tout d'abord, j'ai pris quinze minutes par jour, m'a-t-il dit. J'aurais pu vous jurer que je ne les avais pas, mais il s'est avéré que si. Que je sois ensommeillé, ou stressé, ou anxieux, à ces moments-là, de toute façon, je ne suis pas très productif. »

Todd a raison : quand on est de mauvaise humeur, on n'est pas au meilleur de soi-même. Quand nous essayons de caser la rédaction d'un e-mail professionnel en pleine tourmente, toute sollicitation nous agace, et notre agacement apparaît en filigrane dans notre message : nous envoyons une copie au mauvais destinataire, nous appelons quelqu'un d'un nom qui n'est pas le sien, nous cliquons sur « Envoyer » et nous rendons compte de notre erreur avec horreur. Et pendant ce temps, nous ne sommes pas disponibles pour l'enfant assis près de nous, qui veut qu'on regarde son dessin ou qu'on l'aide à choisir un certain bleu dans sa boîte à crayons. En essayant de faire « une tâche de plus », au final, nous en faisons bien moins.

« J'ai décidé que, pendant une semaine, j'allais essayer votre truc, a poursuivi Todd. Alors, chaque jour, quand je me disais que je devais faire la vaisselle ou me remettre un peu au boulot, je prenais *Moby Dick*. Au début, comme je me suis senti coupable ! Je parvenais à peine à me concentrer dessus. Mais comme j'avais dit que j'y consacrerais quinze minutes par jour, je m'y suis tenu. J'ai découvert qu'en quelques minutes j'étais absorbé par ma lecture. Et au bout de quelques jours, j'attendais avec impatience de la reprendre là où je l'avais laissée. »

« Mon plus jeune fils, Sam, en était fasciné, a repris Todd. Il voulait savoir ce que j'étais en train de lire, ce que racontait l'histoire. Je lui ai dit que j'avais lu ce livre de nombreuses fois, et que le relire m'apportait toujours autant de plaisir. Je me suis surpris à être plus patient et efficace à la maison, comme au travail. J'étais très enthousiaste de raconter l'histoire à

Sam, ce qui m'a permis de me rendre compte que lorsque je n'arrêtais pas de courir d'une tâche à l'autre, et même si la tâche en question était consacrée à mes fils, de toute façon, je n'avais pas vraiment la tête à leur parler. À ma grande surprise, personne n'a paru embêté que, tous les jours, je me prenne un moment pour moi. J'ai même failli croire que personne n'avait remarqué, jusqu'à ce que je découvre Sam hier soir dans mon fauteuil en cuir, les pieds sur mon pouf, un livre sur les genoux. Quand je lui ai demandé ce qu'il lisait, il a répondu : "C'est trop bien ce livre, papa ! Ça parle d'une baleine." Et il m'a montré la couverture : c'était *Pinocchio*. »

À l'autre bout du fil, j'ai perçu un tremblement dans la voix de Todd.

« Vous devez en avoir été fier, ai-je dit.

— Je me suis senti comme un super papa.

— Vous pensez que vous allez continuer à lire ? ai-je demandé, connaissant déjà la réponse.

— Absolument ! a répondu Todd en riant. Je réfléchis déjà au livre que je vais choisir ensuite. Il est surprenant de constater que, m'ayant fait ce petit cadeau, je me suis senti plus présent pendant le reste de la journée… et j'en suis devenu un meilleur parent. »

En étant prêt à nous trouver un peu de temps pour nous-mêmes, pour faire ce qui nous fait plaisir, nous offrons à nos enfants un énorme cadeau : l'exemple de savoir bien s'occuper de soi. Prendre plaisir en nous consacrant à nos véritables centres d'intérêt leur enseigne à faire de même.

RANIMER SES TEMPS MORTS

Exercice

Faites la liste de dix activités « frivoles » qui vous rendent heureux mais pour lesquelles vous croyez ne plus avoir de temps, comme vous préparer de bons petits plats, écouter de la musique classique ou tricoter.

1. ______________________________
____
2. ______________________________
____
3. ______________________________
____
4. ______________________________
____
5. ______________________________
____
6. ______________________________
____
7. ______________________________
____
8. ______________________________
____
9. ______________________________
____
10. ______________________________
____

À présent, choisissez-en une. Cette semaine, consacrez-y quinze minutes par jour sans restriction. Quinze minutes, c'est bien plus que zéro minute – et quinze minutes, c'est suffisant.

QUI VOUS « ÉTIEZ »

Le choc de devenir parents nous laisse souvent le sentiment d'être déboussolés, à la dérive, très éloignés de la vie que nous connaissions. La personne que nous « étions » avant de devenir parents semble appartenir à quelque lointain passé inaccessible. Mais il existe un chemin pour revenir à soi, et nul besoin d'abandonner ses enfants pour le parcourir.

Stephanie, professeure de fitness, a récemment eu son premier enfant. « J'adore mon Amelia, s'est-elle épanchée, mais je dois bien admettre que le "moi" que je connaissais autrefois me semble avoir disparu. Je ne me reconnais plus moi-même et, pour être honnête, ça me fait vraiment peur. »

Optimiste par nature, Stephanie est une professeure très prisée ainsi qu'une personnalité dans l'industrie du fitness. Elle a produit des DVD d'entraînement et a gagné sa vie en professant les bienfaits d'une vie saine et d'exercices scientifiquement structurés. Au cours de sa grossesse, elle a continué à s'entraîner, en tenant un blog sur ses expériences, pour montrer aux futures mamans qu'elles pouvaient continuer à pratiquer sans risque leurs exercices de fitness habituels, y compris au neuvième mois de grossesse. Et, à l'apogée de sa forme physique, Stephanie a donné naissance à une magnifique petite fille.

« J'ai bien peur qu'il ne s'agisse que de vanité, mais je m'inquiète de voir combien mon corps a changé, a-t-elle admis. Je suis épuisée, et je finis par manger ce qui est le plus vite prêt... et cela ne m'aide pas non plus à retrouver mon corps d'avant, comme je devrais le savoir. Je sais que quand notre corps est fatigué, on peut le tromper en remplaçant le sommeil par la nourriture. Peut-être que ça m'apporte temporairement de l'énergie, mais ça me fait également grossir. »

Avec sa nouvelle routine quotidienne très prenante avec sa fille, et sans les endorphines de l'exercice qu'elle avait toujours en réserve en tant que sportive, Stephanie a peu à peu senti augmenter son niveau d'anxiété, ce dont elle n'avait jamais fait l'expérience auparavant.

Stephanie n'est pas la seule à ressentir qu'elle a perdu son « moi » à plus d'un égard. En devenant parents, nous perdons en partie notre identité : nous en acquérons certes une nouvelle, pleine de joie, mais en perdant néanmoins un peu de notre liberté et de notre sentiment d'indépendance. Nous devons nous montrer honnêtes envers nous-mêmes : que sommes-nous prêts – vraiment prêts – à abandonner ? Et à quoi refusons-nous de renoncer ?

Quand la fille de Stephanie a eu six mois, sa maman a procédé à quelques changements.

« Je me suis rendu compte que je devais reprendre mes entraînements – que je sois fatiguée ou non, cela faisait partie de moi. C'est mon gagne-pain, mais aussi ma forme personnelle de méditation, ma source de force. J'ai acheté une de ces poussettes de jogging et, chaque jour, je fais dorénavant de grandes promenades avec ma fille. Parfois, je trottine un peu avec elle dans sa poussette. Pendant qu'elle fait la sieste, je mets vite fait un de mes DVD et pratique les exercices de mes propres cours à côté de son berceau. Je sais comment on retrouve la forme. Il suffisait que je m'y mette… en en faisant une priorité, comme je le dis toujours à mes élèves. »

En reprenant son travail et ses entraînements, le niveau d'anxiété de Stephanie a radicalement diminué. « J'ai retrouvé mon corps, ainsi que ma personnalité. Quand je me regardais dans la glace et que j'y voyais une étrangère, c'était déprimant, déroutant et ça détournait mon attention de ma fille. J'ai l'impression de réapprendre d'un bout à l'autre les leçons que j'enseigne moi-même : “Aimez votre corps, et il vous aimera en retour.” Je suis détendue et optimiste quand je me pousse physiquement. Sinon, je suis anxieuse et je déprime. C'est aussi simple que ça… pour moi, j'ai l'impression que la différence entre effectuer ou non mes exercices d'entraînement s'apparente à la différence entre être sain d'esprit ou devenir fou. Et je veux être saine d'esprit pour ma fille », a-t-elle ajouté dans un éclat de rire.

La personne que vous « étiez » fait toujours partie de vous. Bien qu'il puisse vous sembler impossible de redevenir qui vous éticz auparavant, le moindre pas en direction de vos désirs vous conduira vers un regain d'énergie et d'optimisme.

Norah, une de mes étudiantes de longue date et actrice de Broadway, a vu sa vie radicalement changer en devenant maman.

« Je me suis mariée, je suis tombée enceinte et j'ai déménagé à l'autre bout du pays après avoir rencontré mon mari, qui est assistant de direction dans un studio, se souvient-elle. J'étais si reconnaissante de cette nouvelle vie, pourtant si différente de celle que j'avais connue jusqu'ici. Soudain, dans une nouvelle ville, loin de mes amis et de ma carrière, et prête à accueillir un enfant, j'ai paniqué. J'avais travaillé si dur pour devenir actrice, c'était ce que j'adorais faire. Je ne voyais plus comment je parviendrais à exercer ce métier. »

Norah a eu son enfant et, se retrouvant à la maison la plupart du temps dans un lieu étranger, elle était en proie à des coups de blues. « Rester assise à New York en attendant que le téléphone sonne n'était pas une vie que je regrettais. Mais un jour que je changeais des couches dans ma maison de Los Angeles en regardant les palmiers au-dehors, j'ai compris que ce genre de vie non plus ne me suffirait pas. »

« Je suis si loin de New York, a-t-elle poursuivi. Je ne voulais pas renoncer à ma carrière d'actrice... je ne voulais qu'ajouter d'autres choses à ma vie. »

Le feu de ses rêves n'allait pas s'éteindre, et c'est ce que je me suis bornée à lui dire.

« Abandonner la scène n'est pas une option pour vous, ai-je dit à Norah. Abandonner votre famille non plus. Vous devez trouver un moyen de concilier les deux. Vous n'allez peut-être pas retrouver un emploi du temps digne de Broadway pour le moment, mais vous pouvez tenter autre chose.

— J'ai pensé écrire un *one-woman show*, m'a confié Norah. Mais je n'ai jamais rien écrit. Je me considère juste comme une actrice. »

Ses paroles m'ont immédiatement remplie d'enthousiasme.

« Eh bien, alors, l'ai-je encouragée, on dirait bien que vous devez vous mettre à écrire. »

D'après mon expérience d'enseignante, ce sont souvent les étudiants qui désirent écrire mais ne se considèrent pas comme écrivains qui ont en fait le plus à dire.

« Vous pensez vraiment que j'en serais capable ? m'a demandé Norah, avec un soupçon d'espoir.

— Tout à fait. Et rappelez-vous : un spectacle s'écrit une page à la fois, et tout ce dont vous devez vous soucier pour le moment, c'est le premier jet. La révision et la réécriture peuvent être envisagées plus tard. La mise en scène peut se produire encore plus tard. Essayez juste de mettre le crayon sur le papier et permettez-vous d'exprimer ce que vous traversez. »

Une semaine plus tard, au cours, Norah était tout excitée de me donner les dernières nouvelles. « J'ai écrit… juste un peu chaque jour pendant les siestes de Cooper, et j'ai déjà dix pages ! Je me surprends à voir ma vie sous un autre angle en sachant que je vais l'écrire. Je pose sur moi-même un regard plus compréhensif, comme si j'étais en train de créer un récit durant ma journée. Aujourd'hui, j'ai même eu une idée pour une chanson. »

Norah est une femme intelligente, et je ne peux m'empêcher de penser que son incursion dans l'écriture pourrait assurer à sa carrière une longévité à laquelle elle ne se serait même jamais attendue. Comme elle a eu la volonté de concrétiser son rêve, ne serait-ce que quelques minutes par jour, elle a pu connaître un changement de perspective – par rapport à elle-même et à sa vie –, ce qui l'a finalement rendue plus heureuse. Et en effet, trois ans plus tard, Norah a fait une mini-tournée avec son *one-woman show* – parlant d'une actrice avec un enfant –, ce qui lui permit d'ajouter les titres d'écrivaine, compositrice et productrice à son CV déjà impressionnant.

Quand votre vie change, s'il vous plaît, soyez bienveillant envers vous-même. Vous n'êtes pas obligé de renoncer à ce que vous êtes en devenant parent. Devenir parent vous conduit à une nouvelle vie, une vie où il y a suffisamment de place pour ce « vous » en pleine expansion qui contient à la fois la personne que vous étiez et celle que vous êtes devenu.

Ann, mère de quatre grands enfants, se souvient de sa propre expérience « de se perdre soi-même pour se trouver soi-même », selon ses propres termes. Ann était mannequin avant d'avoir les enfants, mais en devenant mère, sa situation a complètement changé.

« J'étais à la maison, et j'ai eu l'impression d'avoir perdu mon identité telle que je la connaissais. Je ne pouvais plus être mannequin, alors que c'était ce que j'avais fait au cours des dix dernières années. »

Ann a décidé, juste pour s'amuser, de créer un cours pour les filles de sa communauté de la région métropolitaine de Chicago : baptisé « La Beauté dedans comme dehors », ce cours visait à leur enseigner comment prendre soin d'elles-mêmes – intérieurement et extérieurement – en gagnant en assurance et en élégance à mesure qu'elles apprenaient à se tenir bien droites, à garder leurs cheveux hors de leur visage, et à faire preuve de discernement dans les coloris et l'application du maquillage. Tandis qu'Ann travaillait avec ses élèves et leur expliquait précisément comment agir en société, elle a remarqué avec intérêt – et joie – qu'elles devenaient également plus sûres d'elles-mêmes.

«Toute fille pense à son look, dit Ann. Si elle a sa frange dans les yeux, c'est qu'elle essaie de dissimuler quelque chose. C'est toujours lié, l'intérieur et l'extérieur. J'en suis convaincue. »

Alors que Ann, avec sa franchise délicate, aidait ses jeunes élèves, elle s'est aperçue que la sagesse qu'elle leur transmettait leur donnait un profond sentiment de puissance personnelle.

« Je pense que le mannequinat me paraissait une activité superficielle, a dit Ann, pensive. Mais je me suis rendu compte que ce que je pouvais enseigner aux filles était très précieux. »

Vingt ans plus tard, Ann enseigne toujours « La Beauté dedans comme dehors ». Et quand son quatrième enfant est entré en fac, elle est devenue agent de mannequins, enseignant aussi le maintien et l'assurance à ses clientes.

Dans notre société, nous avons un archétype tellement puissant de la « mère » qu'il ne nous vient pas à l'esprit qu'elle puisse endosser un autre rôle. Pour vous rappeler qui vous « étiez », il sera très utile d'avoir un ami avec lequel entretenir un sentiment de continuité, un ami qui vous connaissait comme vous étiez, mais qui est aussi disposé à vous connaître comme vous êtes à présent. Certains de vos amis d'« avant » ne se sentiront pas à l'aise face à votre évolution, et vous devrez aussi faire un effort pour trouver de nouveaux amis dans votre nouveau rôle. Quand vous les aurez trouvés, présentez-leur votre « vous » passé – en apprenant qui ils « étaient », eux aussi –, vous pourrez ainsi plus facilement conserver le lien avec vos vies passée et présente, toutes deux aussi pertinentes et précieuses pour votre façon d'être parent et pour votre enfant.

EN MARCHE

Exercice

Il y a peu de choses qui nous fassent avancer plus vite vers la clarté mentale que la marche. Alors que nous redéfinissons notre identité pour y inclure le « parent », il est important de s'aventurer au grand air et, par le simple acte méditatif de marcher, d'assimiler notre nouveau rôle et notre nouveau moi. Allez vous promener vingt minutes avec votre enfant. Cette balade à pied sera sans objectif particulier. Se retrouver tout simplement dans la nature sera suffisant. Laissez-vous imprégner par le paysage et les sons. À votre retour, prenez un crayon et du papier. Des idées intuitives vous sont-elles venues pendant que vous marchiez ?

Chapitre 2

CULTIVEZ LA CURIOSITÉ

Les enfants explorent le monde avec émerveillement. Leur curiosité est innée, et ils abordent chaque jour en découvrant toute nouveauté comme quelque chose d'inattendu. Leur faciliter cette exploration, voilà notre mission en tant que parents. En accordant de l'importance et de la confiance à leur temps de récréation, nous accordons de l'importance et de la confiance à leur point de vue individuel et créatif. En leur fournissant des matériaux bruts avec lesquels explorer leurs idées et leurs intérêts aussi multiples que variés, nous permettons à leur imagination de prendre son essor. Notre travail consiste à les encourager avec intérêt, et même à nous inspirer de leurs projets ludiques. En résistant à l'envie irrésistible de « diriger » leurs loisirs, nous nous détendons – et nous illuminons. Difficile de faire un cadeau plus magnifique à un enfant qu'un parent dont le sens de la curiosité s'épanouit à merveille.

COMMENT PRENDRE LE JEU AU SÉRIEUX

Dans mon livre *Libérez votre créativité*, j'encourage systématiquement les adultes à « jouer ». Retrouver la capacité d'émerveillement de notre enfance fait de nous des adultes plus heureux, plus productifs. Bon nombre d'exercices avec lesquels je guide mes étudiants consistent à se remémorer les bons moments de notre enfance, quand nous nous sentions libres de nous adonner à la création.

Et à présent, c'est à nous de faire en sorte que nos enfants, une fois grands, conservent de pareils souvenirs. Dans une société qui se fait de plus en plus trépidante, qui s'accélère de plus en plus et qui devient plus technologique, il incombe aux parents de protéger la capacité d'émerveillement de leurs enfants et de leur offrir l'espace adapté pour la développer.

L'un des souvenirs les plus chers de mon enfance, c'était la musique qui semblait toujours circuler dans notre maison familiale, où se trouvaient ses deux pianos : l'un dans le salon pour apprendre à en jouer, et l'autre dans la salle de jeux pour « s'amuser ». « S'amuser » – ou expérimenter et jouer « juste pour le plaisir » – contribue à établir un sentiment de confiance chez nos enfants et de foi dans un univers bienveillant où sont bienvenues leurs idées créatives. Lorsqu'on leur permet de jouer « juste pour le plaisir », on les autorise à faire des erreurs. « N'ayez pas peur des erreurs, ça n'existe pas », nous dit Miles Davis. En adoptant cette attitude envers nos enfants – c'est-à-dire que leur créativité n'est pas une performance mais une partie inhérente de leur existence –, nous leur enseignons qu'il n'y a pas de risque à prendre des risques. Tandis que nous les encourageons dans leurs explorations en les félicitant pour leurs fantaisies créatives, ils continuent à grandir, à expérimenter et à prendre des risques dans chaque aspect de leur vie.

« Ma fille a trois ans, dit David. Elle vit en ce moment dans un monde imaginaire. Parfois, quand elle joue dans sa chambre, je reste près de la porte une minute jusqu'à ce que je comprenne "où elle est". L'autre jour, je l'ai vue qui sanglotait dans son lit en racontant une histoire à ses peluches. Je ne suis pas intervenu, je me suis contenté d'écouter. J'ai subitement réalisé qu'elle racontait une histoire où Jafar venait de tuer Aladin. Lorsqu'elle a eu fini de relater la tragédie à ses jouets, elle s'est essuyé les yeux et a poursuivi sur un autre sujet. Ce que je trouve remarquable à son âge, c'est qu'elle soit aussi désinhibée créativement parlant. C'est ce que je souhaite préserver chez elle. »

Selon moi, il n'y a guère de choses plus importantes que de préserver cette capacité d'émerveillement chez nos enfants. Tant qu'ils se sentent assez en sécurité pour expérimenter, ils s'épanouissent et pourront devenir des penseurs originaux.

Le piano dans la salle de jeux de la maison des Cameron était peint en blanc et or – et par nos soins à nous, les gosses. Nos divertissements musicaux étaient encouragés par notre mère. « Voyez si vous pouvez jouer *Douce Nuit* », disait-elle avec un sourire. Et lorsque nous avions fini : « Voyez si vous pouvez jouer *Ah ! vous dirai-je, maman*. » Souvent, nous retrouvions les mélodies à l'oreille. Parfois, nous étions deux à partager la banquette du piano. « Il faudra jouer ça à votre père », s'exclamait ma mère quand nous avions magistralement identifié une mélodie. Je me rappelle le frisson de plaisir que je ressentais d'avoir trouvé une mélodie rien que sur les touches, et l'enthousiasme de ma mère quand j'y parvenais. Aujourd'hui, des décennies plus tard, j'ai écrit des centaines de mélodies improvisées sur les touches avec quasiment la même curiosité. J'ai toujours un piano chez moi, sur lequel, chaque jour, je compose.

Le jeu est important à tout âge. Je suis d'avis que nous n'atteignons jamais un âge où le jeu n'est pas productif.

« Productif ? Vraiment, Julia ? ripostent mes étudiants. Alors même qu'on se démène pour que les enfants soient nourris, baignés et au lit à une heure raisonnable ? »

Oui. Alors même qu'il n'y a jamais « assez » de temps, en rogner pour jouer est essentiel. Cela n'a pas à être long – en réalité, n'importe quelle durée fera l'affaire. Mais les enfants qui jouent librement vivent ensuite leur vie avec une attitude enjouée, une légèreté qui les aide à gérer les situations difficiles. Je crois que les adultes qui prennent le temps de jouer sont eux aussi systématiquement plus créatifs et efficaces dans leur vie. En nous autorisant à jouer, nous nous connectons à un sentiment d'émerveillement et de sécurité intérieure – en d'autres termes, un sentiment de foi.

À la naissance de son fils, Jill, ex-avocate, est devenue mère au foyer.

« Je n'avais pas besoin d'argent, m'a-t-elle dit. Je n'avais pas besoin de travailler. Je suis donc restée à la maison. Je pensais être une bonne mère en me consacrant totalement à mon fils, en lui donnant tout ce que j'avais. »

Bien intentionnée et d'une intelligence rare, Jill a vécu avec frustration l'enfance de son fils. Alors que son mariage se désintégrait, l'attention qu'elle portait à son enfant s'est faite plus intense. N'utilisant plus ses propres talents, elle est devenue obsessionnelle quant à ceux de son fils. N'écrivant plus pour des revues juridiques, elle a écrit à la place les exposés de son fils. Son éducation était devenue son affaire. Ses résultats scolaires étaient très bons, mais elle voulait qu'ils le soient encore davantage. Ses notes étaient bonnes, mais « pas assez bonnes » – c'est-à-dire pas autant que celles de sa mère.

« Laissez-vous jouer votre fils ? lui ai-je demandé.

— Il joue du violon et au foot, a-t-elle répondu, et au tennis trois fois par semaine avec un entraîneur réputé. »

Ce n'était pas exactement ce que j'avais voulu dire par « jouer ». Bien qu'il fasse partie d'une excellente équipe de foot, ce sport ne semblait pas vraiment le passionner. Il se rendait à ses cours de tennis sans enthousiasme. Il pratiquait le violon, mais uniquement sous les ordres stricts de Jill.

Et son fils était-il heureux ? En réalité, à douze ans, il présentait beaucoup de troubles du comportement qui ne s'amélioraient pas avec le temps. Jill recourait à des spécialistes, des précepteurs, des psychologues. Mais au fond, rien ne changeait. Ses professeurs étaient déroutés, l'enfant était asocial et se disputait souvent avec sa mère.

« Je me demandais si vous ne pourriez pas lui donner un peu de temps libre pour jouer, juste un peu, ai-je suggéré à Jill.

— Mais comment ? m'a-t-elle raillée, défiante. Comment puis-je faire, et comment cela va-t-il pouvoir aider ? Il est déjà allé en France deux fois cette année, en vacances.

— Non, pas des vacances coûteuses, ai-je proposé en douceur, simplement du temps pour ne rien faire. Du temps pour faire ce dont il a envie. Pas pour jouer aux jeux vidéo ou sur l'ordinateur, mais pour explorer quelque chose de nouveau par lui-même. Cela ne devrait rien coûter. Accordez-lui une heure. »

Manifestement mal à l'aise, Jill m'a fusillée du regard. La suggestion que je venais de lui faire lui semblait détestable. Son fils ne faisait jamais rien sans sa supervision.

« Ce que je pense, en fait, lui ai-je dit, c'est que vous devriez prendre tous les deux une heure, juste pour jouer. Vous pouvez être tous les deux à la maison, mais en laissant de l'espace : vous dans une pièce, lui dans une autre. Faites l'essai. Juste une fois, en guise d'expérimentation. »

Jill a acquiescé sans enthousiasme. S'adressant à son fils, elle lui a demandé s'il aimerait passer une heure seul pour faire ce qui lui plairait à la maison. Tout ce qu'il voudrait. Son fils l'a regardée, les yeux plissés.

« Pourquoi ? a-t-il demandé avec suspicion. C'est quoi, le programme ? Tu vas me surveiller ?

— Je ne vais pas te surveiller, lui a promis Jill. Je serai dans ma chambre, à me détendre.

— Ça m'étonnerait, a riposté son fils. Tu ne te détends jamais.

— Je sais, a reconnu Jill. Mais je vais quand même essayer. Et toi aussi, tu peux essayer. Et nous verrons si au bout d'une heure, toi et moi, nous avons aimé ça.

— Je n'ai pas de devoirs à faire ? s'est-il enquis.

— Non, tu n'as pas à faire tes devoirs. Je préférerais que tu ne regardes pas la télé ni que tu joues sur l'ordinateur… pas d'écran pendant une heure. Mais à part ça, ça dépend de toi. »

Jill s'est retirée dans sa chambre. Elle a jeté un coup d'œil au réveil, a pris sur une étagère un livre qu'elle avait lu pour le plaisir des années plus tôt et s'est confortablement installée dans son fauteuil.

Pendant ce temps, son fils est entré prudemment dans sa chambre. Était-il vraiment autorisé à faire ce que bon lui semblait ? Pendant une heure entière ? Il a lancé un coup d'œil à l'ordinateur sur son bureau. La seule règle, c'était de ne pas utiliser d'écrans, a-t-il songé. Il a alors ressenti un petit frisson d'aventure. Si l'ordinateur n'était pas une option, alors que faire d'autre ? L'ordinateur représentait si souvent pour lui une échappatoire – une échappatoire aux yeux inquisiteurs et à la poigne de fer de sa mère, pour être plus précis – que l'enfant lui en voulait presque. L'ordinateur, c'était un refuge où se retrancher quand il ne voulait pas interagir avec sa mère, quand il ne voulait pas parler aux enfants à l'école. Ce n'était pas vraiment le meilleur endroit. En regardant tout autour de sa chambre, il a remarqué une collection de robots qu'on lui avait offerts des années plus tôt, pour son sixième anniversaire, avant le divorce de ses parents. Il n'y prêtait plus attention depuis longtemps, mais les voilà soudain, posés sur son étagère où ils étaient restés pendant des années. Les ayant attrapés, il s'est amusé une minute avec ces jouets qui n'étaient plus de son âge, tout en se remémorant une autre époque – une époque où sa famille était intacte. Puis il s'est rendu à son bureau, a sorti du tiroir un bloc-notes et un crayon et s'est mis à écrire.

Pendant ce temps, Jill a constaté avec stupeur combien l'heure avait passé vite. Lorsqu'elle a relevé les yeux de son livre, une heure et quart s'était en effet déjà écoulée sans qu'elle entende un bruit en provenance de la chambre de son fils. Elle a jeté un œil à l'intérieur après s'être approchée discrètement de sa porte. Il était assis, l'air concentré, occupé à écrire sur son bloc-notes, n'ayant même pas remarqué sa présence. Après avoir réprimé une exclamation d'excitation, elle a retraversé le couloir pour se rendre dans la cuisine, où elle a commencé à préparer le dîner.

« C'était surprenant, m'a dit Jill plus tard. Vraiment surprenant ! Ce soir-là, à table, il m'a raconté qu'il avait écrit une histoire courte sur un garçon vivant à Boston. Il était évident que ça parlait de lui, ce que je ne lui ai pas laissé entendre. Il avait connu de durs moments depuis que son père et moi avions divorcé et j'ai bien souvent essayé de l'encourager à en parler. Il préfère toujours se réfugier dans son ordinateur.

Mais le fait qu'il soit en train d'écrire... j'en ai eu les larmes aux yeux. Et nous avons eu d'autres choses à nous dire ce soir-là au dîner, ce qui ne nous était pas arrivé depuis longtemps. »

Tandis que Jill continuait d'accorder à son fils ainsi qu'à elle-même ces heures de « liberté » sur une base quasi quotidienne, elle a été plus qu'enthousiaste de voir que les notes et le comportement de son enfant commençaient aussi à s'améliorer.

« Il y a beaucoup de choses qu'il peut résoudre tout seul, du moins, je crois, m'a-t-elle dit d'un air penaud. Je pensais détenir toutes les réponses, mais loin de là. »

Oui, Dieu merci, nous n'avons pas toutes les réponses. Et nous rappeler qu'en effet nous ne sommes pas Dieu, cela nous libère, nous et nos enfants, et nous permet d'accéder au divin esprit créatif qui réside en chacun de nous – et d'être surpris et ravis de ce que nous découvrons. En suivant nos envies créatives, nous apprenons qu'il n'y a qu'une chose à laquelle nous pouvons nous attendre : l'inattendu. Et rien n'est plus excitant que d'éprouver ce subtil sentiment de surprise.

Le jeu est important à tout âge. En nous accordant à nous-mêmes – ainsi qu'à nos enfants – du temps consacré au jeu, une certaine magie se déclenche en nous, indépendamment de l'âge ou de l'intellect. En laissant les jeux de nos enfants suivre leur cours, en résistant à la tentation de tourner autour et d'interférer avec ce qu'ils font, ou d'insister tellement sur le résultat qu'on perd de vue la notion de processus, nous sommes véritablement libres, tout comme nos enfants.

REDÉCOUVREZ COMMENT JOUER

Exercice

Si vous vous surprenez à vouloir tourner autour de vos enfants pour vous immiscer dans leurs jeux, peut-être avez-vous besoin vous-même de jouer un peu plus souvent. Pouvez-vous vous permettre – ainsi qu'à votre enfant – de lâcher prise ? Il peut s'agir tout simplement de laisser votre bambin dessiner selon sa fantaisie et sa curiosité sans chercher à « améliorer » son œuvre, ou de le laisser vous raconter une histoire sans la finir à sa place.

Prenez un crayon et répertoriez cinq façons que vous aviez de jouer dans votre enfance. Choisissez de bons souvenirs. Comment vous sentiez-vous, précisément ? Libre, ouvert, protégé ? Maintenant, choisissez l'une de ces activités et ménagez l'espace pour que votre enfant puisse faire de même.

Exemple :

Je me suis sentie libre quand j'étais autorisée à « jouer » une histoire originale devant mes parents. J'installais la scène au beau milieu du salon, je faisais mon entrée avec majesté et je racontais mon histoire. Ils ne faisaient que rire et applaudir. Aujourd'hui, je peux transmettre à mon enfant cette expérience en installant cette « scène », en lui demandant de raconter une histoire, sans rien faire moi-même, si ce n'est apprécier le spectacle.

Je me suis senti(e) libre quand ______________________________.
Aujourd'hui, je peux transmettre à mon enfant cette expérience en ______________________.

Je me suis senti(e) libre quand ______________________________.
Aujourd'hui, je peux transmettre à mon enfant cette expérience en ______________________.

Je me suis senti(e) libre quand______________________________.
Aujourd'hui, je peux transmettre à mon enfant cette expérience en ______________________.

Je me suis senti(e) libre quand______________________________.
Aujourd'hui, je peux transmettre à mon enfant cette expérience en ______________________.

Je me suis senti(e) libre quand______________________________.
Aujourd'hui, je peux transmettre à mon enfant cette expérience en ______________________.

LES MATÉRIAUX BRUTS

J'ai grandi dans une maison où ne manquaient pas les matériaux pour s'amuser. Nous avions des cubes, des Legos, de la pâte à modeler, des crayons, des tubes de peinture acrylique et des instruments de musique. Toutes ces ressources étaient à notre disposition « à la demande ». Nous avions des albums de coloriage et des feuilles de papier vierges pour dessiner librement. Notre mère choisissait les fournitures du jour et, parfois, suggérait un thème, par exemple : « Aujourd'hui, nous allons dessiner des chevaux », ou « Aujourd'hui, nous allons dessiner des chatons ». Et c'est ainsi que nous nous essayions à représenter l'animal en question. Notre mère nous laissait nous débrouiller seuls, en venant voir de temps en temps comment nous progressions.

Le sol de notre salle de jeux était revêtu de vinyle, de ce fait, nos patouilleries étaient faciles à nettoyer. Parfois, l'un de nous réalisait un dessin particulièrement réussi et notre mère, après avoir manifesté combien elle le trouvait excellent, demandait : « Est-ce que je peux l'afficher ? » Elle présentait nos chefs-d'œuvre sur un grand panneau. Il arrivait parfois que notre travail soit si merveilleux qu'il méritait d'être encadré. C'était la mission de notre père. Comme c'était excitant de voir au mur sous cadre l'une de nos œuvres. Je me souviens encore de mon sentiment de fierté quand ils ont choisi d'encadrer un cheval palomino doré en train de se cabrer que j'avais dessiné avec des montagnes à l'arrière-plan.

En soi, le fait de créer – de réaliser quelque chose à partir de rien – est une capacité que nous possédons tous, mais les jeunes enfants sont peut-être les plus en contact avec elle. Des mondes sont créés à partir d'une feuille blanche et de quelques crayons de couleur. Des histoires sont écrites tandis que « galopent » sur le carrelage de la cuisine des chevaux en plastique.

Les enfants sont toujours prêts à jouer, et ils s'amuseront avec les matériaux qu'ils ont à portée de main. Si rien d'autre n'est disponible, ils s'amuseront avec des bâtons et de la terre. Des pots, des casseroles et des cuillères font d'excellents jouets.

« Je dis : n'achetez pas de jouets, déclare Linda, mère de trois enfants. Vous allez de toute façon en avoir des tonnes, offerts en cadeaux ou hérités. Il n'y a jamais pénurie de jouets. Et surtout n'en achetez pas un qui n'a qu'une seule utilité, parce que ce sera le nombre de fois où il servira : une seule.

Les meilleurs jouets sont multifonctionnels. Les cubes sont mes préférés. »

Les jouets peuvent transformer notre maison en parcours d'obstacles quand on se laisse aller à acheter chaque jouet dernier cri, et suivre la mode s'avère finalement bien moins profitable que de donner aux enfants des jouets plus durables qui laissent une grande place à l'imagination.

Inutile d'aller acheter quoi que ce soit. En tant que parents, il nous incombe de fournir une large variété de matériaux bruts pour favoriser la créativité – plus c'est simple, mieux c'est. Le premier outil, et sans doute le plus puissant, est une feuille de papier. Pensez simplement à ce qu'elle pourrait devenir : un dessin, un poème, un bateau, un tapis magique – les possibilités sont infinies. Y ajouter simplement une boîte de crayons incitera votre enfant à faire du coloriage. Une fois terminé, le dessin, le tipi ou le chapeau devrait recevoir une place de choix. Votre enfant est encouragé par l'intérêt que vous portez à son travail. Quelques vêtements pour se déguiser pourront l'inciter à se transformer en personnages, à inventer des histoires et même à improviser des sketches pour la famille, ou juste pour sa collection de jouets.

Les animaux en peluche sont une autre source de jeux très riche. Quelques commentaires encourageants, comme « C'est l'heure de la sieste pour Bunny ? », guideront l'enfant dans des directions fructueuses. Ces peluches peuvent jouer ensemble, et ne soyez pas étonné si votre enfant fait des commentaires en voix off. Les animaux miniatures de la ferme, les créatures des bois, les insectes en plastique peuvent constituer autant d'environnements imaginaires où existe tout un univers.

Avec la pâte à modeler, votre enfant pourra travailler en trois dimensions. Maman, papa, les animaux domestiques – tous peuvent être mis en forme grâce à ce matériau. Avec des cubes de construction, vos enfants seront incités à créer des maisons pour leurs animaux modelés, ou peut-être un garage, ce qui requerra à son tour des voitures miniatures qui rejoindront leur monde imaginaire.

Inviter votre enfant à jouer de la musique est une *formidable* source d'amusement. Un tambour peut être improvisé à partir d'une boîte vide de flocons d'avoine. Un minuscule piano peut se révéler la source de grandes joies. Ajoutez des tambourins, des maracas et le sifflet d'un train et vous voilà prêts pour une parade.

Les meilleurs jouets sont ceux qui laissent le plus de place à l'improvisation. Un jeu fertile encourage la concentration et l'attention, et, plongés « dans la zone » de jeu, nos enfants se retrouvent souvent si absorbés qu'ils ne remarquent même plus notre présence. Cela développe leur capacité à focaliser leur attention et, par la même occasion, leur créativité.

Ma fille, Domenica, préférait à tout autre jeu son troupeau de chevaux Breyer, qu'elle faisait « galoper » de la chambre au salon. En grandissant, elle a perfectionné ses jeux. Ses chevaux acquéraient leurs noms et personnalités respectifs. Deux d'entre eux, Goldie le palomino et Sandy l'arabe, rivalisaient fréquemment pour prendre la tête du troupeau.

« Et pourquoi pas Spotty ? m'enquérais-je, lui indiquant son appaloosa.

— Non, maman », me rétorquait-elle avec fermeté en désignant le palomino comme son chef de troupeau préféré. Les enfants sont inventifs, et les mondes imaginaires qu'ils créent sont pour eux particulièrement réels.

« C'est incroyable comme un simple tuyau d'aspirateur suffit à ma fille de quatre ans, Sadie, pour s'occuper pendant un bon bout de temps, relate Ronald, écrivain. Vraiment, je trouve tellement surprenant ce qu'elle peut faire d'un rien. Assis à côté, en train de travailler sur mon livre, je déchire une page de mon cahier pour la lui donner et en un rien de temps Sadie me raconte qu'elle écrit son propre livre. Les enfants sont pour moi tellement proches de l'inspiration. »

En effet. L'inspiration et l'imagination pourraient être bien plus intimement liées que nous ne le pensons *a priori*. La volonté de regarder en dehors de soi-même, d'atteindre les éthers et d'en retirer toute idée qui y est en suspens est un état dans lequel vivent les enfants, et un état dont les adultes tendent à s'éloigner à mesure que les exigences de la vie leur imposent d'être « raisonnables ». Or, nous nous en tirons mieux en étant imaginatifs, et il en est de même pour nos enfants. Leur donner moins équivaut parfois à leur donner plus : un tuyau d'aspirateur pourrait très bien catapulter la fille de Ronald vers l'originalité et la liberté, alors que des jouets hypersophistiqués – ou simplement trop nombreux – pourraient éteindre son étincelle d'inspiration au lieu de la déclencher.

« J'ai appris à la dure que plus un jouet est cher et élaboré, plus vite mon fils s'en lasse, dit Andi. Je pense que lui en donner moins est vraiment un plus. Les feuilles blanches ne l'ennuient jamais. Il fera un millier de dessins avec ses vieux crayons émoussés en ignorant la voiture télécommandée et sophistiquée que j'ai payée trop cher. Je crois que ce qui l'intéresse le plus, c'est quand il fabrique quelque chose. »

Lorsque nos enfants ont de la place pour grandir, ils investissent pleinement cet espace. Ils veulent grandir. C'est dans la nature humaine d'explorer et de se développer. En leur offrant les matériaux bruts qui favorisent le processus, nous encourageons et rendons possible cette croissance.

« Mais c'est beaucoup trop simple ! s'est écriée Gillian, une archéologue hautement qualifiée. Vous ne comprenez pas. Je veux que mon fils soit brillant. Je veux tout lui apprendre. »

Oui, naturellement. Cela présuppose toutefois que Gillian sait tout. En tant que parents, nous souhaitons souvent avoir le pouvoir de donner – et d'enseigner – à nos enfants absolument tout ce qu'ils pourraient avoir besoin de savoir. Quoique ce serait bien pratique en théorie, ce n'est pas plus réaliste que souhaitable.

Comme Gillian l'a appris de son expérience d'archéologue, c'est le fait de chercher qui est amusant. Elle ne sait jamais où ses explorations vont la mener, et c'est cet état de « ne pas savoir » qui l'incite à continuer. Les meilleurs matériaux bruts que nous pouvons donner à nos enfants sont ceux qui laissent le plus de place à leur personnalité propre pour explorer et se développer.

Pour fêter le sixième anniversaire de sa fille, Martha a décidé qu'au lieu d'acheter des babioles de fête au bazar du coin, elle allait proposer aux petites invitées une activité qui leur permettrait de rentrer chez elle avec une babiole en cadeau – mais qu'elles auraient fabriquée elles-mêmes. À la place de chaque fille attendait sur la table un sac en papier kraft qui servait aussi de marque-place, décoré d'une étiquette adhésive vivement colorée où, en grosses lettres fantaisie, figurait le nom de l'invitée. Une fois à table, les filles ont ouvert leur sac pour n'y découvrir que des matériaux bruts : une bobine en bois et un peu de fil. Martha leur a montré comment fonctionnait la bobine pour tisser un bracelet avec le fil. Elle leur a montré comment commencer et les a aidées tout du long, tandis qu'elles se tissaient un simple bracelet. La fête finie, chacune portait avec fierté sa création. Des années plus tard, les invitées se souviennent encore de cette fête qu'elles ont trouvée magique.

« J'ai fait tellement de bracelets avec ma bobine, dit Amy. J'ai aussi appris à ma plus jeune sœur comment faire. Rétrospectivement, la magie se situait dans ce sentiment de création. Ce fut l'une de mes fêtes d'anniversaire préférée parmi toutes celles où je suis allée. J'étais toujours intimidée quand il y avait une *piñata*, parce que j'avais l'impression qu'il y avait une compétition. Mais celle-ci était si accueillante pour tout le monde. Nous avons ramené à la maison quelque chose dont nous étions fières. »

QUELQUE CHOSE À PARTIR DE RIEN

Exercice

Prenez un crayon et répertoriez trois « outils d'exploration » qui se trouvent déjà dans votre maison. S'en sert-on régulièrement, ou ont-ils été mis au rencart ? Les outils les plus simples sont les meilleurs, fréquemment peu chers et à portée de main.

1. ______________________________

____

2. ______________________________

____

3. ______________________________

____

Offrez à votre enfant l'un de ces objets et laissez-vous surprendre par ce que vous serez tous les deux peut-être capables d'en faire. Et quoi qu'il en soit… appréciez le résultat.

RÉSISTEZ À L'ENVIE DE VOUS EN MÊLER

Laisser nos enfants grandir s'apparente beaucoup à planter un jardin. Nous semons les graines dont nous pensons qu'elles apporteront de la beauté au monde, qu'elles survivront aux saisons et continueront à fleurir pleinement, bien après que nous les aurons mises en terre. Mais une fois que nous les avons semées, nous devons poursuivre notre journée, en semer encore, nous atteler à d'autres tâches. Si nous nous mettons obsessionnellement à surveiller le jardin, attendant avec impatience qu'apparaissent les premières feuilles, nous risquons de devenir mabouls et, selon moi, d'en ralentir l'évolution.

Il en est de même avec nos enfants. Nous pouvons leur suggérer des jeux, des jouets et des idées, mais ce qu'ils font de nos suggestions ne dépend pas de nous. Tout comme dans le cas du jardin, nous ne pouvons pas tourner autour du délicat processus de développement de nos enfants en espérant que cela aidera ou accélérera la chose. Il est, en réalité, plus probable que le contraire se produise.

Quand j'enseigne, je dis souvent que je suis comme Johnny Appleseed[1], je répands autour de moi des idées et des outils de développement avant de reprendre ma route. Derrière moi, mes étudiants évoluent et s'épanouissent. Peu de choses sont aussi gratifiantes que de constater ce qui se passe quand une personne débloque ses propres idées et les fait fructifier. Il en est de même pour nos enfants. Nous pouvons leur offrir des suggestions comme points de départ, mais ce qu'ils en feront, c'est là où la magie commence. La surprise réside dans l'émergence de l'inspiration. Cela peut se produire quelques instants ou des années plus tard, mais on a bien l'impression de voir la main de Dieu à l'œuvre quand on observe le jardin du monde de nos enfants qui se met à pousser.

En tant que parents, nous sommes tout autant un « lieu » pour nos enfants qu'une personne. Nous sommes un lieu sûr

1 « Johnny Pépin-de-Pomme », surnom de John Chapman (1774-1845), botaniste, missionnaire et pionnier américain, célèbre pour avoir introduit et planté quantité de pommiers au nord-est des États-Unis. L'imagerie populaire le représente semant des pépins de pomme partout où il passe. *(N.d.T.)*

où ils se sentent en sécurité. Nous créons une atmosphère de soutien où ils peuvent jouer. Le jeu d'un jour peut commencer par la mise en place des outils du jour – nous pouvons, par exemple, disposer une toile cirée, un bloc-notes et des tubes de peinture acrylique, ou encore un petit troupeau de chevaux miniatures. Nos enfants pourront demander les jouets du jour, des cubes de construction ou de la pâte à modeler.

Une fois tout le matériel ludique sélectionné pour la journée, il est temps de laisser les enfants se débrouiller tout seuls. En tournant autour, nous muselons leur créativité. Avec les meilleures intentions, nous risquons d'y aller un peu fort côté supervision. Disons que votre enfant choisisse de fabriquer un chien vert pétant. Votre mission n'est pas de le « corriger ». Bien que vous puissiez dire : « Je n'ai jamais vu de chiot vert », vous ne pouvez pas dire : « Les chiots ne sont pas verts. » Laissé seul pour s'amuser avec la pâte à modeler, votre enfant mettra peut-être en forme un cheval, ou un lézard. Votre mission est de l'y encourager – quoi qu'il entreprenne – et de lui rappeler (ainsi qu'à vous-même) qu'il n'y a pas de mauvaise façon de jouer.

« Quand mon fils est né, je suis devenu "ce type", m'a dit Jake, ingénieur. Mon père était autoritaire. Je m'étais juré de ne jamais l'être. Mais lorsque j'ai moi-même eu un fils, c'était comme si mon conditionnement prenait le dessus. Cela n'avait plus rien à voir avec la logique. Je l'ai appelé Jake Junior et, instantanément, je me suis reconnu dans tout ce qu'il faisait. Quand il a eu trois ans, j'ai voulu "l'aider" à faire ses puzzles et, évidemment, je les finissais à sa place. Mon attention perfectionniste aux détails m'aide dans l'ingénieric, mais pas dans l'éducation des enfants. C'était comme si je pensais que c'était mon boulot de corriger tout ce que faisait Jake Junior, même quand il ne faisait que jouer. »

Inévitablement, Jake Junior a commencé à se rebeller contre les ingérences de son père. À l'âge de trois ans, il a piqué une colère lorsque celui-ci a assemblé impatiemment le simple puzzle qu'il était en train de faire. À six ans, il décrivait son père comme étant « généralement de mauvaise humeur » et comme quelqu'un qui « dit aux gens ce qu'il faut faire ».

« J'ai pris conscience que j'étais en train de devenir comme mon père, a poursuivi Jake Senior. Et j'ai dû y réfléchir. À dix-huit ans, j'avais pratiquement renié mon père. Et je lui en ai voulu pendant des années. Je ne voulais pas qu'il nous arrive la même chose, à mon fils et moi.

— Qu'attendiez-vous de votre père ? l'ai-je encouragé à poursuivre.

— Je voulais qu'il m'accepte. Je voulais qu'il pense que je n'étais pas un incapable. Quand il faisait tout à ma place, j'avais le sentiment qu'il me montrait qu'il n'avait aucune confiance en mes capacités à y arriver tout seul.

— Alors peut-être pouvez-vous chercher consciemment de quelle façon montrer à Jake Junior que vous l'acceptez tel qu'il est, que vous voulez écouter ce qu'il a à dire, que ses tentatives et ses instincts ont de l'importance, que vous lui laisserez une chance de répondre par lui-même. »

Avec réticence, Jake Senior s'est résolu à essayer. Après quelques semaines, j'ai eu de ses nouvelles.

« J'entends toujours cette voix intérieure qui me dit qu'en m'impliquant dans tout ce que fait mon fils, je l'aide. Mais, intellectuellement, je sais qu'en faisant cela, je le dirige trop. Je trouve tellement difficile de me mettre en retrait… et, pour la plupart, mes premières tentatives ont été un échec. Mais un jour, Jake Junior a laissé exploser sa colère. Il était en train de faire une maquette d'avion, et il avait fait une erreur d'assemblage, que j'ai corrigée… puis j'ai fini la maquette moi-même. Je croyais qu'il serait excité de la voir terminée, mais il était on ne peut plus furieux. Son visage est devenu cramoisi, et au travers de ses larmes de frustration, il a dit : “Tous mes projets deviennent les tiens, papa ! Tu ne me laisses rien faire ! Tu es méchant !” J'en suis resté complètement décontenancé. C'est alors que je me suis rendu compte qu'il avait parfaitement raison.

« Alors même que j'avais apporté à mon fils une vie plutôt luxueuse, je m'étais montré radin avec lui, émotionnellement parlant. Et il m'est venu à l'esprit que chaque fois que je ressentais le besoin de contrôler ce qu'il faisait, ce qu'il pensait, ou ses réactions, je devrais peut-être plutôt lui faire un compliment. Et donc, chaque fois que me venait l'envie de corriger ses devoirs, je regardais ce qu'il avait déjà bien fait et lui disais comme j'étais fier de lui pour cela. Ensuite, je sortais de la pièce. Cette expérience avait pour moi quelque chose de très radical, mais ce qui en a découlé m'a beaucoup surpris. Mon fils s'est révélé bien plus productif tout seul. Je prends peu à peu conscience que je ne peux pas le contrôler… et que je ne devrais pas, d'ailleurs. Cependant, je peux améliorer la situation en modifiant mon propre comportement. Et il semblerait qu'il y ait des retombées positives. »

L'histoire de Jake est, à mes yeux, un incroyable bond en avant. Pour Jake Senior, renoncer à sa position de « chef » équivalait à une perte d'identité. L'éducation des enfants n'a rien à voir avec la gestion d'une entreprise. Il peut certes y avoir dans les deux cas des dynamiques interpersonnelles et une forme de planification stratégique, mais la ressemblance s'arrête là.

Même avec des enfants en bas âge qu'il faut surveiller de près, il est possible d'aménager l'espace nécessaire pour explorer. Linda raconte que sa mère gardait les jouets sur une étagère spéciale dans la cuisine.

« Quand elle préparait le dîner, nous étions assis par terre, perdus dans notre propre univers. Elle faisait ce qu'elle avait à faire, tout en gardant un œil sur nous. » Lorsque Linda a eu des enfants, elle a construit un placard à jouets dans la cuisine.

« Nous pouvons ainsi rester à proximité les uns des autres sans nous marcher dessus. Tout le monde est en sécurité, et fait ce qu'il a à faire. Sentir qu'on a de la compagnie, c'est très agréable. »

Quand j'étais petite, je préférais la peinture acrylique aux crayons. Tandis que je travaillais dur à peindre un cheval, ma mère profitait de ce que j'étais absorbée dans ma tâche pour se concentrer un peu, elle aussi. Assise à son secrétaire, qui était à proximité de notre espace de jeu – mais pas trop près –, elle écrivait des lettres à sa belle-mère, Mimi, et à ses frères et sœurs éloignés. Elle faisait parfois quelques remarques sur nos jeux, mais sans les interrompre.

Nos enfants ont conscience de notre présence, et savent quand nous leur donnons toute notre attention. Ils perçoivent quand nous leur faisons confiance lorsqu'ils passent du temps en solitaire ou expriment librement leurs idées personnelles. En sentant notre confiance, ils apprennent à se faire eux-mêmes confiance. Ils s'autorisent à s'aventurer sur une route imaginaire qui les mène à une nouvelle idée et à un sentiment d'épanouissement et d'accomplissement. Au fil du temps, grâce à ces mêmes talents, ils deviendront des penseurs créatifs ayant de l'assurance.

Dans la maison des Cameron, nos jeux tendaient souvent à intégrer nos expériences. « Regarde, maman. C'est Misty de Chincoteague ! » Nous cherchions à illustrer le roman éponyme de Marguerite Henry qu'on nous lisait le soir. Nous pouvions aussi dessiner un train à vapeur qui peinait à grimper une colline pentue. « Regarde, maman. Le petit train bleu ! » annoncions-nous.

En tant que parents, il nous incombe d'accueillir avec joie les dons de nos enfants. Plus nous montrons d'enthousiasme envers leurs efforts, plus ils essaieront. « Proche sans être trop près » est la devise de cette étape du développement de vos enfants. Il m'arrive parfois de penser à un parent comme à un charmant saule pleureur à l'ombre duquel peuvent jouer les enfants. J'ai essayé de partager cette image avec ma fille, qui y a répondu en faisant une esquisse au crayon d'un enfant au pied d'un arbre.

« C'est moi, m'a-t-elle dit fièrement.

— C'est moi, ai-je répondu en indiquant l'arbre du doigt.

— Oh, maman, mais tu n'es pas un arbre ! a protesté Domenica.

— Bien sûr que si, ai-je insisté. On n'a qu'à faire semblant. »

C'est ce qu'a fait Domenica, en mettant un arbre dans tous ses dessins.

Les enfants auxquels on permet d'être libres du point de vue créatif sont ainsi encouragés à devenir des adultes créativement libres. Par contre, les enfants dont les jeux sont découragés ou contrôlés ont tendance à devenir des gens qui mettent en doute leurs propres instincts. C'est un long parcours de reconquérir cette foi en soi, et même s'il n'a rien d'impossible, il n'est pas de tout repos. J'ai pu observer des milliers d'étudiants qui, à l'âge adulte, s'efforçaient de reconquérir leur véritable identité. Un travail excitant, épanouissant. Si certains dommages peuvent être évités, n'est-ce pas notre devoir d'essayer de les prévenir ?

En accordant à nos enfants notre confiance et nos encouragements pour les inciter à suivre tout ce qu'ils imaginent, où que cela puisse les mener, nous leur donnons le pouvoir de se développer pour devenir des êtres originaux et créatifs. Et il y a vraiment peu de choses plus magiques ou plus surprenantes que de voir leur voyage se dérouler.

COMMENT DÉFINIR DES CENTRES D'INTÉRÊT

Exercice

Prenez un crayon. Faites la liste de cinq de vos centres d'intérêt favoris.

1. ______________________________
2. ______________________________
3. ______________________________
4. ______________________________
5. ______________________________

Faites maintenant la liste de cinq centres d'intérêt de votre enfant qui vous sont familiers. Pouvez-vous consciemment le laisser s'y intéresser de son côté, et permettre à ces centres d'intérêt de se développer ?

1. ______________________________
2. ______________________________
3. ______________________________
4. ______________________________
5. ______________________________

LE POUVOIR DE FAIRE SEMBLANT

Comme le disait Goethe : « Quoi que tu rêves d'entreprendre, commence-le. L'audace a du génie, du pouvoir, de la magie. » Je crois que chaque individu est créatif et que, à l'âge adulte, nous avons tendance à nous éloigner de certaines de nos inclinations naturelles innées. La facette joueuse de notre personnalité nous revient en mémoire quand nous regardons nos enfants jouer. Quand nous les voyons jouer à faire semblant, nous nous souvenons de notre propre sens de l'émerveillement et du possible. L'inspiration repose dans le mystérieux, dans la minuscule étincelle d'une idée qui nous murmure quelque chose, nous invitant discrètement à prêter l'oreille.

Je crois que dans notre état naturel, non bloqué, nous sommes en contact avec cette petite voix. Les enfants sont naturellement spontanés et naturellement sensibles à ces incitations. L'une des choses les plus stupéfiantes à voir, et l'un des jeux les plus puissants à encourager chez vos enfants, c'est le jeu consistant à « faire semblant ». Ils pourront y jouer avec leurs amis ou leurs peluches, seuls ou avec vous. Les amis imaginaires sont relativement banals. Votre enfant peut entretenir une longue conversation alambiquée avec ce compagnon invisible, et votre mission consiste à lui céder la place pour lui permettre de « faire sa petite visite ».

Patt relate l'histoire de son fils, Arthur, qui, à six ans, commençait à faire montre d'une forte prédilection pour les contes de fées.

« Je faisais la vaisselle tout en surveillant les gosses par la fenêtre, dit Patt en riant, quand j'ai vu Arthur dans l'arrière-cour avec son tricycle en plastique les roues en l'air. Avec la plus grande attention, il faisait tourner la plus grosse avec les mains. Il avait l'air un peu fou, mais il s'amusait bien et il ne courait aucun danger, alors je ne me suis pas souciée de sortir pour lui demander ce qu'il faisait. Le lendemain, il s'y est remis. »

Patt a souri tendrement à ce souvenir avant de reprendre : « Je devais savoir ce qui lui passait par la tête. Et quand je lui ai posé la question… écoutez bien… il a répondu qu'il était Rumpelstiltskin[1], occupé à filer de l'or, dit Patt en souriant à ce souvenir. Il était constamment et remarquablement créatif. Et il l'est toujours. Son imagination se déclenche toujours pour un rien. Il est comme ça. Alors, qui suis-je pour m'en mêler ? »

Arthur a continué en écrivant des adaptations musicales de contes de fées, et peu de temps après, en créant ses propres contes. À vingt-cinq ans, il avait écrit de A à Z huit comédies musicales originales.

« Je suis plus que convaincu que d'avoir filé de l'or avec la grosse roue de son tricycle en plastique, c'est ce qui a fait se connecter des choses dans son cerveau, dit son coauteur. Sa compréhension et ses connaissances des contes de fées sont phénoménales. Il y a tellement pensé que cela fait partie de son vocabulaire, c'est une part quasi automatique de son

1 Personnage d'un conte des frères Grimm, ce nain (appelé Tracassin dans la version française) aide une jeune fille à transformer la paille en or grâce à un rouet. *(N.d.T.)*

fonctionnement cérébral actuel. Je ne crois pas qu'il aurait pu mieux employer son temps. C'est un génie, assurément, mais ce qui est encore plus important, c'est son enthousiasme. Il aime ce qu'il fait… et c'est ce qui le rend aussi productif. Il regorge d'énergie, parce qu'il s'amuse. »

L'imagination d'Arthur est aussi vivante aujourd'hui que ce jour où il filait de l'or dans l'arrière-cour, et en considérant l'éducation dispensée par Patt, je vois pourquoi il est aussi libre en tant qu'artiste. Patt, en tant que parent, a eu le réflexe d'encourager ses quatre enfants en tenant compte de leurs personnalités et centres d'intérêt respectifs. Aujourd'hui, elle est la mère de quatre adultes remarquablement différents – et ô combien avenants, bienveillants et pourvus de grands talents. En observant sa relation avec eux maintenant, je peux discerner des indices de ce qu'elle a dû faire en les accompagnant. Elle les aime inconditionnellement, elle soutient leurs idées, elle porte un grand intérêt à chacun, sans en mettre un seul sur un piédestal. Son foyer déborde de bonne humeur. Et même aujourd'hui, en me parlant de Rumpelstiltskin, elle rit.

« Je ne me considère pas comme étant particulièrement créative, du moins pas comme peut l'être Arthur, me dit-elle. Mais lui est très amusant, ça, c'est sûr ! »

Patt, étant toujours un membre aussi aimant qu'enthousiaste du public, donne à Arthur tout ce qui lui est nécessaire. Parfois, la non-action adéquate est tout aussi précieuse que l'action appropriée : en n'étouffant pas par des jugements ou des limites sa nature imaginative, Patt a permis à Arthur de réaliser pleinement son potentiel dans une atmosphère de sécurité et d'acceptation. À présent adulte, il enseigne également, en encourageant ses étudiants à explorer leurs sujets librement. « Plus c'est fou, mieux c'est », leur dit-il.

Tout jeu où l'on fait semblant est précieux. Jouer à faire semblant offre à nos enfants une liberté spécifique, une zone de sécurité où ils peuvent expérimenter différentes personnalités en prenant conscience de celle avec laquelle ils se sentent le plus à l'aise. Et quand ils quittent cette zone de sécurité, ils la quittent avec une forme de connaissance – la connaissance d'eux-mêmes, aussi subtile soit-elle, qui contribuera au développement de leur confiance dans le monde en général, et à leur contribution envers celui-ci.

FABRIQUER UNE POUPÉE

Exercice

Faire une poupée – quelle qu'elle soit – peut se révéler un exercice cathartique et passionnant pour les filles comme pour les garçons. Il n'est pas obligatoire de réaliser une poupée traditionnelle, même si ce sera peut-être le cas. Laissez votre enfant choisir ses matériaux et créer sa poupée ou son personnage en suivant ses propres idées. Fabriquer une poupée est une méthode idéale pour fusionner travaux manuels et faire semblant. Tandis que votre enfant fabriquera la poupée, que ce soit à partir de papier, d'une chaussette, d'un bâton ou de Lego, demandez-lui, par exemple : Comment s'appelle ta poupée ? Où vit-elle ? Quel âge a-t-elle ? Vient-elle de la ville ou de la campagne ? En créant ainsi pour la poupée une histoire sur sa vie préalable, votre enfant s'appropriera son invention. Demandez-lui de vous parler de cette poupée, et écoutez-le en gardant l'esprit ouvert. Si l'enfant lui donne les mêmes caractéristiques que lui, il se peut qu'il s'en serve pour consolider sa perception de soi. En revanche, s'il lui donne des caractéristiques très différentes, il explore peut-être d'autres personnalités. En tant que parent, votre mission consiste simplement à l'observer avec attention – voir comment votre enfant effectue cet exercice promet, en effet, d'être fascinant.

Chapitre 3

CULTIVEZ LE SENTIMENT DE CONNEXION

En fournissant à nos enfants un incubateur sûr, nous leur permettons de se connecter en toute sécurité au monde qui les entoure. La nature les invite à faire l'expérience d'un sentiment de connexion. La flore et la faune leur donnent le sentiment qu'ils sont accompagnés. Le simple fait d'aller nous promener dehors nous connecte à nous-mêmes, l'un à l'autre, et au monde qui nous entoure. L'univers se montre généreux dans son soutien au développement créatif, et plus nous rechercherons activement ce soutien, plus nous ferons de découvertes. En exprimant notre gratitude pour cet encouragement, nous faisons l'expérience d'une perception de Dieu

– que ce soit une « **D**irection **i**déale **e**t **u**nificatrice » ou une puissance suprême bienveillante – et en faisant l'expérience d'une perception du Grand Inconnu, nous nous y connectons et en devenons une partie intégrante.

LA FLORE

J'ai souvent défini Dieu par un vers de Dylan Thomas : « La force qui par la verte amorce pousse la fleur. » La magie est présente dans le cycle perpétuel de la nature, dans sa résilience et ses arcs-en-ciel de couleurs et de conceptions illimitées. En laissant nos enfants découvrir la nature sous toutes ses formes, nous favorisons le déclenchement de leur imagination, ce qui les aidera à se connecter au potentiel infini de la nature. Selon moi, en s'y connectant, on se connecte également à Dieu, et à soi-même.

Se connecter à la nature peut s'avérer très simple – aussi simple que d'aller faire un petit tour dehors. Si vous vivez à la campagne, les forêts luxuriantes regorgent d'histoires et de magie, et les étendues de plaine sont une toile vierge riche de potentiels aux yeux de votre enfant. Planter un jardin peut apporter un sentiment d'appartenance et de renaissance. Si vous vivez en ville, un tour au parc ou même chez le fleuriste du coin pourra vous connecter, ainsi que votre enfant, à cette même puissance de la nature. Les jardinières aux fenêtres et les plantes d'intérieur vous incitent à vous émerveiller tous les deux de la croissance et des cycles saisonniers. Se connecter à la vie et reconnaître les diverses façons dont elle nous entoure, voilà de quoi nourrir notre esprit créatif autant que celui de nos enfants.

Courtney raconte qu'elle a grandi en banlieue dans le Wisconsin, où ses voisins avaient des buissons de mûriers sauvages tout autour de leur propriété. Courtney et ses sœurs allaient ramasser des mûres en été, souvent vêtues de combinaisons de ski pour se protéger des épines, malgré la chaleur. Elles rentraient à la maison, les vêtements et les mains tachés du nectar violet, très enthousiastes d'avoir fait une récolte aussi abondante.

« Mes quatre sœurs et moi, nous nous répartissons sur douze ans, dit Courtney, mais à tout âge, nous participions à la cueillette des mûres. C'était comme une chasse au trésor. Un trésor délicieusement sucré. De retour à la maison, souvent notre mère nous aidait à faire des muffins aux mûres pour en apporter au couple âgé qui vivait dans la maison d'à côté. C'était un tel luxe d'avoir chez nous des muffins faits maison, et les voisins étaient tout aussi enthousiastes de nous laisser ramasser les baies que reconnaissants d'apprécier ce qui en résultait. Rétrospectivement, je me suis rendu compte qu'en fait nos voisins n'étaient pas très riches. Pendant des années, ils avaient beaucoup de mal à joindre les deux bouts. Mais les mûres étaient gratuites et en les ramassant, nous étions tous riches. »

Courtney et ses sœurs se souviennent toutes avec tendresse de ces expéditions pour récolter les mûres. Toutes ont gardé la recette du muffin aux mûres. Courtney, quant à elle, a poursuivi en devenant chef pâtissière. Et sa spécialité ? Le chausson aux mûres.

« C'est mon histoire, dit-elle. Et je suis sûre que c'est grâce à ma connexion aux mûres de la maison des Hardy que cette pâtisserie a autant de succès. Les gens disent qu'on peut "y sentir l'amour"... et je pense sincèrement que c'est vrai. Pour moi, ramasser des mûres représentait bien plus qu'une simple cueillette. Cela représentait la sororité, l'aventure, se sentir bien accueillie par les Hardy et cuisiner avec ma mère. J'ai ramassé beaucoup de mûres au fil du temps. Je peux dire, rien qu'à les voir, lesquelles sont les plus sucrées. »

Les pâtisseries de Courtney évoquent les souvenirs d'où découle sa recette. Ses clients affirment qu'ils éprouvent un sentiment de réconfort et d'hospitalité en dégustant la pâte feuilletée moelleuse et la garniture sucrée d'un violet foncé.

Jardiner peut se révéler une fascinante collaboration entre vous et votre enfant. Les potagers qui fourniront des garnitures de salade ou des herbes aromatiques, ou encore les fleurs qui, sous votre œil vigilant, s'épanouissent à partir d'une petite graine, peuvent enseigner la patience et l'attention.

Mary, une jardinière passionnée, était connue dans son immeuble d'une banlieue de l'Indiana pour ses parterres de fleurs rampantes et colorées. « Les pensées sont mes préférées, me dit-elle. J'aime leurs couleurs intenses, et elles sont pratiquement invulnérables. »

Quand ses petits-enfants venaient la voir, elle les emmenait au jardin, où ils sélectionnaient quelques-unes de ces merveilles florissantes. Les coupant avec soin avec des ciseaux, elle les emportait à l'intérieur pour montrer à ses petits-enfants comment mettre les fleurs sous presse en les aplatissant délicatement entre des serviettes en papier, puis en posant dessus plusieurs grosses encyclopédies en guise de poids. Après quelques heures, les fleurs étaient sèches, et elle soulevait les livres et les serviettes en papier pour révéler les fleurs parfaitement préservées. Puis elle montrait à ses petits-enfants comment les poser sur des bandes de carton et les y coller à l'aide de ruban adhésif transparent. « Des marque-pages », annonçait-elle en aidant les enfants à nouer un ruban à l'une des extrémités. Ces marque-pages étaient fort appréciés au cours de l'année scolaire et bien des années plus tard. La « fleur du jardin de mamie » était pour chacun un véritable trésor. Ils présentaient avec fierté les marque-pages pour lesquels ils avaient choisi les fleurs et qu'ils avaient aidé à fabriquer. Et pour le reste de leur vie, chaque fois qu'ils passent à côté d'un parterre de pensées, ils pensent à mamie et à son jardin.

La nature est là, attendant que nous la remarquions. Nous sommes des êtres créatifs par nature et la nature, qui incarne la créativité en soi, nous le rappelle constamment. J'aime dire que le Grand Créateur s'est complètement laissé aller, avec les milliers de couleurs, formes et dimensions des fleurs et des papillons, des flocons de neige et des feuillages. Toujours disponible, la nature peut inspirer notre propre développement et notre renaissance.

Quand Domenica était toute petite, elle est tombée en admiration devant les gerberas aux couleurs vives. Nous étions allées ensemble dans une jardinerie, où j'avais été attirée par les lys orientaux Stargazer, lorsque Domenica m'avait tirée par la manche en disant : « Regarde, maman ! » le doigt pointé vers les gerberas. Une seule fleur suffisait à illuminer sa table de chevet. Mes lys étaient plus chers. J'en achetais habituellement trois tiges. En hiver, la nuit tombant plus vite, nous allions à la jardinerie juste au moment où les gens sortaient du boulot. J'invitais Domenica à sentir le parfum des lys en lui recommandant de faire attention à leur poudre orange qui risquait de lui coller au nez. Les gerberas n'avaient pas de pollen poudreux ni le parfum des lys. Pour douze dollars, nous ramenions les deux fleurs à la maison. Je m'arrêtais chez l'épicier coréen pour acheter deux bougies qui dureraient sept jours, une à poser près des lys et l'autre près du gerbera de Domenica.

« Nous allons construire un autel, lui expliquais-je. Des fleurs fraîches sont importantes, tout comme les bougies. Tu voudras peut-être y ajouter un coquillage et un petit porte-encens en bois. Bon, faisons une liste : quel souhait allons-nous faire ? » Parfois, je demandais de recevoir une qualité spécifique : « Dieu, accorde-moi la créativité. Accorde-moi la joie. Accorde-moi la sobriété. Accorde-moi la sérénité. »

Domenica reprenait fidèlement mes prières, alors même que le sens de certains mots lui échappait. Cela m'amusait de l'entendre demander de la sobriété. À six ans, elle était plutôt sobre et, si Dieu le voulait, elle le resterait.

Quand Domenica a été plus grande et a reçu de l'argent de poche, elle n'arrêtait pas de me demander d'aller à la jardinerie. Ses gerberas préférés étaient les rose vif, les orange venant tout de suite après. « Et si on faisait un autel, maman », me disait-elle.

Et en revenant à la maison, nous nous arrêtions chez l'épicier coréen pour que j'achète une bougie. Pour Domenica, les fleurs exprimaient la sécurité et la joie. En l'absence de lys, elle m'achetait des tulipes, en dépensant tout son argent de poche pour ce luxe végétal. Aujourd'hui, elle achète toujours des fleurs. Récemment, le jour de la fête des Mères, un énorme bouquet de lys orientaux Stargazer a été livré à ma porte, en clin d'œil à ces petits voyages chez l'épicier coréen de Greenwich Village, où je partageais avec Domenica mon amour des fleurs.

Une fois par an, Pam et Rick quittaient la banlieue du Milwaukee avec leurs quatre enfants pour se rendre dans les bois du nord du Wisconsin où, pour une semaine, ils louaient une petite maison au bord d'un lac.

« C'était minuscule, dit Rick, avant d'éclater de rire. Mais c'était abordable pour une famille nombreuse, et une super aventure pour les gamins. Nous allions à la pêche, nous faisions des barbecues et de grandes balades, et nous nagions. C'était simple, mais cette immersion dans la nature, nous l'attendions tous avec impatience. »

Leurs enfants parlent encore de la « cabane là-haut dans le nord » et de la manière dont ils attendaient tous impatiemment de s'y rendre. « Tous les gosses dormaient au grenier, dit leur fils Jesse. Il y avait une télé qui n'avait qu'une chaîne, et, en quelque sorte, c'était plus excitant que les milliers qu'on a à la maison. Il y avait bien plus de mystère là-bas. Nous devions nous contenter de ce que la télé nous proposait. Je repense souvent à ces vacances. Avec le recul, c'était d'une telle simplicité, mais on avait l'impression de vivre une très grande aventure. Notre visite à Disneyland a été stupéfiante, mais rester dans cette cabane au fond des bois, c'était d'une certaine manière encore plus mémorable. »

Noah, qui a grandi au nord du Maine, se rappelle avoir exploré la zone boisée derrière la maison de ses parents. « Nous vivions au milieu de nulle part, se souvient-il. Que des bois partout, je vous jure. Nous vivions dans un coin tellement rural, si loin de la civilisation, qu'on était obligés de prendre la voiture pour se rendre où que ce soit. Et il fallait en faire des kilomètres, en plus. »

Noah se souvient avec tendresse de son enfance. « Il y avait de la place pour l'imagination dans ces bois, et pas qu'un peu. En vérité, chaque arbre avait une histoire. »

Sans les distractions d'un environnement urbain ou de la vie banlieusarde, l'imagination de Noah s'est développée librement. « Je m'ennuyais parfois, mais pas si souvent, songe-t-il. Il n'y avait pas de centre commercial où aller traîner, pas plus que de piscine ou de golf miniature. L'endroit était très tranquille. Mais je sais qu'il m'a enrichi. Quand j'étais plus jeune, en lisant avec mon père les contes de Grimm, j'étais convaincu que toutes ces histoires s'étaient passées dans les bois à l'arrière de notre maison… et qui peut me contredire ? Cette forêt était en quelque sorte enchantée. »

Aujourd'hui, Noah est réalisateur de films et vit à Hollywood. Guère surprenant que son œuvre, destinée à un public familial, parle toujours de magie et de mondes imaginaires. « Il y a beaucoup d'arbres en Californie, et j'ai choisi d'habiter dans un quartier verdoyant. Mais je retourne dans le Maine à la moindre opportunité, pour me ressourcer. »

On a parfois l'impression de ne pas donner « suffisamment » à nos enfants en allant « tout simplement » au parc. En prenant un moment assis sur un banc pour consulter rapidement nos e-mails sur notre téléphone portable ou rassembler et d'évaluer notre liste à rallonge de choses à faire, nous pouvons avoir le sentiment qu'il vaudrait mieux pour notre enfant, qui se promène à proximité, qu'il suive des cours de natation, de peinture ou encore de violon. Toutes ces idées sont bonnes, mais chaque seconde n'a pas à être occupée par une activité structurée. En laissant nos enfants s'imprégner des plus petits détails d'une fleur, ou regarder le nid à la cime d'un arbre qui raconte une histoire secrète, nous leur permettons d'établir leurs propres connexions et d'imaginer ce qu'ils sont les seuls à pouvoir évoquer. Qui sait ? Il se pourrait qu'un film bourgeonne pendant que nous attendons sur ce banc en écrivant à la hâte la liste des courses ou en planifiant dans notre agenda le covoiturage du lendemain. Et il se pourrait aussi qu'en nous autorisant quelques minutes pour repérer les formes figuratives que composent les nuages, nous nous donnions une dose d'optimisme à partager avec nos enfants.

ENTREZ DANS LE JARDIN

Exercice

Faites la liste de cinq endroits où vous pourriez emmener votre enfant pour qu'il soit en contact avec la flore, que ce soit dans l'arrière-cour, un parc à proximité ou le rayon fleurs de la supérette. Ce qui est important, c'est de donner suffisamment de temps à votre enfant pour qu'il s'imprègne des senteurs, des couleurs et des formes.

Exemples :

Je pourrais emmener mon enfant visiter une ferme ou un jardin communautaire.

Je pourrais aller à la bibliothèque pour emprunter un livre sur les fleurs, dans lequel nous choisirions nos préférées, mon enfant et moi, en apprenant leurs noms et leurs caractéristiques. Nous pourrions ensuite aller chercher ces fleurs dans la nature ou dans un magasin, et ainsi « rencontrer en personne » ces fleurs que nous aurions l'impression de déjà connaître.

Je pourrais____________________________________.

Je pourrais____________________________________.

Je pourrais____________________________________.

Je pourrais____________________________________.

Je pourrais____________________________________.

Maintenant, faites la liste de cinq aventures botaniques que vous pourriez vivre à la maison. Elles doivent être simples et pas chères. Avoir des plantes chez vous peut vous remonter le moral tout autant qu'enrichir les sens de votre enfant.

Exemples :

Je pourrais presser des fleurs sous de gros livres, comme le faisait Mary.

Je pourrais laisser mon enfant choisir quelques fleurs chez le fleuriste, et une fois rentrés à la maison, nous pourrions les disposer ensemble dans un vase, et trouver l'endroit où mettre ce bouquet en valeur.

Je pourrais acheter une petite jardinière à mettre à la fenêtre et des graines d'herbes aromatiques à planter avec mon enfant.

Je pourrais______________________________________.

Je pourrais______________________________________.

Je pourrais______________________________________.

Je pourrais______________________________________

LA FAUNE

Peu de choses sont plus amusantes qu'un animal domestique. Ils sont aussi très utiles pour enseigner le sens des responsabilités. Un animal de compagnie s'épanouit généralement dans la routine. Nos enfants s'épanouissent en prenant soin de ces petits compagnons, qu'il convient de choisir avec beaucoup de discernement. Les jeunes enfants ont besoin d'un animal qui leur soit adapté. Depuis des dizaines d'années, certaines races de chiens sont élevées pour être patientes et gentilles avec les enfants turbulents. Les golden retrievers et les labradors en font partie. Les tout-petits doivent pouvoir les caresser, et les parents être prêts à montrer à leur enfant ce que « tout doux » veut dire. Il y a également bien d'autres moyens d'interagir avec les animaux, s'il est trop contraignant d'en accueillir un à la maison. Quand nous vivions à New York, j'emmenais Domenica voir les chevaux à Central Park. Vous pouvez aller dans une ferme ou au zoo. Il s'agit d'avancer à petits pas. Un aquarium peut paraître une entreprise trop ambitieuse, mais une mangeoire à oiseaux devant la fenêtre pourra donner lieu à de joyeuses heures d'observation.

Quand Domenica a eu quatre ans, je lui ai offert son premier chien : un caniche standard blanc comme neige que nous avons appelé Calla Lily. Nous l'avions choisie parmi toute une portée de chiots parce qu'elle s'était approchée de Domenica au lieu d'attendre que celle-ci s'approche d'elle. Elle s'est révélée patiente et affectueuse. Domenica la serrait dans ses bras en chantonnant : « Gentil toutou, gentil toutou. » Calla Lily s'est sans tarder adaptée à notre routine. Elle m'accompagnait quand j'emmenais Domenica à l'école, et lorsque j'allais l'y chercher. Domenica lui a très vite appris à marcher à côté d'elle en laisse. Douce et gentille, Calla Lily ne tirait jamais sur sa laisse. Son pelage était toujours taillé simplement plutôt que dans l'une ou l'autre de ces coupes exotiques pour caniche. Blanche comme neige et toute pelucheuse, elle ressemblait à un agneau. Domenica la serrait dans ses bras et l'embrassait, ce que non seulement Calla Lily supportait, mais appréciait.

Lorsque Calla Lily a eu un an, nous avons pris un chat, tout aussi blanc comme neige et pelucheux, baptisé Polar Bear (Ours Polaire), et peu disposé aux câlins. Il préférait garder ses distances, ce que Domenica apprit à respecter. Nous nourrissions nos animaux, chacun à un bout de la maison. Calla Lily ne boudait pas un peu de pâtée pour chat. Polar Bear mangeait dans la gamelle du chien à la moindre occasion. Pour Domenica et moi, c'était un rituel méticuleux de nourrir chacun d'eux. Quand il était l'heure du dîner de Polar Bear, il faisait part de sa faim par un « miaou » sonore en se tortillant entre nos jambes. Cally, comme nous l'appelions alors, a dû apprendre à attendre son tour.

Eric emmène Evan, quatre ans, tous les jours au parc, où ils nourrissent les canards de la mare. Ceux-ci ont l'habitude de voir ces visiteurs et cancanent bruyamment en flottant vers leurs amis qui, de la berge, leur promettent du pain délicieux. Evan est absolument ravi par les pitreries des canards, auxquels Eric et lui ont pris l'habitude de donner un nom.

« Voici Sam, dit Evan en pointant du doigt. Et voilà Leo ! » Les canards semblent répondre à leurs noms en barbotant en direction de ceux qui les appelaient, et en acceptant la nourriture offerte. « Je lui laisse croire que les canards répondent à l'appel de leurs noms ainsi qu'à la nourriture, dit Eric. Et qui pourrait dire le contraire ? Je ne peux pas prouver qu'ils ne savent pas comment ils s'appellent. »

Prendre un animal dans ses bras et établir avec lui une relation favorise le développement de l'empathie et nous apporte à tous une compréhension plus profonde de notre véritable nature. Les animaux nous renvoient à notre propre image. « Nous sommes tous des êtres vivants, dit Eric. Il est bon de s'en souvenir. »

En regardant en face un bébé tigre au zoo, nous établissons un lien. En nous connectant aux créatures de Dieu, nous nous rappelons que nous en faisons partie.

Accueillir à la maison un animal de compagnie peut devenir pour l'enfant une super expérience qui le fera grandir. L'enfant n'est plus celui dont on s'occupe : il doit maintenant faire preuve de responsabilité en prenant soin d'un autre. Il est tout à fait acceptable de commencer modestement – un poisson rouge, un hamster, un triton – ou vous pouvez aussi vous lancer en prenant un chat ou un chien. Aussi intimidante que puisse paraître l'idée d'accueillir un chien, amener à la maison un compagnon à quatre pattes peut être une nouvelle source intarissable de joie et d'amusement.

« Mes filles n'arrêtent pas de me supplier de prendre un chien, dit Peggy, et depuis des années. J'ai jusque-là résisté parce que je n'en ai jamais eu et que j'ignore comment en choisir un ou le dresser et m'en occuper. Alors, le marché, c'était que si elles obtenaient toutes les deux de bonnes notes durant toute l'année scolaire, nous irions chez un éleveur l'été suivant pour y acheter un chiot. C'était plutôt motivant pour elles. »

Peggy ne s'est pas contentée de promettre un chien en guise de récompense scolaire. Les filles et elle ont passé l'année à s'informer sur les différentes races canines et techniques de dressage. Quand l'été est arrivé, les filles ont fièrement présenté leurs bulletins scolaires élogieux et étaient désormais particulièrement bien instruites sur les mœurs des canidés.

« C'était tellement plus marrant, et beaucoup moins intimidant d'aller choisir un chien en sachant plus ou moins ce qu'on faisait, dit Peggy. Nous nous étions vraiment entraînées. Les filles s'étaient préparées à ce que cet animal représente un certain effort… qu'il exige du travail. Et elles le voulaient vraiment. Nous avons suivi des cours de dressage, lu sur le sujet, nous nous sommes occupées à domicile d'un chien pour des amis, et plus nous en apprenions, plus elles étaient convaincues que c'était bien ce qu'elles voulaient. En fait, tout s'est passé sans heurts. » Cocoa, leur Lhassa apso chocolat, est une charmante nouveauté dans leur foyer. Guère surprenant que cela se soit passé sans heurts – Peggy et ses filles ont fait un travail considérable au préalable. Et ce travail accompli, elles avaient parfaitement cerné comment dresser leur chiot, dans la joie et avec succès. Peggy a été très prévoyante en exigeant de ses filles de tels efforts avant d'accueillir un chien – en plus d'une année de bonnes notes, ce n'est pas rien ! Et un chien n'est pas une petite récompense. Ce qu'elle les a incitées à faire était sage, car elles se sont prouvé qu'elles avaient la volonté de travailler dur pour mériter ce compagnon à poil qu'elles désiraient tant.

« Je voulais qu'elles comprennent qu'il s'agissait d'un engagement à long terme, qui requérait une préparation et une sérieuse attention pour longtemps. Leur demander à toutes les deux de travailler encore plus dur pour obtenir de bons résultats scolaires a également payé. C'est devenu une habitude. Leurs notes étaient déjà bonnes, mais elles travaillent maintenant plus dur en y faisant davantage attention. Elles se sont améliorées, leur discipline de travail aussi. C'est devenu un défi amical entre elles, également : elles devaient toutes deux honorer leur part du marché, sinon l'une aurait laissé tomber l'autre. Elles méritaient bien Cocoa comme récompense. Et, oui, il a apporté beaucoup de douceur dans la maison. »

COMME CHEZ SOI AU ROYAUME DES ANIMAUX

Exercice

Faites la liste de vos cinq animaux préférés.

1. ______________________________
2. ______________________________
3. ______________________________
4. ______________________________
5. ______________________________

Demandez maintenant à votre enfant quels sont ses animaux favoris. Trouvez un moyen d'interagir avec l'un d'eux, que ce soit chez un ami, au zoo ou au parc. Ensuite, demandez à votre enfant de dessiner ou d'écrire pour évoquer son expérience avec cet animal.

MARCHEZ

Marcher nous connecte à la nature et à une puissance suprême, qu'on l'appelle Dieu, le Grand Créateur, la source – peu importe le nom qu'on lui donne. L'essentiel, c'est qu'en marchant, nous éprouvons un sentiment de connexion. Les réponses nous parviennent de « nulle part ». L'inspiration nous frappe, l'optimisme fait son retour. J'ai souvent conseillé à mes étudiants préoccupés par une question d'aller marcher pour voir s'ils reviennent avec une réponse. Et très fréquemment, c'est le cas.

Marcher nous connecte également à la personne qui nous accompagne. Combien de conversations intéressantes ont eu lieu lors de promenades ? J'ai entendu parler d'intrigues résolues, de relations qui s'améliorent et, maintes fois, de véritables connexions s'établissent.

En marchant avec nos enfants, nous nous connectons à eux.

Que nos enfants soient en poussette ou marchent à nos côtés, peu importe. En nous imprégnant de la vue et des sonorités, à la campagne comme à la ville, nous partageons l'expérience d'entrer en relation avec quelque chose de plus vaste que nous-mêmes.

« Dernièrement, ma fille de onze ans s'est mise très en colère contre moi, dit Laura. Je lui avais refusé d'aller voir un film qu'elle ne voulait vraiment pas manquer. Nous vivons dans une grande ville, et beaucoup de ses amies l'ont vu, mais je pense qu'elle est trop jeune. C'est un film sombre, et je crois que s'il est interdit aux moins de treize ans, c'est pour une bonne raison. Elle n'a pas encore treize ans, et je lui ai donc dit qu'elle devrait attendre. Mais elle s'est emportée. Elle m'a dit qu'elle serait la seule à ne pas l'avoir vu et que, de toute façon, elle savait de quoi ça parlait. En vivant dans une grande ville, à mon avis, les gamins sont exposés à trop de choses trop tôt. Alors, j'impose des limites, quand c'est nécessaire. Il le faut bien, sinon elle croira que le monde n'est qu'une foire d'empoigne où tout est à sa disposition. Après cette dispute, nous avons dû nous rendre à pied à l'école. Je l'y dépose toujours en allant au travail. Me précédant de trois bons mètres tandis que nous longions les immeubles, elle refusait de m'adresser la parole. Notre seul contact : elle se retournait de temps en temps pour me lancer un regard plein d'hostilité. Mais un détail a retenu mon attention. Alors même que nous étions dehors et loin d'être seules, nous étions, en quelque sorte, totalement connectées l'une à l'autre. Au lieu d'être à la maison, où elle pouvait se réfugier dans sa chambre en claquant la porte pour se plonger dans son ordinateur ou envoyer des textos à ses copines sur sa méchante mère, nous étions ensemble, toutes les deux. Descendre la rue à pied montrait au monde notre dynamique – et nous en prenions conscience. Nous ne pouvions pas nous séparer et fulminer chacune de notre côté, en nous connectant à notre propre réseau pour y trouver des gens d'accord avec nous. Non, nous étions là ensemble, nous confrontant à ces émotions que nous aurions préféré éviter l'une comme l'autre. »

Presque arrivées à destination, Laura et sa fille s'étaient un peu rapprochées en marchant. Et lorsque Laura l'a laissée à l'école, après lui avoir tendu son déjeuner et souhaité une bonne journée, un soupçon de normalité avait été restauré. En fin d'après-midi, lorsque Laura est allée chercher sa fille pour rentrer à pied à la maison, celle-ci lui a avoué qu'elle n'était pas la seule à qui on avait interdit d'aller voir le film.

Comme Laura et sa fille étaient sorties de la maison et avaient marché – puisqu'elles devaient se rendre à l'école –, leur conflit a été résolu un peu plus vite.

David relate sa propre expérience : « Mon frère, hélas, est alcoolique, m'a-t-il confié. Nous avons tous essayé de l'aider, mais il n'arrête pas de rechuter, et il est impossible de prédire d'un jour sur l'autre ce que sera son humeur ou son comportement. Son fils, Josh, a dix ans, et il est évident qu'il ne va pas très bien. Il s'isole, a mauvais caractère et alterne entre agressivité et repli dans la soumission. La seule chose que je puisse faire est de lui apporter une forme de stabilité en restant présent dans sa vie. Avec lui, je n'attends rien en retour. Pour moi, il s'agit de lui apporter quelque chose, quoi que ce soit. Je l'emmène à un match, au parc ou au cinéma. Je lui achète du pop-corn et je le ramène ensuite chez lui. Je ne l'oblige jamais. Tout ce que je veux, c'est lui offrir un peu de vacances. »

J'ai compati avec David, et l'ai encouragé à continuer de tendre la main à son neveu. L'autre jour, il m'a appelée, fou de joie.

« J'ai décidé d'essayer la randonnée pédestre avec Josh. C'était un peu ambitieux, mais c'est un sportif et je me suis dit que nous pourrions toujours faire demi-tour. J'ai pourtant eu le sentiment que l'exercice lui ferait le plus grand bien. Il a pas mal d'émotions à évacuer. »

Ce que David n'a pas anticipé, c'est qu'en allant faire une randonnée pédestre, juste lui et Josh, il a invité par la même occasion la magie de la marche.

« Nous avons marché à peu près une heure, avec quelques pauses sur le parcours, dans un silence quasi total. Je lui indiquais les différentes espèces d'arbre ou lui proposais un peu d'eau, mais lui, il ne disait presque rien. Et puis, tout à coup, il s'est simplement mis à parler. Je ne sais pas si c'était parce que je le retenais pour ainsi dire captif et que j'étais disposé à ce qu'il engage la conversation, ou si c'était pour une autre raison, mais soudain, il s'est tourné vers moi et m'a dit : "Mon père n'irait jamais faire une longue marche comme ça." J'en suis resté sous le choc, mais Dieu sait que j'avais attendu cet instant ! Je me suis ouvert un petit peu plus à lui… je veux dire, son père est mon frère. Et Josh a raison, il n'irait pas faire une telle randonnée maintenant. Mais à une époque pourtant, il aurait apprécié. Nous avons parlé de son père. Je lui ai raconté quelques histoires de notre enfance, et lui ai fait savoir que j'étais vraiment désolé que son père ait autant de problèmes en ce moment, et que je savais que ça devait être dur pour lui. Avant même d'arriver au sommet de la montagne et de contempler le chemin parcouru, nous parlions de tout autre chose. Josh a même ri avec moi quand je lui ai raconté des histoires de randonnées que j'avais faites et où j'avais été surpris par la pluie ou avais perdu la piste. Je peux vous l'assurer, j'aurais bien marché pendant des jours en silence rien que pour vivre cet instant-là. À présent, Josh et moi allons faire une longue marche tous les week-ends. Tous les deux, nous attendons ce moment avec impatience. C'est vraiment tout simple, mais c'est important. »

Lorsque David évoque le pouvoir de guérison de ses marches à pied « captives » avec Josh, je suis à nouveau emplie d'émerveillement, même si j'ai pu observer ce phénomène bon nombre de fois auparavant. Et cet émerveillement toujours renouvelé est pour moi la preuve que Dieu est là, parmi nous. Je crois vraiment que lorsque nous marchons, Dieu vient se joindre à nous. Le Grand Créateur est toujours prêt et attend que nous allions faire un tour – libre à nous d'accepter l'invitation.

Tous les lundis, quand ma fille était petite, nous marchions sur vingt blocs d'immeubles le long de Madison Avenue, à Manhattan. C'était du lèche-vitrines de luxe et nous classions ce que nous voyions en trois catégories : « oui », « non » et « peut-être ». Je prenais ma fille par la main et la guidais de vitrine en vitrine, l'encourageant à expliquer ses choix. Une vitrine pleine d'antiquités l'a fait s'exclamer : « Oui ! » après avoir repéré un presse-papiers en verre renfermant un lys de Colombie. Une autre vitrine suscita un « Non ! » car rien de ce qui y était présenté ne lui faisait envie.

« Oui, ai-je dit face à une vitrine pleine de robes de marque.

— Peut-être », a-t-elle répliqué, beaucoup moins enchantée que moi.

Bien qu'à l'époque je n'y aie pas pensé en ces termes, j'éduquais l'œil de ma fille. En grandissant, ses « oui », « non » et « peut-être » se sont faits plus catégoriques. Elle aimait manifestement certains articles, tandis que d'autres la laissaient indifférente. Une vitrine abritant un tableau qui représentait un pur-sang anglais fut gratifiée d'un « Oui ! » plein d'enthousiasme, comme une autre remplie de vases chinois.

Qu'il fasse chaud ou froid, nous marchions à notre rythme. L'air frais était tonique. La marche nous revigorait. Décider des choix du jour, c'était excitant.

À présent, vingt-cinq ans plus tard, ma fille adulte apprécie toujours autant d'aller marcher et de faire du lèche-vitrines.

VERS NOTRE DESTINATION

Exercice

Allez avec votre enfant vous promener à pied en ayant à l'esprit une destination particulière. Cela peut être une rue où vous aimez faire du lèche-vitrines ou un café que vous appréciez. Cela peut être dans un parc à proximité. Quoi qu'il en soit, autorisez-vous à anticiper l'aventure et, tout en marchant, imprégnez-vous consciemment ensemble de ce que vous voyez et des sonorités. Essayez de remarquer si votre conversation commence à suivre naturellement le rythme, physique, de vos pas.

LA GRATITUDE

Pour la plupart d'entre nous, prendre conscience de la chance qu'on a est une pratique inédite. Nous traversons la vie sans y prêter attention. Nous ne prenons pas en compte toutes les bonnes choses qui nous arrivent, mais nous pouvons facilement nommer chacune de nos expériences négatives avec moult détails pénibles. L'optimisme est une attitude choisie et la récompense pour avoir dénombré ce que nous jugeons positif. Quand nous faisons l'effort d'énumérer toutes les bonnes choses dans notre vie, notre liste de points positifs s'allonge à l'infini. Au début, nous n'en citerons peut-être que quelques-uns, mais au fil de l'exercice, ils se multiplient.

« Je suis reconnaissant d'avoir des enfants en bonne santé » se transforme en « Je suis reconnaissant qu'ils aient une bonne énergie », qui devient à son tour « Je suis reconnaissant de leur bonne humeur ». En faisant la liste des points positifs et des avantages qu'ils nous apportent, nous nous surprenons à nous sentir plus heureux et plus en sécurité. En énumérant les diverses façons dont Dieu nous a bénis, nous nous tournons vers Lui pour que cette chance continue. En nommant les cadeaux et les dons que nous avons reçus, nous en remarquons soudain bien d'autres. La gratitude engendre la gratitude.

« C'est si facile de traverser la vie tout en étant stressé, a admis Babs, mère de six enfants, lorsque je me suis entretenue avec elle un matin. Je veux dire, le nombre de fois où j'ai pu dire à la personne qui travaille à l'épicerie de se dépêcher, ou que j'ai dit à un parfait inconnu : "On en reparlera quand vous aurez six enfants." L'autre jour, j'ai mentionné à quelqu'un qu'il parlait trop lentement. Je lui avais demandé mon chemin, il avait commencé à me l'indiquer, et je l'ai interrompu avant qu'il ait fini, certaine de le trouver moi-même plus rapidement. Mais pour qui je me prends, je vous le demande ? »

Babs s'est mise à rire, se moquant d'elle-même avec le recul. Une forte personnalité, hors du commun, truculente, elle réussit avec maestria à gérer un foyer très animé où règne la bonne humeur. C'est ce que je lui ai fait remarquer, en l'encourageant à faire une liste de gratitude, même si cela lui paraissait être une perte de temps phénoménale.

« Je veux dire, si quelqu'un d'autre que vous m'avait suggéré d'essayer ça, Dieu sait ce que j'aurais répondu, a-t-elle dit. Mais, bon, j'essaierai. »

En cinq minutes, Babs m'a fait son rapport.

« Tout d'abord, ça ne m'a pris que cinq minutes, m'a-t-elle avoué. J'étais réticente, pensant que je n'avais pas le temps pour ces petits jeux. Je croyais que ça me prendrait toute la journée et m'empêcherait de faire ce que j'avais vraiment à faire. Mais devinez quoi ? Je vais devenir plus gentille aujourd'hui parce que je l'ai fait. »

Et Babs m'a lu sa liste de points positifs :

– Six enfants en pleine santé
– Un mari hilarant, d'un grand soutien et avec un super boulot
– Le soutien de mon club pour perdre du poids

– Le fait que nous vivons en Californie, où chaque jour est magnifique
– Ma sœur, qui vit en bas de la rue
– Ma superbe chevelure – je n'ai pas à prendre le temps de me coiffer
– L'épicerie de gros près de la maison
– Les écoles de notre quartier
– Le théâtre local pour enfants
– Notre communauté de l'église

En écoutant cette énumération, j'ai été frappée de constater combien elle avait une vie heureuse. Impossible de rater les grands et nombreux cadeaux dont elle devait être reconnaissante au quotidien.

« Je suis si contente de l'avoir fait, dit Babs. Je peux déjà vous dire que je vais me montrer plus patiente avec tous ceux qui croiseront mon chemin aujourd'hui. Et je me sens aussi plus patiente envers moi-même. »

On peut comprendre combien il peut être frustrant pour un parent débordé comme Babs qu'on lui dise de « se détendre et de prendre du temps pour elle-même ». Nous penserons peut-être que nous avons besoin de vacances, d'une nounou, d'une longue période de temps complètement vide d'obligations – en d'autres termes, tout ce qui nous fait défaut. Mais il ne s'agit pas tant de trouver de vastes plages horaires à consacrer à l'oisiveté, mais plutôt de trouver le temps d'être attentif – dans le cas de Babs, cinq minutes ont suffi. Quand elle fait attention à la façon dont elle agit et qu'elle prend conscience de tout ce qui va déjà bien dans sa vie, elle éprouve un sentiment de sérénité et de soulagement.

J'ai dit à Babs que je lui passerais un petit coup de fil en début de soirée pour voir comment le reste de sa journée s'était déroulé.

« Oh ! Ce ne sont pas les drames et les moments d'affolement qui ont manqué. Mais je peux vous dire que je n'ai pas eu à hausser le ton une fois aujourd'hui, m'a-t-elle dit lorsque nous en avons reparlé ce soir-là, avant d'ajouter avec un petit rire : J'ai suivi une formation pour être chanteuse d'opéra, et vous pouvez me croire, j'ai la voix qui porte !

— Avez-vous eu l'impression que votre journée a été un tout petit peu plus calme après vous être penchée au préalable sur le sentiment de gratitude ? lui ai-je demandé.

— En effet, a-t-elle répondu, semblant y songer. Et au dîner, j'ai observé mon mari qui aidait les enfants et faisait des plaisanteries. Je me suis souvenue de l'avoir ajouté à ma liste de gratitude ce matin. Il est vraiment marrant et d'un grand soutien. Il a un très bon travail qui nous permet de vivre confortablement. À un moment donné, il m'a surprise en train de le regarder, et je lui ai juste fait un clin d'œil. Je ne vais sûrement pas lui dire qu'il est sur ma liste. Mais à cet instant, j'ai perçu le lien qui nous unissait. Je sais qu'il peut sentir la gratitude que j'éprouve pour lui, et je sais que je peux aussi choisir de la lui montrer. »

La liste de gratitude est un outil incroyablement puissant. On a bien souvent l'impression que « tout » va mal, alors que ce n'est jamais le cas. En dressant notre liste de points positifs, nous aurons peut-être un brusque sentiment de reconnaissance en nous remémorant tout ce qui va bien dans notre vie. Cet exercice ne peut prendre que quelques minutes, et vos enfants pourraient aussi le trouver amusant. Vous pouvez même simplifier la chose en leur demandant de répertorier ce qu'ils « aiment » dans leur vie. Le changement spirituel en perspective est similaire.

SE MONTRER RECONNAISSANT – EXPRIMER SA GRATITUDE

Exercice

Vous et votre enfant gagnerez à exprimer votre gratitude. Ensemble, nommez chacun à votre tour ce dont vous êtes reconnaissants. La gratitude atténue la pression, et cet exercice restaurera naturellement l'équilibre émotionnel.

Choisissez un élément que vous avez nommé et demandez à votre enfant de faire de même. Maintenant, faites une « offrande créative » en rapport avec ce pour quoi vous êtes reconnaissant : faites un dessin, composez une chanson ou un poème. Tandis que votre enfant et vous partagerez vos offrandes l'un avec l'autre, vous chérirez et honorerez ce pour quoi vous éprouvez de la reconnaissance.

Chapitre 4

CULTIVEZ LES LIMITES

À l'intérieur des limites se trouve la liberté. La créativité se développe à l'intérieur d'une trame. Bien que nous nous imaginions peut-être que la véritable créativité est une espèce de « mêlée générale », en fait, le contraire se vérifie. Quand nous établissons des limites, nos enfants se sentent aimés. Le paradoxe du développement créatif, c'est que la liberté suprême se situe à l'intérieur de limites sécurisées, ce qui s'applique également à l'espace physique. En créant des refuges où laisser nos enfants rêver, jouer, mettre du désordre, et, oui, le ranger, nous leur apprenons à se respecter comme à respecter autrui, ainsi que la joie de se trouver dans un environnement à la fois concret et spirituel, chaleureux et attrayant.

DE LA STRUCTURE

Parfois, dans notre désir d'éduquer nos enfants pour qu'ils développent pleinement leurs talents, nous accaparons et surchargeons à l'extrême leur jeune vie. L'idéal, c'est un mélange organisé d'emploi du temps planifié et non planifié. En organisant leur journée de manière réfléchie, nous pouvons leur apporter équilibre et diversité. Si leur journée est solidement structurée entre temps planifiés et temps non planifiés, nos enfants sont suffisamment encadrés et disposent aussi d'amples périodes de pause et de repos. En atteignant ce juste équilibre avec bonheur, nous pouvons aussi être flexibles. Et bien qu'il soit important de leur fournir une structure, il est tout aussi important de laisser de la place à leur spontanéité.

Au retour de l'école, pour ma fille, Domenica, il semblait être au mieux de l'accueillir à bras ouverts avec un goûter, en lui laissant une heure simplement pour se détendre. Nous pouvons offrir à nos enfants tout un choix d'activités – peut-être une partie de dames ou quelques moments de loisir dans le jardin. Nous pouvons aussi leur offrir notre temps et notre attention, en leur demandant : « Comment s'est passée ta journée ? » et en les écoutant attentivement nous répondre. Domenica se rendait à l'école sur son cheval bâton, et je le lui ramenais quand j'allais la retrouver en fin de journée, pour qu'elle galope jusqu'à la maison. Nous vivions alors à New York, à Greenwich Village, et juste à côté de l'école, il y avait un stand d'excellentes pizzas.

« Une pizza ? » demandais-je à Domenica, qui souvent acceptait volontiers. Nous chevauchions donc le cheval bâton jusqu'au stand et le faisions clopiner jusqu'à une table où nous nous installions le temps de dévorer notre pizza et de faire le point sur la journée. Le trajet de retour à notre loft ne prenait que dix minutes, et une fois arrivées, je proposais à Domenica un choix d'activités. La plupart du temps, elle choisissait de jouer avec ses chevaux Breyer, même si, certains jours, c'étaient ses poupées qui l'emportaient. Je remarquais qu'elle aimait bien passer du temps seule. Elle ne voulait pas de maman, elle voulait jouer. Je lui donnais cette heure pour jouer comme elle l'entendait, avant de reporter notre attention sur ses devoirs. J'essayais d'alléger ses leçons par de petits encouragements amusants, souvent en jouant aux devinettes pour trouver les bonnes réponses. Après une heure de détente ludique, Domenica abordait ses devoirs fraîche et dispose, avec la ferme intention de travailler. Son heure de récré joyeusement anticipée se situait dans le cadre plus large d'une routine prévisible, ce qui lui donnait un sentiment de sécurité.

Tout projet créatif se développe mieux dans un environnement sécurisant. L'un des moyens les plus rapides pour l'établir, c'est de mettre en place une structure. En tant que parents, nous recherchons l'équilibre : la liberté suprême se trouve dans la structure, mais si nous planifions outre mesure, plus aucune place n'est laissée à la spontanéité ni à l'inspiration.

Nous vivons à une époque où les opportunités nous submergent, nous et nos enfants, et il serait tout à fait possible d'occuper chaque minute de chaque jour avec diverses activités pédagogiques ou instructives. Nos efforts pour éduquer nos enfants et faire d'eux des personnes raffinées risquent néanmoins de les pousser au-delà de la simple découverte propre à l'enfance et de les faire tomber dans le ressentiment.

Christine Koh, blogueuse et auteure de *Minimalist Parenting*, parle du style de vie et de l'éducation des enfants ainsi : « Je constate tout le temps que la vie de nos enfants est planifiée à l'extrême. Tant de choses sont à notre disposition, ainsi qu'à la leur, qu'il est possible d'aller trop loin dans presque tous les domaines. Mais nous devons faire attention : la responsabilité incombe au parent de laisser les enfants prendre leurs propres décisions. En n'arrêtant pas de les pousser vers la prochaine activité, nous ne les aidons pas à se développer en penseurs indépendants. Nous leur enseignons que quelqu'un leur dira toujours comment occuper leur temps. »

Si on ne laisse pas la liberté aux enfants de prendre par eux-mêmes des décisions créatives – y compris des décisions sur la manière de gérer leur temps –, ils commenceront par se rebeller et prendront ensuite l'habitude de trouver des réponses et des idées par l'intermédiaire de sources extérieures. Les priver de leur liberté de choix et d'expérimentation peut certainement décourager leur développement créatif.

Par conséquent, nous devons parvenir à un subtil équilibre qui permettra à nos enfants d'apprendre et de se détendre. Ian, batteur en herbe de sept ans, a un cours de batterie qui, la majeure partie de sa semaine, lui dicte son emploi du temps. Tous les jeudis, il attend impatiemment qu'on le conduise au studio, où il passe une heure avec son professeur, lui montrant les résultats de sa pratique de la semaine passée, avant qu'on lui donne ses exercices à faire pour la suivante. Entre ses cours, il pratique trente minutes par jour, voire davantage.

« Je m'assure que ce soit trente minutes minimum, dit sa mère, Elizabeth. C'est la règle. Mais il arrive parfois qu'il aille au-delà. »

L'astuce consiste à établir un objectif assez accessible pour être régulièrement atteint. Ian peut arriver à pratiquer trente minutes au quotidien. C'est suffisamment court pour qu'il se sente confiant dans ses capacités, tout en étant suffisamment long pour qu'il fasse de considérables progrès. S'il continue au-delà des trente minutes de pratique, c'est fantastique. S'il est inspiré et ne veut pas s'arrêter, aucune raison de le lui imposer. Elizabeth fait bien attention de laisser assez de place dans l'emploi du temps de son fils pour qu'il puisse ainsi, s'il le souhaite, pratiquer la batterie plus longtemps que les trente minutes requises. En lui laissant de la place pour que sa passion puisse évoluer, elle permet à son enthousiasme d'avoir la priorité. Enthousiaste, il veut travailler pour maîtriser son savoir-faire. Ce faisant, ses talents évoluent rapidement et dans la joie.

Dans le cadre structuré d'une discipline pas trop sévère, l'enthousiasme se développe tout seul et se renouvelle. Elizabeth sait qu'une demi-heure de pratique par jour contribuera à développer les talents nécessaires pour que Ian apprécie vraiment de jouer. Alors qu'il gagne en adresse, sa pratique de la batterie entre facilement dans le cadre d'un emploi du temps « discipliné ». Cependant, sa pratique étant également motivée par son inspiration, il a plus de chance de conserver ce vif enthousiasme et cette passion grâce auxquels il pourra poursuivre son art dans le temps.

La structure fournit un environnement propice à l'inspiration. En établissant l'emploi du temps de nos enfants afin de leur présenter tout un choix d'activités, tout en veillant à garder de la place pour que leurs centres d'intérêt puissent se développer, nous leur offrons la sécurité ainsi qu'un environnement dans lequel, en parallèle avec leur vocation authentique, leur créativité pourra évoluer.

NOMMER LES TALENTS

Exercice

Nous avons beau faire de notre mieux pour mettre nos enfants en contact avec l'art et des valeurs qui nous tiennent à cœur, nous ne pouvons pas contrôler où se situent leurs centres d'intérêt ni leurs talents. Nous devons seulement les munir des outils et de la confiance nécessaires pour s'adonner à leurs passions.

Nommez cinq talents que vous percevez en vous.

1. ______________________________

2. ______________________________

3. ______________________________

4. ______________________________

5. ______________________________

Maintenant, nommez cinq talents que vous percevez chez votre enfant. Y en a-t-il en commun ? Pas de problème s'il n'y en a aucun.

1. ______________________________

2. ______________________________

3. ______________________________

4. ______________________________

5. ______________________________

En évaluant honnêtement chaque aspect positif de vos personnalités, vous constaterez vos ressemblances et vos différences. En nous voyant nous-mêmes ainsi que l'un l'autre avec exactitude et sincérité, nous nous rapprochons, en appréciant et en reconnaissant notre individualité. En appréciant celle de nos enfants, nous pouvons mieux organiser leurs journées en fonction de leurs véritables valeurs.

CHAQUE CHOSE À SA PLACE

Nous n'avons pas toujours toute la place désirée, mais pourquoi ne pas commencer par bien gérer l'espace dont nous disposons ? Le désordre peut déconcentrer et se révéler décourageant pour nous comme pour nos enfants. Par conséquent, désencombrer est une première étape d'envergure.

Désigner un endroit pour chaque chose – « chaque chose à sa place », comme le répétait ma mère, Dorothy – serait en effet idéal. Mais avant de nous y mettre, nous devons nous débarrasser de ce qui n'est plus nécessaire, de ce dont nous n'avons plus besoin ou de ce que nous ne voulons plus.

Si votre domicile n'est pas parfaitement organisé – c'est le cas de la plupart des gens –, il y a de nombreux moyens, modestes et tout simples, pour commencer à désencombrer et à faire de la place pour ce que vous voulez vraiment dans votre vie et dans celle de votre enfant. L'un de mes procédés préférés consiste à programmer un minuteur sur quinze minutes et, durant ce quart d'heure, à jeter, donner ou ranger le plus possible. Les enfants adorent ce jeu, que le minuteur rend amusant (pour nous aussi, je dois le dire !) en établissant en outre un objectif raisonnable et atteignable aux résultats immédiats et gratifiants.

« Trois… deux… un… partez ! » et tout le monde se met à courir dans toute la maison. J'aime avoir deux boîtes vides sous la main : sur l'une j'inscris « À donner » et sur l'autre « À jeter ». L'enfant qui se débarrasse du plus de choses dans les quinze minutes peut recevoir une récompense, comme aller chercher une glace à l'épicerie ou choisir l'émission de télé à regarder en famille. Si les jouets et les objets ont un espace réservé, c'est facile : rangez simplement chaque chose à sa place désignée. Si un objet se révèle être vraiment bon pour la poubelle, balancez-le dans la boîte « À jeter ». (À la fin de la séance de rangement, vous pouvez toujours vérifier pour vous assurer que ce qui se trouve dans cette boîte est bien bon pour la poubelle !) Avoir à disposition une boîte destinée au recyclage aide également nos enfants à faire la distinction entre les rebuts et les recyclables. Dans celle étiquetée « À donner », balancez tous les objets qui ne sont pas en soi pour la poubelle mais qui ne font que contribuer au désordre chez vous et seraient peut-être mieux chez quelqu'un d'autre.

Charlotte se rappelle avec tendresse ces séances de rangement de quinze minutes. « Mon père et moi courions en cercle dans ma chambre, car, après la séance de rangement, c'était redevenu possible ! dit-elle avec un éclat de rire. Je balançais constamment tout par terre. Mais quand j'ai appris que je pouvais vraiment faire une grande différence rien qu'en quinze minutes, ça m'a beaucoup aidée. J'utilise toujours cette méthode, que j'appelle "faire un quinze". »

Charlotte se souvient de son sentiment d'allégresse quand elle pouvait à nouveau voir le sol de sa chambre. « Pour tout dire, j'adore avoir une maison propre et bien rangée, dit-elle. On dirait un tout autre monde. »

Et en effet ! En rangeant l'espace physique, nous faisons littéralement de la place pour accueillir la clarté mentale et l'inspiration. En respectant notre espace, nous nous respectons. Notre espace est notre lieu de vie, où nous réfléchissons, où nous avons des idées et éprouvons un sentiment de sécurité bien ancré. Du moment que cet espace est libre et ouvert – au sens propre –, nous nous sentons libres d'accueillir les bonnes choses et ouverts au flot des bonnes idées.

Même si nos enfants semblent adorer éparpiller leurs jouets dans tout le salon et sauter sur leur lit en envoyant les oreillers dans tous les coins, tous, selon mon expérience, agissent et se sentent mieux lorsqu'un semblant de sérénité remédie à ce chambardement. De toute façon, comment résister à un lit bien fait avec des oreillers moelleux ? En apportant de l'ordre à nos enfants, nous leur apportons la sécurité. En leur apportant la sécurité, nous leur donnons l'espace pour prendre leur envol, créativement parlant.

Presque chaque parent que j'ai connu, observé, ou à qui j'ai parlé au cours de la rédaction de ce livre, a mentionné le désordre qui s'accumule concrètement et la bataille constante pour ne pas se laisser submerger. J'invite expressément les parents à ne pas trop s'en inquiéter : si désencombrer paraît parfois un objectif inaccessible, c'est loin d'être impossible. Même quinze minutes par jour suffisent, sur le long terme, à produire un énorme impact, surtout si les enfants participent. Se débarrasser de ce dont on n'a plus besoin apporte un sentiment de puissance personnelle, et nos enfants l'apprennent très vite. Lorsqu'un jouet spécial tout miteux est sauvé, il acquiert davantage de valeur et on peut l'installer à une place d'honneur. Paradoxalement, moins nous gardons de choses, plus nos possessions semblent grandes. En jetant ce qui est vieux et cassé, on fait de la place pour le jouet excitant qui avait été négligé, voire oublié. Plutôt que tout un bric-à-brac d'objets abîmés, on n'en conserve que quelques-uns qui ont encore de la valeur à nos yeux pour constituer un ensemble de jouets et d'objets choisis qui sont véritablement porteurs de sens.

On peut « faire un quinze », même si la maison semble propre et bien rangée. En consacrant quinze minutes à trier un tiroir ou un placard plein de fourbi, on peut aussi révéler des trésors et des rebuts, et toujours, toujours, ouvrir la porte à l'optimisme. J'ai pu remarquer que de nombreux parents se plaignaient que leur maison était « trop petite », jusqu'au jour où ils ont fait du rangement, découvrant souvent que, après tout, elle était « bien assez grande ».

En désencombrant l'espace physique, nous désencombrons par la même occasion notre psychisme. En trébuchant contre le même jouet plusieurs fois par jour, nous nous retrouvons les nerfs à vif et avec une sensibilité à fleur de peau. Mais progresser peu à peu vers l'ordre peut avoir un grand impact sur notre environnement et celui de nos enfants, spirituellement, mentalement et physiquement.

Quand chaque chose a trouvé une place, tout déranger paraît moins menaçant. Les jouets peuvent se retrouver éparpillés dans le salon, à la condition que, quand on a fini de jouer, ils soient bien remis à leur place. La salle de jeux de mon enfance, contenant plusieurs gros coffres, était fin prête pour qu'un peu d'ordre y soit restauré. Dans la salle de jeux de Domenica, j'ai pris exemple sur ma mère en y mettant moi aussi des coffres. Il y en avait un pour les chevaux miniatures, un pour les cubes de construction, et un autre pour les poupées et leur garde-robe. Domenica savait reconnaître le coffre et son contenu, et le simple tri de ses jouets lui a appris la valeur de l'ordre.

« Mais Julia ! J'ai un tel bazar chez moi ! Vous ne pouvez même pas l'imaginer. Je ne pourrais jamais m'en débarrasser ! » Je sais. Le « bazar » donne l'impression qu'il s'agit d'une montagne impossible à escalader, comme un exploit vraiment inaccessible. Le désordre fait obstacle à la fluidité de notre circulation. Il nous embrouille et ajoute du stress à notre journée. Mais en nous en chargeant élément par élément, il est possible, tout à fait possible, de se retrouver désencombré en moins de temps que nous le craignions. L'astuce est de s'en charger petit à petit. Quart d'heure après quart d'heure, nous pouvons changer les choses. Désencombrer l'espace nous permet toujours de nous régénérer.

RAMASSAGE EN SOIXANTE-DOUZE SECONDES

Exercice

Quand j'étais petite, si le désordre devenait ingérable, il était temps de jouer à ce que ma mère appelait le « ramassage en soixante-douze secondes » : dans ce laps de temps, les enfants devaient ranger leurs jouets pendant que l'adulte donnait le tempo en énumérant les secondes. Avec sept enfants Cameron, le désordre était multiplié par sept – comme était multipliée par sept l'activité frénétique tandis que nous balancions jouets et fournitures d'art dans leurs coffres respectifs.

Prenez exemple sur Dorothy Cameron en essayant avec votre enfant le jeu du « ramassage en soixante-douze secondes ». Ça marche, indépendamment du nombre d'enfants ou de jouets que vous aurez à gérer. Comptez à rebours de soixante-douze à zéro et, en compagnie de vos enfants, laissez-vous porter par le jeu et le sentiment d'accomplissement dans cette course contre la montre (humaine).

UNE PIÈCE BIEN À EUX

Bien que Virginia Woolf ait suggéré qu'un artiste devait avoir une pièce à soi, nous n'avons pas tous une pièce à consacrer entièrement à la création. Quoi qu'il en soit, pour nous et nos enfants, le projet de créer un espace particulier, aussi restreint soit-il, inspiré par la sécurité, la magie et les idées, est envisageable.

En remettant de l'ordre, nous découvrons que nous avons davantage de place, physiquement et psychiquement. Et tout comme nous avons besoin de place pour nos projets créatifs, nos enfants ont besoin d'un espace bien à eux. Il est important d'assigner une zone strictement réservée à nos enfants. Teresa, une jeune mère en Angleterre, a montré à sa fille, et dès son plus jeune âge, les livres de la collection *Flower Fairy*. Ensemble, elles étudiaient de près les images en lisant les histoires et en inventant leurs propres récits. Au jardin, elles désignaient du doigt les différentes fleurs en se demandant quelle Fée des Fleurs pouvait magiquement habiter leurs corolles. Lorsque la famille est allée vivre en Allemagne, presque tout était nouveau pour la fille de Teresa. Ils n'avaient pu emporter avec eux que ce qui leur était le plus précieux, ces objets chéris méticuleusement choisis en faisant leurs cartons. En arrivant à leur nouvelle résidence, Teresa a remarqué que sa fille trimballait partout son livre *Flower Fairy*, s'y cramponnant fermement lors des trajets en voiture, ou qu'elle en tournait les pages quand elle était assise dans un coin de leur nouveau salon, où tout avait changé – y compris la langue parlée dans leur entourage.

Teresa a alors été frappée d'une inspiration soudaine : il y avait un cagibi dans un grand dressing dans leur nouvelle maison. Et si elle en faisait un espace spécial pour sa fille ? Se rappelant combien elle adorait les compartiments secrets construits dans les murs de la maison où elle avait elle-même grandi, elle a tapissé le cagibi avec du papier peint, y a placé une petite chaise et une lampe, et y a suspendu un rideau – le tout aux motifs *Flower Fairy* – en guise de porte qui pouvait être fermée si sa fille voulait s'isoler dans son espace secret.

Sa fille, maintenant adulte, se souvient encore d'avoir éprouvé une vive excitation à l'idée d'avoir cette pièce pour elle toute seule. « En allumant la lampe et en voyant les fées s'illuminer, j'avais l'impression qu'elles étaient réelles. C'était un endroit magique où vivaient les Fées des Fleurs. Je lisais mon livre ou m'asseyais là avec mes peluches ou mon chat. La petite pièce était pleine de potentiels et incitait au rêve. Jusqu'à aujourd'hui, je garde encore de très bons souvenirs de ces livres, et les petits recoins douillets m'attirent toujours. » En offrant à nos enfants un espace bien à eux, et en y ajoutant quelques détails, mêmes infimes, qui leur permettront de vraiment se l'approprier, nous leur laissons de la place pour imaginer, rêver et devenir eux-mêmes.

Créer un espace qui soit habitable et accueillant est bénéfique pour tout le monde, et nous pouvons aussi voir quelles zones de la maison pourraient être améliorées pour notre propre bénéfice. Prendre ainsi soin de nous a pour heureux effet secondaire d'aider nos enfants également.

« Pendant presque une année, ma véranda a été pratiquement inutilisable », dit Jenn, lors d'un appel interurbain de Miami. Qu'elle ait eu une véranda était une nouvelle pour moi, ce que je lui ai dit, tout simplement.

« Je sais, s'est lamenté Jenn. Nous avons un gril là, ce qui est super. Mon mari l'utilise. Mais il y a une énorme table qui prend quasiment toute la place… et c'est bondé dès que deux personnes s'y trouvent… et le carrelage, les chaises et la table sont d'une saleté ! Vu de la rue, ce n'est qu'une espèce de local de rangement sale. »

J'ai demandé à Jenn ce qu'elle croyait être nécessaire pour rendre sa véranda un peu plus utilisable. « Eh bien, probablement juste un seau d'eau chaude et savonneuse, une éponge et un peu d'huile de coude, a-t-elle admis. Nous avons besoin d'une plus petite table, mais la grande se plie en deux et peut être rangée sur le côté. »

Je lui ai fait savoir qu'en réalité, à l'entendre, le projet ne me paraissait pas trop compliqué. « Que se passerait-il si tu y consacrais quinze minutes ? lui ai-je demandé.

— Je vais essayer. Je n'ai aucun projet dans les quinze minutes qui suivent, de toute façon », a-t-elle répondu en riant. Qu'est-ce que j'allais faire ? Vérifier mes mails ? Surfer sur le Net ? Je vais tout de suite aller chercher le seau et faire couler l'eau chaude. Je te rappelle dans quinze minutes. »

Je jubilais intérieurement en raccrochant, sachant très bien qu'elle serait surprise et soulagée par les progrès qu'elle ferait dans ce laps de temps.

Dans le jargon du programme de désintoxication en douze étapes des Alcooliques anonymes, on parle de « progrès, pas de perfection ». C'est également un bon mantra pour nous tous, tandis que nous guidons nos enfants créatifs et prenons soin de l'enfant créatif en nous. Il suffit de peu : un simple compliment, un petit encouragement, un peu de décrassage à quatre pattes. Il est bien plus difficile et pénible d'être un artiste bloqué que de faire le travail. Il est bien plus difficile et pénible d'essayer de détourner les yeux chaque fois que l'on passe devant la véranda, en faisant la grimace et en se sentant découragé, que de remplir le seau d'eau et de nettoyer. Les progrès pas à pas s'additionnent beaucoup plus vite qu'on le suppose. La peine qu'on se donne à éviter de faire ce petit pas est bien plus destructive pour notre psychisme et notre productivité que de prendre un moment pour jeter quelques objets ou rendre un espace habitable. Une chose menant à une autre, se débarrasser de ce qu'on ne veut plus prépare la voie pour ce qui est nouveau et surprenant.

Mon téléphone s'est remis à sonner. C'était Jenn.

« Tout d'abord, il fait une de ces chaleurs là-dehors ! » m'a-t-elle dit. Je percevais déjà plus de légèreté dans sa voix.

« Eh bien, tant mieux. Vous êtes en plein dans la saison des barbecues, alors. Ça tombe bien, ai-je répondu.

— Et je dois te dire qu'avec ce décrassage j'ai fait de la muscu, a repris Jenn.

— Super ! Tu adores faire de l'exercice. »

Et affirmer qu'elle est une enthousiaste du fitness, c'est peu dire. Il ne se passe quasiment pas un jour sans qu'elle fasse du surf, qu'elle nage ou soulève des poids.

Jenn s'est mise à rire. « Assez juste. Mais voilà le truc : j'ai commencé à frotter et c'était vraiment, vraiment sale. Le carrelage était littéralement noir. Mais je me suis rendu compte de certaines choses.

— Lesquelles ?

— Tout d'abord, si tu m'avais demandé de quelle couleur était mon carrelage, je t'aurais dit gris. En fait, il est blanc, m'a-t-elle dit avec un petit rire. Deuxièmement, quinze minutes, ça a son importance. On peut faire beaucoup. J'ai même envie d'en faire encore quinze quand j'aurai raccroché. Parce que je viens de réaliser que j'ai une véranda. J'en ai, de la chance ! C'est magnifique. J'ai vue sur l'océan, et j'avais littéralement fourré tout un bric-à-brac entre moi et la raison même pour laquelle j'ai acheté cet appartement. »

Je l'ai écoutée, compatissante.

« Et maintenant, a-t-elle repris, je sais exactement comment dénouer la nouvelle sur laquelle j'étais bloquée. Je vais finir de nettoyer la véranda, installer ma fille avec son bloc à dessin à côté de moi, et m'asseoir là-dehors pour écrire, avec mon ordinateur portable et une vue non obstruée sur l'Atlantique. Chaque carreau que j'ai frotté m'a aidée à y voir plus clair dans mon intrigue. Et ma fille n'arrête pas de crier : "De l'eau ! De l'eau !" Je lui avais bouché la vue, à elle aussi. »

Aux anges en percevant sa lucidité et son enthousiasme, j'étais néanmoins loin d'être surprise. Mes étudiants n'arrêtent pas de me raconter qu'ils ont fait quasiment dans l'instant des découvertes capitales, non seulement du point de vue physique, mais aussi créatif, après avoir débarrassé et mieux géré leur espace.

En utilisant l'espace disponible, nous faisons littéralement de la place pour nos idées. Créer une pièce rien que pour nous, aussi petite soit-elle, nous inspire également des actions de plus grande envergure.

UNE PIÈCE BIEN À VOUS

Exercice

En prenant exemple sur Teresa et Jenn, recherchez chez vous un endroit qui pourrait devenir pour vous et votre enfant une sorte de « refuge créatif ». Idéalement, créez-en un pour chacun de vous. Vous pouvez choisir un petit espace, si les mètres carrés vous font défaut. La qualité, la vitalité et la prévenance inhérentes à cet espace importent davantage que ses dimensions.

MALENTENDU SUR LE DÉSORDRE

Les enfants adorent le désordre, et il est essentiel de les laisser créer le chaos. L'enfant trop contrôlé est un enfant auquel il manque la joie de jouer. Les artistes de tout âge adorent jouer. Et jouer, c'est mettre le bazar. La part créative qui est en chacun de nous, c'est notre « enfant intérieur ». Le terme est peut-être galvaudé, mais si nous observons nos enfants en réfléchissant sur nous-mêmes, nous reconnaissons cette facette de notre personnalité qui est jeune, enjouée et qui n'est pas inhibée par des limites ou des règles venant de l'extérieur. Donner à notre artiste intérieur – ainsi qu'à notre enfant – de la place pour mettre le bazar est libérateur et revitalisant pour tous.

La maison californienne d'Angie est élégante et lumineuse, une construction moderne aux lignes pures et avec des équipements neufs. Elle en a fait l'acquisition récemment avec sa jeune famille, et après avoir emménagé, elle s'est rendu compte qu'elle essayait d'en « préserver la perfection », de telle sorte que c'en était frustrant pour elle, ainsi que pour son mari et leur jeune fils, Richard.

« J'aimais son aspect rutilant quand nous y avons emménagé, dit Angie. Je n'avais jamais vécu dans une résidence pareille ni n'avais eu d'appareils ménagers dernier cri. Je voulais qu'elle reste toute neuve. »

Mais avec Richard, trois ans, et une vie très occupée, ce n'était pas très réaliste. S'efforcer de préserver la perfection est en réalité une source de blocage, parce que nous ne pourrons jamais, au grand jamais, être parfaits ; l'obsession de rechercher coûte que coûte la perfection peut effectivement bloquer d'autres idées plus créatives qui tentent de bouillonner à la surface. Même si la quête de perfection paraît être une noble entreprise, c'est en fait une technique brillamment camouflée pour fermer la porte à notre créativité et, par extension, à celle de notre enfant.

Angie n'a pas tardé à constater qu'elle n'allait pas réussir à parfaitement maintenir l'ordre dans sa maison et, même si elle y parvenait, ce ne serait pas le moyen le plus amusant d'occuper son temps. « Au début, je nettoyais constamment derrière tout le monde. J'en voulais à mon fils d'avoir éparpillé ses jouets partout, et à mon mari d'avoir laissé une serviette tout humide dans la chambre ou un plat dans l'évier. Avant même de m'en rendre compte, j'étais devenue une épouse martyre. Pourtant, jamais je n'aurais cru avoir cette facette en moi. »

L'histoire d'Angie est plutôt banale. Au lieu de prêter attention à ces petits désirs créatifs qui lui effleuraient l'esprit, elle s'était concentrée sur l'empreinte de main sur le frigidaire ou le livre de travers dans la bibliothèque. Des jours entiers s'écoulaient où elle n'avait rien fait d'autre que le ménage. Ces jours-là, elle s'écroulait sur son lit, exténuée et mécontente.

« J'avais le sentiment que je ne faisais rien de mes dix doigts », se plaignait-elle. En réalité, elle avait raison.

Quand nous tombons dans ce piège qui consiste à passer nos journées à essayer de corriger toutes les imperfections superficielles – que ce soient celles de notre environnement ou de notre corps –, en effet, nous « ne faisons rien du tout ». Comme nous sommes tous créatifs, nous avons tous quotidiennement des envies créatives, grosses et petites, qui, si elles sont négligées, sécréteront la tristesse et le ressentiment. J'ai vivement encouragé Angie à faire un exercice tout simple : « Complétez la phrase suivante cinq fois : "Si cela ne faisait pas autant de désordre, j'essaierais…" »

Angie a entrepris de remplir sa liste. Au début, ce qu'elle a découvert l'a à peine surprise.

« Si cela ne faisait pas autant de désordre, je laisserais Richard s'installer à la table de la cuisine avec ses peintures pour peindre aux doigts. Si cela ne faisait pas autant de désordre, j'encouragerais mon mari à allumer plus souvent le barbecue, car il adore faire des grillades. »

Tandis qu'Angie poursuivait, ses propres envies ont peu à peu émergé. « Si cela ne faisait pas autant de désordre, je planterais un nouveau parterre de fleurs dans le jardin de devant. Si cela ne faisait pas autant de désordre, je songerais à ressortir mes tubes de peinture à l'huile pour refaire le zouave. »

Angie a été choquée d'apprendre qu'en grande partie ce qui attendait d'être libéré, c'était sa propre créativité. Planter des fleurs, peindre – il s'agissait des activités qu'Angie avait estimées moins importantes que d'élever une famille dans une maison parfaitement propre et ordonnée. Je l'ai vivement encouragée à tenter brièvement l'expérience de s'autoriser, comme à sa famille, un peu de bazar, puis à me raconter ce qu'elle aurait découvert.

« Tout d'abord, m'a-t-elle relaté, Richard a absolument adoré le projet de peinture au doigt. Je ne l'avais pas vu aussi heureux depuis un bon moment, ou plutôt, aussi concentré. Je n'arrive pas à croire qu'il est resté occupé avec ses peintures tout ce temps. Plus étonnant encore, il n'a fallu que quelques minutes pour nettoyer quand il a eu terminé. Je redoutais tellement de mettre le bazar que j'avais peur d'entreprendre quoi que ce soit. Je me faisais une image totalement irréaliste, fondée sur la peur, des efforts nécessaires pour tout nettoyer. Et donc, le lendemain, j'ai ressorti ses peintures, et cette fois, les miennes aussi. Je crois que, dorénavant, nous allons peindre ensemble tous les jours. »

J'étais très enthousiasmée d'entendre qu'Angie se faisait plaisir en même temps que Richard en réalisant quelque chose de son propre cru. Qu'est-ce qui pouvait être mieux pour lui, songeais-je, qu'une mère à ses côtés en train de lui montrer l'exemple du vertige créatif de la peinture ? Sûrement pas une mère visiblement inquiète pour le ménage. Nos enfants remarquent ce que nous faisons et ressentons – y compris cette inquiétude inavouée quand il s'agit de nettoyer tout le désordre qu'ils ont fait. Face à un parent qui veut également s'amuser avec de la peinture, prêt à « faire le fou » avec des couleurs et des formes, la créativité de Richard ne connaîtra assurément pas de limites. Richard peut aussi apprendre à nettoyer ses instruments et, plus important encore, qu'entreprendre un projet est envisageable, même s'il faut mettre un peu de bazar pour le réaliser. Si nous nous montrons toujours réticents à mettre du désordre, nous apprenons à nos enfants que nous sommes réticents à mettre en route des projets, réticents à essayer quelque chose de nouveau. Alors que si nous leur montrons par notre comportement l'enthousiasme ludique mis dans une expérimentation artistique, et l'empressement à faire le ménage sans rechigner ni récriminer, ils voient qu'ils peuvent eux aussi expérimenter et que se lancer dans un projet doit être attendu avec impatience plutôt qu'évité.

METTEZ LE BAZAR

Exercice

Mettez le bazar avec votre enfant. Quand vous aurez terminé, il sera temps de remettre de l'ordre. Vous serez peut-être surpris de l'impact que cinq minutes à peine peuvent produire. En vous impliquant tout de suite dans le ménage, vous montrez à votre enfant – ainsi qu'à vous-même – que le bazar n'est ni une menace ni un prétendu blocage créatif. Cela fait partie d'un processus excitant durant lequel vous pouvez être tous les deux libres de vous amuser.

LE RESPECT

Nos enfants apprennent à dire « s'il te plaît » et « merci » lorsque nous leur en montrons l'exemple. Si nous nous montrons sincères et courtois avec le chauffeur de bus, nos enfants apprennent à se conduire de même. Si nous sommes honnêtes et généreux en communiquant avec notre conjoint, nos enfants apprennent cela également. Ils imitent ce que nous faisons et s'en imprègnent. Si nous fixons des limites avec gentillesse, ils apprennent que fixer des limites, c'est bien. Si nous nous montrons impatients ou enclins à la critique, ils apprennent aussi à nous imiter.

Aucun parent n'est parfait, et aucun enfant n'a même un seul jour de comportement « parfait ». Mais en ayant conscience de notre comportement de base et de notre mode relationnel avec autrui, nous serons en mesure de donner un exemple mûrement réfléchi. S'il y a une chose dont nous pouvons être sûrs, nous autres, parents, c'est que nos enfants nous observent. Ils apprennent à partir de ce que nous faisons, que ce soit positif, négatif ou neutre. Dès lors, nos choix comportementaux ont une grande importance.

À mesure que nous donnons l'exemple et apprenons à nos enfants à se montrer respectueux et bienveillants envers les autres, nous leur enseignons à se comporter en société d'une manière qui les aidera à se faire des amis et des alliés dans le monde. La plupart d'entre nous savent bien comment s'y prendre.

Quand Domenica était petite, je me suis efforcée de lui inculquer les bonnes manières. « Qu'est-ce qu'on dit ? » lui demandais-je quand elle faisait une requête. C'est ainsi qu'elle a appris très vite à dire « s'il te plaît ». « Qu'est-ce qu'on dit ? » lui demandais-je quand je faisais quelque chose à sa place. C'est ainsi qu'elle a appris à dire « merci ». Ces simples détails lui ont rendu grand service. Quand elle allait jouer chez une amie, elle gardait ses bonnes manières et on me complimentait souvent sur sa bonne éducation. Domenica a vite su donner les bonnes réponses, mais aussi les obtenir. Je l'entendais parfois, quand elle jouait, enseigner à ses poupées et à ses peluches ce qu'elle avait appris. Ses petites copines ont très vite intégré les « règles » de Domenica. « Passe-moi la poupée, *s'il te plaît* », les entendais-je dire. Les instituteurs de Domenica admiraient souvent son sens des convenances. « Domenica est très polie », mentionnaient-ils lors des réunions parents-professeurs.

Maintenant que Domenica est adulte, sa politesse s'est développée en même temps qu'elle. « S'il te plaît » et « merci » ne passeront jamais de mode.

Nous sommes plus créatifs quand nous nous sentons respectés. Mon ami Max, professeur d'art, dit que, dans la classe, le respect est la seule « règle » qui importe vraiment.

« Il s'agit de respect mutuel, dit-il. Parfois, les professeurs essaient d'obtenir le respect en rabaissant les étudiants, en utilisant la peur ou l'intimidation, mais je ne crois pas que cela fonctionne vraiment. Ma philosophie consiste à les considérer comme j'aimerais moi-même être considéré, avec cordialité, politesse, gentillesse et humour. Et ne jamais leur demander de faire quoi que ce soit que je ne ferais pas moi-même. »

Est-il surprenant que Max soit très apprécié de ses étudiants et qu'il ait remporté bon nombre de fois le titre de « professeur de l'année » ?

Il n'est pas toujours facile, cependant, de maintenir cette dynamique. De l'extérieur, Max semble maîtriser sa classe, chaleureusement, sans effort, et c'est ce que je lui ai dit. « N'es-tu vraiment jamais en désaccord avec tes étudiants ? lui ai-je demandé.

— Tout le temps. Chaque jour. Un nombre incalculable de fois, a-t-il répondu en souriant. Mais je pense qu'il est très important pour eux de savoir que nous n'allons pas toujours nous entendre. »

Père et professeur, Max dit que sa vie de famille présente certaines similitudes avec sa vie en classe. « Il y a des circonstances où "Parce que je le dis" est un bon argument, me dit-il. Il arrive parfois que, en tant que professeurs ou parents, nous sachions ce qui convient aux enfants, qu'ils aient ou non l'impression que ce soit juste. À long terme, tout s'arrange. Sur le moment, il y a parfois un peu d'agitation. Mais il est important, dans ces moments-là, de ne pas se lancer dans des négociations. Selon moi, quand on permet à un enfant de négocier d'une manière irrespectueuse, on lui apprend à devenir manipulateur. Il est important de rester vigilant. »

Le respect humain et la politesse de base sont des leçons que nous devons avoir la volonté d'enseigner, et nous devons veiller attentivement à donner l'exemple d'une bonne conduite. Que ce soit nos proches, un voisin âgé, la caissière à l'épicerie, ou un ami très cher, un médecin, un avocat, un peintre ou un réalisateur de film, chaque personne mérite notre respect. Indépendamment des niveaux de vie ou des normes socioculturelles, chaque personne que nous rencontrons mérite notre bonjour cordial et nos gestes de gentillesse.

Si nous faisons montre de courtoisie en société, tout comme en parlant de la créativité dans le monde, nos enfants imitent et copient notre comportement. En montrant notre respect pour les artistes et les envies créatives, nous reconnaissons l'existence de la créativité en nous et chez autrui. Si nous traitons les autres comme nous aimerions l'être, nos enfants apprennent à faire de même. Et lorsque nous – et nos enfants – tendons la main au monde avec cordialité, souvent le monde nous tend la main pareillement.

ÊTRE SENSIBLE AU RESPECT

Exercice

Faites la liste de cinq manières dont vous appréciez qu'on agisse envers vous. Si votre enfant est assez grand, demandez-lui de faire aussi cet exercice.

Exemples :

J'apprécie quand on m'écoute sans m'interrompre.

J'apprécie l'inconnu qui me dit en souriant « Bonjour » quand on se croise dans la rue.

J'apprécie qu'on voie ce qui est positif dans ce que je fais.

1. ______________________________
____
2. ______________________________
____
3. ______________________________
____
4. ______________________________
____
5. ______________________________
____

Maintenant, trouvez l'occasion aujourd'hui de faire preuve de gentillesse et d'attention envers quelqu'un, tout comme vous souhaiteriez qu'on le fasse envers vous.

Chapitre 5

CULTIVEZ L'EXPRESSION LIBRE

En chacun de nous se trouve un Moi qui doit s'exprimer, et nos enfants se sentent heureux lorsqu'on leur permet de parler de leurs réalités intérieures. Avec la sécurité installée par l'intermédiaire d'une structure et de limites mûrement réfléchies, ils sont prêts à s'exprimer audacieusement, tout comme nous. Notre rôle est de leur offrir une toile vierge ; nous devons alors nous mettre en retrait pour leur permettre de la remplir comme ils l'entendent. Nous leur donnons l'occasion de s'exprimer individuellement, et les récompensons en appréciant ce qu'ils font de leur créativité. En archivant leurs créations et découvertes, nous leur promettons de ne pas oublier leurs efforts. Lorsque nous nous émerveillons de leurs tentatives, ils apprennent qu'il y a en eux quelque chose de merveilleux. Et ce savoir donne des ailes à leur esprit.

FOURNIR LA TOILE VIERGE

Quand nous fournissons à nos enfants les outils et le matériel nécessaires pour entreprendre un projet, nous leur donnons la liberté de faire leurs propres choix créatifs. En embarquant pour ce voyage, ils reçoivent le pouvoir de faire quelque chose à partir de rien – de remplir la toile vierge.

Mes amis Cindi et Jeff sont les parents dynamiques de quatre garçons énergiques. Leur foyer est plein de gaieté et je suis frappée de voir combien leurs fils, malgré leurs personnalités très différentes, sont tous libres de leur créativité.

« Les enfants veulent simplement que ceux qu'ils aiment soient fiers d'eux, dit Jeff. Ils craignent d'enfreindre les règles et de colorier en dehors des lignes, mais uniquement si on montre du mécontentement quant à leurs choix. Les règles de sécurité ou concernant le respect d'autrui sont parfaitement pertinentes, mais les règles arbitraires imposées pour mettre les adultes à l'aise peuvent fixer des limites artificielles et étouffer la créativité. »

La toile vierge fournie par mes amis, au sens propre comme figuré, laisse de la place à leurs fils pour que chacun développe ses talents propres. « Comme la création est un peu un acte de rébellion, dit Cindi en riant, j'aime bien encourager le rebelle intérieur. »

Leur approche souple combinée à l'amour évident qu'ils portent à leurs enfants accorde à ceux-ci une bonne marge de manœuvre dans laquelle ils pourront naviguer vers la précision et l'originalité, vers une véritable expression d'eux-mêmes.

Les créations de l'une de mes amies, costumière, ont été vues sur scène et à l'écran bon nombre de fois. Elle a fait construire, au fil de ces longues années de carrière, un atelier impressionnant où elle conçoit ses créations. Lumineux, ensoleillé et rempli de toutes les couleurs et textures de tissu, de boutons et de passementerie, cet atelier de magicienne donne le sentiment que tout peut arriver. Elle en ouvre régulièrement les portes à ses neveux et nièces, les autorisant à toucher à tout.

« C'est du tissu, me dit-elle. C'est viscéral. C'est tactile. Je dis à mes nièces et à mes neveux qu'ils peuvent utiliser tout ce qui leur plaît, du moment qu'ils le respectent et qu'ils rangent une fois qu'ils ont fini. Je leur permets d'amener des amis, et leur montre comment coudre. » Quand ils entrent dans l'atelier, l'émerveillement des enfants est plus qu'évident. Je suis allée la voir récemment et je l'ai observée tandis qu'elle guidait ses jeunes visiteurs parmi ses réserves de trésors.

« C'est de la soie du Japon, a-t-elle expliqué à une jeune fille blonde qui tendait une main potelée vers un rouleau scintillant de violet et de vert foncés. Ça te plaît ? » La jeune fille a acquiescé, les yeux écarquillés. Puis mon amie l'a conduite vers un globe terrestre posé dans un coin, pour lui expliquer d'où venaient les vers à soie et indiquer du doigt la région du

Japon où était fabriqué le tissu. Elle lui en a ensuite découpé un échantillon et s'est installée à une table avec l'enfant pour discuter de ce qu'elles allaient faire.

« Je n'ai pas de réticence à distribuer mes fournitures, m'a dit ma copine créatrice. Ici, ils peuvent tout utiliser. Pourquoi ne pas leur montrer le meilleur qui existe et leur permettre de se servir de ce que j'utilise ? Du moment que j'arrive à leur faire saisir tout le soin apporté à la fabrication avant que ça arrive à mon atelier, je m'assure qu'ils avanceront dans la vie en ayant compris le talent artistique qui les a précédés. Selon moi, cela devrait inspirer le leur. »

En montrant comment elle comprend et apprécie d'un bout à l'autre le processus de ses créations, mon amie initie ses jeunes neveux et nièces à ce qu'est la vie d'une artiste professionnelle. Lorsqu'ils la voient plongée dans son travail, lorsqu'ils visitent l'atelier où elle conçoit ses créations, du dessin jusqu'au mannequin, et lorsqu'ils découvrent les fruits de son labeur portés par des acteurs et des modèles, les enfants apprennent que la création artistique requiert un effort de concentration et de discipline, et pas seulement de l'inspiration. En suivant chaque étape et en prenant ainsi conscience des nombreuses heures que leur tante consacre à son travail, ils comprennent que la profession d'artiste ne diffère pas d'un autre métier. Ils assistent en personne au processus créatif tandis que des esquisses sont rejetées, des ourlets réajustés, des manchettes redécoupées. En leur ouvrant son royaume créatif et en illustrant ainsi ce qu'est l'itinéraire de la vision à la création, mon amie enseigne à ces enfants une substantielle leçon de persévérance et de passion.

Cette toile vierge en place, c'est un plaisir de s'asseoir à l'écart et de découvrir ce qui en découlera. Les outils et les fournitures distribués, nous observons ensuite ce qu'en feront nos enfants. Ils nous surprendront toujours. Sophy, en triant les vieux jouets de ses enfants pour son petit-fils de trois ans, avait séparé les cow-boys, les monstres miniatures, les châteaux et les dinosaures. Son petit-fils a remis immédiatement tout en désordre, en plaçant les cow-boys dans le château et les monstres dans le sac à main de sa grand-mère.

« La seule chose que je sais au sujet de mes petits-enfants, c'est que je ne sais pas ce qu'ils ont en tête, à aucun moment, dit Sophy avant d'éclater de rire. Tout ce que je peux faire, c'est ouvrir des portes et leur faire savoir que je suis très enthousiaste de les voir les franchir. S'ils veulent jouer avec l'un des jouets, ou les mélanger comme je ne l'aurais jamais imaginé, alors je les laisserai sûrement faire. Et je suis parfaitement contente de rester à l'écart pour voir ce qui va émerger. »

En restant « à l'écart pour voir ce qui va émerger », nous nous ouvrons à la magie de la création – les créations que feront apparaître nos enfants, tout comme l'émergence de leurs intérêts et passions. « Tout peut mener quelque part, dit Sophy, pensive, l'œil pétillant. Voyons où ça va les mener. »

LE COIN CRÉATIVITÉ

Exercice

Créez chez vous un « coin créativité » où votre enfant pourra s'installer pour entreprendre des projets. Rangez-y diverses fournitures susceptibles de lui apporter l'inspiration : des bouchons de liège, des cotons-tiges, des rouleaux de papier-toilette, des paillettes, de la colle, de la ficelle, des cure-pipes, des perles, des serviettes en papier… Si vous trouvez chez vous autre chose qui pourrait aussi faire partie du lot, ajoutez-le au stock. Si vous n'avez pas de coin disponible, « le coin créativité » peut simplement être une boîte ou une étagère. L'essentiel, c'est de désigner un endroit où votre enfant peut trouver – et enrichir – tout un assortiment de fournitures pour remplir sa toile vierge.

LA MAGIE DE LA CRÉATION

Les enfants ont une imagination fertile. Ils apprécient la magie de la création. Notre mission consiste à les laisser l'explorer librement et à les féliciter pour leurs efforts. Faire l'expérience de réaliser quelque chose à partir de rien, que ce soit une œuvre d'art, un délicieux dîner ou une page d'images dans un cahier de souvenirs, c'est la définition même de la créativité. La créativité est une question de spiritualité, et faire quelque chose à partir de rien relève de l'expérience spirituelle.

Si on les laisse se débrouiller tout seuls, les enfants réaliseront des merveilles à partir de rien. Jouer librement développe l'imagination. Le jouet préféré de Domenica était un cheval miniature qu'elle « faisait galoper » en rond dans le salon. Un jour, le faire galoper n'a plus suffi. Elle a ouvert le coffre contenant ses blocs de construction et elle lui a bâti un enclos. Le lendemain, elle en a construit un autre accompagné d'une écurie faite de livres. Et c'est ainsi qu'elle a conçu une histoire.

« Il pleut », a-t-elle annoncé en faisant rentrer son cheval à l'écurie.

« Il ne pleut plus », a-t-elle enchaîné en le faisant ressortir pour le ramener à son corral.

Quelques jours plus tard, Domenica y a ajouté un deuxième cheval. « Amis », a-t-elle annoncé. Presque tous ses blocs de construction ont été nécessaires pour construire une écurie apte à les accueillir tous les deux.

« Il pleut, a-t-elle déclaré en mettant chaque cheval à l'abri.

— C'est une belle histoire », ai-je dit, ce qui l'a remplie de fierté.

En écrivant ceci, je reçois un appel d'un ami qui est en vacances avec sa famille. « Je surveille mon neveu, me dit-il. Nous sommes à la piscine et un enfant plus grand – peut-être a-t-il six ans ? – lui apprend comment construire une douve de sable. La mère de mon neveu, ma sœur aînée, est assise tranquillement et l'observe. Mon neveu semble être au paradis. »

Il « semble être au paradis », songé-je. Je pourrais dire que d'une certaine façon, il y est. Peu importe notre âge, notre niveau d'expérience ou d'expertise, notre situation financière ou professionnelle, nous avons tous la capacité, à tout moment, de faire preuve de créativité. Les actions créatives nous mettent en contact avec un pouvoir suprême – appelez-le Dieu, la source, l'inspiration, la nature ou même tout simplement l'optimisme –, et une fois que nous avons commencé, nous sommes connectés à quelque chose de plus grand que nous.

En regardant les enfants jouer, je perçois leur concentration et leur contentement. Quand ils jouent seuls, ils se parlent à eux-mêmes, ou s'adressent à leurs jouets. Ils racontent ce qu'ils sont en train de faire. À qui parlent-ils ? N'est-ce vraiment qu'à eux-mêmes ? Ou y a-t-il quelque chose dans l'enfance qui serait toujours plus proche de cette source suprême, qui y accéderait plus immédiatement ? Et qui sommes-nous pour interrompre la conversation entre nos enfants et leur puissance suprême ?

Que nous définissions la magie de la création littéralement – c'est-à-dire la Création en soi – ou comme étant quelque chose d'autre – peut-être un sentiment du possible –, nous parlons de la même chose. J'ai souvent dit que l'un des obstacles majeurs à notre capacité d'accepter la générosité de Dieu est notre propre notion limitée de ce que nous sommes en mesure d'accomplir. « Si Dieu est ma source, tout est possible », disons-nous. En analysant cette phrase, ce que nous disons, c'est que Dieu est la source de notre bien-être, la source d'idées, d'inspiration et de clarté. Et avec Dieu comme source, nous nous trouvons dans la position spirituelle d'avoir un compte illimité. Ce n'est pas Dieu qui se retrouve à court d'idées, d'argent ou d'espoir. C'est nous qui nous en détournons, ayant décidé qu'il n'y a plus rien pour nous. Ce comportement – et il s'agit d'un comportement acquis, ajouterais-je –, nos enfants ne l'ont sans doute pas encore découvert : pour eux, tout est possible.

Bon nombre d'études ont été faites sur les bienfaits de la pensée positive. « Il n'y a que deux façons de vivre votre vie, a dit Einstein. L'une en faisant comme si rien n'était un miracle. L'autre en faisant comme si tout était un miracle. »

Lorsqu'on est systématiquement attiré par le possible et l'espoir, on les trouve fréquemment. Si, dans les heures sombres, on croit que la lumière est toute proche, on fait preuve de résilience. Selon moi, ce n'est pas seulement de l'optimisme acquis, même si l'optimisme peut et devrait être mis en pratique ; je crois qu'il s'agit de notre état naturel. Quelle meilleure preuve que les multiples tentatives de nos enfants quand ils apprennent à marcher ? Essayer encore et encore, c'est en soi un acte de foi.

Quand j'enseigne, j'utilise souvent un exercice destiné à faire découvrir à mes étudiants leurs désirs créatifs : « Prenez une feuille blanche. Maintenant, faites la liste de dix activités que vous aimez mais que vous vous interdisez. »

Les listes sont très diverses. « Rester allongé au soleil », se risque quelqu'un. « Sortir pour aller chercher un cône glacé juste comme ça », intervient quelqu'un d'autre. « Chanter en public », dit une autre personne. « Chanter sous la douche ! » renchérit une quatrième en éclatant de rire. En faisant cet exercice, nous découvrons souvent qu'en fait il y a de nombreuses petites joies que nous nous refusons. En explorant nos propres désirs, nous devenons plus libres. En devenant plus libres, nous accordons davantage de liberté à nos enfants.

En les regardant jouer à construire des châteaux de sable ou des écuries avec des livres, nous devons les laisser vivre leur expérience spirituelle, créative. En nous demandant toujours avec angoisse s'ils se comporteront bien lors de l'entretien d'entrée en maternelle ou s'ils écoutent suffisamment de musique classique, nous les détournons de leur propre inventivité. Cette inventivité, unique et innée chez tout un chacun, est précisément ce qui les conduira à faire l'expérience d'une certaine magie et, très souvent aussi, les fera sortir du lot et les aidera finalement à exceller et à atteindre leurs objectifs.

CRÉATION SPONTANÉE

Exercice

Racontez à votre enfant une histoire. Une histoire vraie ou inventée, inspirée de votre vécu ou de celui de quelqu'un d'autre.

Lorsque vous aurez terminé, demandez à votre enfant de vous raconter à son tour une histoire. Si nécessaire, donnez-lui une amorce simple : « Raconte-moi une histoire sur un poney », par exemple, ou « Raconte-moi une histoire sur ta poupée ». Si votre enfant a un livre préféré, demandez-lui ce qui est arrivé avant le début de cette histoire, ou une fois qu'elle est terminée. Écoutez attentivement. L'histoire de votre enfant vous a-t-elle surpris, inspiré, et vous a-t-elle plu ? Soyez réceptif à la magie de ce que créent les enfants.

ESSAYEZ TOUT

Les enfants explorent toutes les formes d'art. Un jour, ils se mettent à dessiner, le suivant, à façonner de la pâte à modeler ; le surlendemain, ils jouent de la musique ou s'amusent à se déguiser. En tant que parents, il nous incombe de les féliciter pour tous leurs efforts. Nous préférons peut-être une forme d'art particulière, mais nous servirons au mieux leurs intérêts en évitant de faire montre de favoritisme.

Aussi souvent et aussi ouvertement que possible, nous devons leur présenter différentes formes d'art et les laisser les explorer, sans retenue. Si nous faisions un rejet de la clarinette à l'école à cause d'un professeur dénué de passion, ce n'est pas une raison pour empêcher nos enfants de jouer de la clarinette. Des instruments-jouets offerts à de jeunes enfants, même en bas âge, sont un moyen peu coûteux et amusant de déterminer où se situent leurs préférences. En les emmenant au théâtre pour enfants ou au musée d'art local, nous leur permettons de s'imprégner, sans le moindre jugement, des nombreux domaines dans lesquels ils souhaiteront peut-être eux aussi se révéler créatifs. En leur donnant des instruments de dessin, de sculpture, de musique ou de quoi s'inspirer pour inventer une histoire, nous pouvons observer les directions qui les attirent, et ainsi constamment encourager leur intérêt. Il est rare qu'un enfant fasse preuve d'une passion à vie dès le départ, bien que cela se soit déjà vu. Plus fréquemment, les enfants tâtonnent avant de s'investir davantage. Et même alors, leurs intérêts continuent à changer de forme ou à évoluer. En leur autorisant cette progression naturelle dans ce qui les intéresse, en prenant garde de ne pas leur faire obstacle en y intégrant nos propres rêves enfouis, nous leur déblayons la voie pour qu'ils puissent découvrir des moyens d'expression qui leur soient propres.

« Ma fille aînée, Chloe, adore le théâtre et y excelle, dit Peggy. Mais ma plus jeune, Brea, paraît s'intéresser à tout. Je ne sais guère par où commencer, ou comment me mettre sur la même longueur d'onde qu'elle. Par conséquent, chaque saison, je la laisse choisir une ou deux activités, et on verra bien ce qui finira par accrocher. » Peggy a inscrit Brea au foot, au ballet, à des cours de peinture et de violon. Elle l'a emmenée à des concerts symphoniques, au cirque, à des pièces de théâtre et des comédies musicales. « Je ne sais pas, admet Peggy. Je n'arrive pas à savoir ce qu'elle aime comme activité, alors que j'ai pu le dire immédiatement avec Chloe. Peut-être que cela se révélera tout seul plus tard. »

Peggy a poursuivi l'éducation générale de Brea, en l'encourageant à l'école et en lui laissant savoir que toutes les activités auxquelles participait sa sœur aînée étaient aussi accessibles pour elle. Puis, un jour, à huit ans, à l'improviste, Brea s'est mise à chanter ce qu'elle entendait à la radio. À pleins poumons ! « Quelle voix ! me dit Peggy. Je n'en avais aucune idée ! »

Brea a continué à chanter sur les chansons pop qu'elle apprenait à la télé ou à la radio, ravissant sa famille par son talent à l'état brut et sa voix naturellement puissante. « J'ignore où elle a pu apprendre un tel contrôle du souffle, dit Peggy. Je ne savais même pas qu'elle pouvait chanter ! »

Elle a inscrit sa fille à des cours de chant, et Brea est à présent en train d'améliorer avec enthousiasme sa technique vocale. Elle a déjà chanté devant toute son école. « J'étais si nerveuse dans le public, m'a confié Peggy. Mais Brea était très à l'aise sur scène. Elle ne semblait pas du tout nerveuse. Je crois qu'elle a trouvé ce qui lui plaît. »

Certains enfants nous montrent plus rapidement que d'autres ce qui les intéresse. Certains, comme Brea, font plusieurs essais avant de tomber par hasard sur une activité qu'ils souhaitent vraiment poursuivre. Cependant, pour moi, il n'est guère surprenant que Brea ait fini par trouver un débouché artistique. Peggy avait préparé le terrain pour qu'il en soit ainsi. Avec ses gentils encouragements à « tout essayer », non seulement elle a enseigné à Brea qu'elle n'avait pas à savoir tout de suite ce qu'elle aimait, mais qu'il était sans danger – et bon – d'expérimenter. Guère surprenant que Brea soit heureuse de se retrouver sur le devant de la scène devant toute son école, et de chanter à tue-tête au micro une chanson d'Adele – et *a capella*, dois-je ajouter. Sa créativité en général a été encouragée, sans pression. Et quand elle a trouvé ce qui la passionnait, son talent a pu émerger naturellement. En trouvant sa voix (*sic*), Brea a également trouvé son propre pouvoir et une facette de son identité.

Malgré nos bonnes intentions, nos encouragements tous azimuts peuvent laisser transparaître des indices de nos propres goûts. J'adorais les chevaux et étais plus qu'enthousiaste quant au troupeau miniature de Domenica. Je lui ai appris comment tenir les rênes comme il faut sur son cheval bâton. D'un autre côté, j'ai dû travailler mon enthousiasme par rapport à ses tentatives musicales. Dans ma famille, j'étais celle « dénuée d'oreille musicale ». Mes frères réquisitionnaient le piano – de manière plutôt virtuose, dois-je ajouter – tandis que, le plus souvent, je lisais ou dactylographiais des nouvelles dans ma chambre. D'autres activités m'attiraient, et ce n'est que plus tard que j'ai réalisé que j'avais moi aussi une passion pour la composition musicale. Et ainsi, consciente que Domenica méritait, elle aussi, de jouer de la musique, je l'ai aidée à fabriquer un tambour avec une boîte de flocons d'avoine. Elle tapotait des rythmes et je la félicitais pour ses efforts. Elle chantait et je chantais à l'unisson. Nous écoutions les Beatles et les Rolling Stones, nous dansions et apprenions les paroles. Et quand elle est devenue adolescente, j'ai écrit pour elle le rôle principal de ma comédie musicale.

En montrant à nos enfants qu'ils ont la capacité – et le droit – d'expérimenter toutes les formes d'art, nous leur enseignons qu'ils ont le choix. Nous leur apprenons à essayer de nouvelles activités sans trop penser aux conséquences. Comme il n'y a aucune mauvaise façon d'expérimenter lors de la réalisation d'un projet créatif, aucun jugement, aucune rude conséquence n'en découlent. Parmi les nombreuses personnes que j'ai pu observer et les entretiens que j'ai pu avoir avec des enfants devenus des adultes créativement libérés, l'histoire d'u parent qui encourage les premiers efforts est la plus fréquente. C'est la tentative plutôt que le résultat que nous devons soutenir. Les artistes sont comme les athlètes, ils s'entraînent encore et encore. En enseignant à nos enfants à expérimenter, nous leur enseignons à avancer dans la vie avec optimisme et à avoir confiance en leur capacité à prendre un nouveau départ.

EXPLORATION

Exercice

Munissez-vous d'un crayon. Faites la liste de cinq projets créatifs que vous pourriez encourager votre enfant à essayer. Ne mettez aucune pression quant au résultat de ces efforts – l'idée, c'est simplement de tremper un orteil dans l'eau pour voir quel effet ça fait.

1. ______________________________
____
2. ______________________________
____
3. ______________________________
____
4. ______________________________
____
5. ______________________________
____

Maintenant, faites la liste de cinq projets créatifs que vous pourriez essayer. Nul besoin qu'ils soient chronophages ou coûteux. Ils devront simplement vous placer légèrement en dehors de votre zone de confort. Par exemple :

Je pourrais acheter des crayons de couleur et dessiner les fleurs de la jardinière du balcon d'à côté.

Je pourrais écrire un poème.

Je pourrais chanter pour mon enfant, même si je ne pense pas savoir chanter.

1. ______________________________
____
2. ______________________________
____
3. ______________________________
____
4. ______________________________
____
5. ______________________________
____

Choisissez un élément dans la liste de votre enfant et un dans la vôtre. Essayez de vous y consacrer.

GARDER DES TRACES

Sur la table de ma salle à manger, j'ai une photo de ma fille, Domenica, et de son mari, Tony, où ils brandissent en jubilant leur contrat de mariage. Je chéris cette photo et cet instant qui s'y trouve immortalisé. Tout près, à portée de main, se trouve une autre photo, de Domenica et moi, prise dans un restaurant juste avant qu'elle m'annonce ses fiançailles. Cet instant m'est également très cher.

Garder des traces de nos moments mémorables est un passe-temps qui peut occuper votre enfant dès son plus jeune âge. J'ai deux autres photos de Domenica que je chéris. Sur l'une d'elles, elle a deux ans et se tient à califourchon sur un poney au pelage tacheté que je mène par la bride autour du manège de Griffith Park, à Los Angeles. Sur la deuxième photo, elle a cinq ans et est assise sur son tout premier poney, Silver Lily ; son père se tient juste à côté, souriant fièrement. Ces deux photos font partie de l'album de Domenica – ou si vous préférez, son livre de souvenirs. Une photo porte la légende : « Oui, ce souvenir s'est vraiment produit. »

Maintenant que nous avons des appareils photo numériques et que nous pouvons imprimer nos clichés à domicile, les albums sont plus faciles à assembler. Toutes les photos de Domenica ne présentent pas nécessairement des chevaux, mais la plupart, si. La voilà à sept ans, chevauchant Splash, la jument de ma sœur, à cru et sans rêne. L'équitation est une passion que nous avons en commun et un art qu'elle continue d'entretenir dans sa vie d'adulte. Je me doute qu'elle transmettra également à ses enfants ses compétences et son enthousiasme.

Lorsque le jeu devient art, puis l'art, souvenirs, nous honorons les efforts créatifs de nos enfants.

Brynne, six ans, peint tous les jours, développant sa grande collection d'œuvres d'art. « Son passe-temps préféré, c'est de créer de gigantesques peintures colorées, dit Lidie, sa mère. Je lui ai appris comment nettoyer ses pinceaux quand elle a fini. Elle a l'impression d'être une professionnelle quand elle installe chaque jour ses pots de peinture et son chevalet, en prenant soin de son matériel “comme une vraie peintre”, comme elle dit. » La collection de Brynne évolue chaque semaine, et certaines de ses peintures sont particulièrement belles. « Elle en est très fière, me dit Lidie. Et moi aussi… certaines sont surprenantes, vraiment. »

Lidie a décidé qu'il était temps de mettre en place une sorte de « galerie » pour exposer les fruits du travail de sa fille. Elles sont allées faire un tour au magasin de fournitures de travaux manuels pour y choisir du carton d'un rose chatoyant où découper de grandes lettres. Elle a fixé au mur de la salle de jeux de Brynne les mots « mes chefs-d'œuvre » et a donc désormais une galerie où présenter tour à tour les dernières créations préférées de sa fille.

« Nous changeons la collection quand nous en avons envie, m'a dit Brynne. Quand j'ai peint quelque chose de très bien, je l'accroche après avoir choisi la peinture à décrocher du mur. C'est comme dans une vraie galerie. » Brynne me guide fièrement dans son musée d'art, en m'indiquant les détails de ses peintures et en m'expliquant l'origine de leur inspiration. En tant que conservatrice de sa salle de jeux, Brynne s'investit et est inspirée. Comme Lidie continue à l'encourager en mettant à sa disposition un lieu d'exposition magnifiquement conçu pour les œuvres de sa fille, elle encourage la poursuite énergique de ses efforts. En reconnaissant la valeur des créations artistiques de nos enfants et en en gardant une trace, nous renforçons la précieuse source de créativité présente en chacun d'eux.

Nous vivons à une époque où il est plus facile qu'auparavant de conserver et de diffuser ces créations. Prendre des photos numériques et les mettre en ligne sur Facebook est un procédé quasi instantané qui recueille en peu de temps les « j'aime » de nos amis. Nous pouvons maintenant partager l'évolution et les intérêts de nos enfants avec des amis de tous horizons, ainsi qu'observer leur vie. Avec un appareil photo ou un téléphone portable toujours dans notre sac ou en poche, nous sommes en mesure au quotidien de saisir l'instant de manière décontractée, ce qui compose au final une œuvre précieuse consacrée aux souvenirs.

Aujourd'hui, Domenica et moi revenons sur les albums photo que nous avons faits ensemble quand elle était enfant. Sur l'une des photos, elle est debout sur mes épaules et coiffée d'un chapeau de fête, arborant un grand sourire. Cette fête était organisée pour Starlight, la fille de mon amie Marissa. Sur la photo suivante, Starlight ouvre ses cadeaux. Domenica lui avait offert un cheval bâton. La troisième photo montre Domenica guidant les mains de Starlight pour lui apprendre à tenir correctement les rênes. Et sur la quatrième, Starlight chevauche le cheval bâton sous les applaudissements de Domenica.

Prendre le temps et la peine de faire un cahier de souvenirs ou un album photo montre à nos enfants que les événements de leur vie ont de l'importance. Que ce soit avec de la colle ou du ruban adhésif, nous créons un livre d'histoires dont nos enfants sont les vedettes. Maintenant que Domenica est adulte, elle chérit les photos de ses aventures d'enfant, ce qui lui apporte un sentiment de continuité. Voici une photo de Joanie, et une de Doris. Trente ans plus tard, elle est toujours en contact avec ses deux amies.

« Regarde Calla Lily, s'exclamera Domenica en désignant une photo de notre caniche blanc comme neige. C'était le plus super des toutous. »

Le temps et l'attention nécessaires pour assembler un cahier de souvenirs ou un album photo sont non seulement gratifiants pour nos enfants, mais aussi pour nous. Après tout, les souvenirs peuvent s'avérer fugaces. Ces instants immortalisés garantissent que nous ne les oublierons pas.

CAPTUREZ LES SOUVENIRS

Exercice

Aujourd'hui, choisissez un moment, une activité ou une œuvre d'art dont vous voulez garder une trace.

Puis laissez votre enfant prendre une photo tout seul, en le laissant également choisir les moments à immortaliser. Les appareils numériques nous apportent des possibilités infinies de visionnage. Nous pouvons télécharger les photos sur notre ordinateur, et les utiliser en fond d'écran. Nous pouvons acheter un cadre photo numérique où faire défiler nos souvenirs. À mesure qu'augmente notre collection, nous pouvons ajouter des clichés au diaporama, quel que soit le mode d'affichage que nous avons choisi. En voyant grandir cette collection, nous – et nos enfants – revivons et chérissons à nouveau ces souvenirs, ce qui nous incite à nous en faire d'autres.

Chapitre 6

CULTIVEZ L'INVENTIVITÉ

L'acte de création peut en soi se définir comme l'invention de quelque chose de nouveau, la réalisation de quelque chose à partir de rien. En extrayant les occasions créatives des réalités de notre vie quotidienne, nous montrons à nos enfants à faire de même. Nous pouvons trouver de quoi nous amuser dans les lieux les plus improbables en entreprenant avec joie et imagination des activités apparemment banales. Nous pouvons délibérément choisir d'aborder les tâches ennuyeuses ou ingrates avec un esprit ludique. En montrant à nos enfants, petit à petit, les réalités de la vie d'un adulte gérant son foyer, nous pouvons titiller leur curiosité et les aider à attacher de l'importance – de la satisfaction – à l'argent gagné et aux objectifs accomplis. En prenant soin d'aller au fond des choses et d'offrir un constant exemple d'inventivité, nous apprenons – et enseignons – que dans toute activité, même la plus simple, peut résider l'inspiration.

LE MYTHE DE L'ENNUI

« Je m'ennuie », se plaignent nos enfants, et l'expression dans leur regard complète la fin non formulée de la phrase : « Fais-y quelque chose. »

L'idée que l'« ennui » est un état de stagnation en soi est un mythe. L'ennui n'a rien à voir avec l'immobilisme. En réalité, c'est tout le contraire. L'ennui appelle l'action, incite à un changement de direction. L'ennui ne signifie pas que nous soyons « à court d'idées », mais que nous sommes prêts à passer à la suivante. La créativité étant une force qui nous habite constamment, qui infuse toute existence, c'est une réserve continuelle à notre disposition, à tout instant.

Quand j'étais enfant, j'habitais dans une maison généreusement pourvue en jouets et en passe-temps. Lors de mon temps libre après l'école, tout un choix d'activités pouvait retenir mon attention. Et pourtant, il m'arrivait parfois d'annoncer à ma mère : « Je m'ennuie. » La répartie de ma mère était rapide : « Si tu t'ennuies, c'est qu'il te manque des ressources intérieures. » Ma mère n'était pas du genre à se laisser démonter, sachant pertinemment qu'elle avait mis à ma disposition une profusion de jouets. Je me souviens d'avoir enragé de ne pouvoir la déstabiliser par la culpabilité pour qu'elle me donne encore plus d'idées de passe-temps. Après tout, je pouvais dessiner, jouer avec mes cubes de construction ou de la pâte à modeler, me déguiser ou rassembler mon troupeau d'animaux miniatures. Loin de m'ennuyer, ma seule véritable difficulté se situait dans le choix du plaisir de ma journée. De multiples jouets encouragent de multiples intérêts. Il n'y a pas la place pour l'ennui dans une salle de jeux bien fournie.

Claire, comédienne, me raconte que, quand elle se plaignait de s'ennuyer, sa belle-mère répliquait du tac au tac : « Oh, bien ! Parce que j'ai toute une liste de corvées qui t'attendent ! »

« C'est ainsi que mes frères et moi avons très vite compris qu'il ne fallait jamais dire que nous nous ennuyons, dit Claire avant de pouffer. Sinon, nous nous serions retrouvés coincés à faire les corvées les plus ennuyeuses ! Ma belle-mère avait toujours une liste prête à l'emploi : polir l'argenterie, ratisser la pelouse, épousseter les plinthes. En apprenant à ne pas dire "Je m'ennuie", nous avons appris à changer d'optique. »

Ayant grandi dans la France rurale, Claire a découvert que bon nombre de ses passe-temps se passaient en plein air. En cueillant des fleurs ou en explorant les abords de la propriété de ses parents, elle inventait des histoires d'elfes qui vivaient dans les arbres, ou le voyage d'un oiseau cherchant où faire son nid.

« Dans mon enfance, il n'y avait pas beaucoup de stimulations artificielles, se rappelle Claire. La télé était strictement limitée, tout comme le temps passé bêtement devant l'ordinateur. Nous nous sommes donc beaucoup servis de notre imagination. »

« Se servir » de son imagination est une expression plus littérale qu'on pourrait le croire de prime abord. L'imagination est en chacun de nous, autant à notre disposition que la pensée elle-même. En nous en servant, nous entraînons un organe important. En renforçant cet organe, nous prenons l'habitude d'entraîner et donc de mieux maîtriser la partie de notre cerveau la plus originale et qui nous est la plus personnelle.

Il est facile de prendre malgré soi des habitudes négatives comme se plaindre, regarder le monde sous un angle pessimiste, chercher la petite bête, se percevoir comme une victime. Lorsque nous nous incitons à rechercher consciemment des solutions imaginatives, l'optimisme et l'inspiration surgissent. Lorsque nous laissons nos enfants se débrouiller tout seuls, en leur permettant ainsi de compter « uniquement » sur leur imagination, nous leur offrons la même récompense. En nous confrontant de près ou de loin au monde de manière imaginative, nous bénéficions d'un net avantage. Alors que l'ennui nous incite à lambiner, nous devons au contraire nous montrer tenaces et considérer cet ennui comme une incitation à changer de direction. L'imagination nous pousse à nous diriger vers notre « nord véritable ».

À une époque surabondante en stimulations extérieures et en distractions disponibles à tout moment, pour nous comme pour nos enfants, nous devons nous montrer d'autant plus vigilants. En donnant à nos enfants le temps et l'espace pour arriver à leurs propres conclusions et à de nouvelles idées, nous les aidons. En les épiant constamment et en dirigeant tout ce qu'ils font, nous les entravons. Comment pourront-ils apprendre à se saisir d'un crayon, d'une palette de couleurs ou d'un instrument de musique, et comment en prendront-ils l'initiative, si nous le faisons pour eux ? Nous devons faire attention de ne pas les éduquer à ne *pas* penser – ou, pire encore, à avoir peur de se retrouver seuls avec leurs pensées, ce vaste néant du « Que faire maintenant ? », ce qui, paradoxalement, est la source de la véritable inspiration. Leur suggérer toutes leurs idées revient à leur enseigner que s'ils se plaignent de s'ennuyer, ils recevront une nouvelle idée en retour. Cette solution ne peut pas fonctionner, parce que l'idée qu'ils cherchent, c'est la leur, non la nôtre.

S'ennuyer est embêtant ! Mais l'ennui signifie : « Allez, passe à autre chose. Cherche mieux. Pousse plus loin. » Nous préférerions ne pas éprouver d'ennui, tout comme nos enfants. Le point positif de cet appel à l'action : il amorce en nous l'évolution. La mauvaise nouvelle : il exige un changement. Il faut se ressaisir et chercher de nouvelles idées, alors même que nous n'en avons peut-être pas très envie. Nous préférerions plutôt nous abrutir devant la télévision, Internet ou une part de gâteau. Nos enfants ne sont pas différents de nous. Cependant, ignorer les incitations de l'ennui et se complaire dans une activité abrutissante ne fait que retarder l'inéluctable. Une fois que nous avons reçu un appel à l'action, il ne disparaîtra que quand nous aurons en effet agi en conséquence. Nous essaierons peut-être de le réprimer, de l'éviter, de l'arroser d'eau froide, mais il ne disparaîtra pas. Les braises ne s'éteindront pas, et notre âme ne cessera d'en vibrer. Il s'agit de l'appel de notre esprit créatif, un esprit qui existe en chacun de nous.

Quand nous avons l'impression de nous ennuyer, c'est que nous avons quelque chose à exprimer.

La prochaine fois que vos enfants se plaindront de s'ennuyer, essayez de résister à la tentation de « résoudre ce problème » pour eux en leur proposant une autre activité. Essayez plutôt d'entendre ce qu'ils ont vraiment à dire. Qu'est-ce qui les ennuie, précisément ? Avec quoi en ont-ils fini, précisément ? Quelle nouvelle direction faut-il prendre ?

COMMENT REPOUSSER L'ENNUI

Exercice

Aussi vite que possible, complétez cinq fois la phrase suivante. Si votre enfant est assez grand pour vous parler de son ennui, il pourra aussi faire cet exercice, que ce soit par oral ou par écrit. Le but est d'aller vite et de laisser surgir ces idées qui viennent spontanément, pour tromper la vigilance de cette partie de nous qui pourrait tenter de réprimer nos impulsions initiales.

Je pourrais ________________________________

Je pourrais ________________________________

Je pourrais ________________________________

Je pourrais ________________________________

Je pourrais ________________________________

FACE AUX CORVÉES TANT REDOUTÉES

« Et chaque tâche peut devenir selon l'humeur un plaisir », chantait Mary Poppins. C'est au moment d'affronter une de ces corvées rébarbatives qu'il faut faire appel à notre propre créativité pour aider nos enfants à prendre part à certaines des routines et responsabilités plus banales de la vie quotidienne et à les accepter. Ce faisant, nous leur montrons que l'on peut s'amuser en toute occasion. En faire l'expérience les amènera à cultiver le plaisir des petits bonheurs et à accroître par là même leur productivité et leur efficacité en général. En apprenant à prendre du bon côté ce que l'on rechigne à faire, on élimine les obstacles vers le succès avant même qu'ils se matérialisent.

On ne peut pas s'amuser tous les jours. Inévitablement viendront des jours où le travail requerra toute notre attention. Peut-être avons-nous du linge à plier ou devons-nous aller faire les courses. Il nous incombe de faire intervenir l'imagination de nos enfants pour que les tâches à accomplir deviennent un jeu. Pour le linge, pourquoi ne pas leur demander d'identifier à qui appartient chaque vêtement que nous plions. « C'est à moi ! » « C'est à papa ! » « C'est à toi ! » Tandis que les piles grandissent, il en sera de même du désir d'en trier encore plus. Aller faire les courses sollicite aussi le pouvoir de concentration de votre enfant. Commencez par faire un grand tour du magasin puis poursuivez en cercles concentriques. Commencez par les fruits et légumes ; terminez par les ingrédients à pâtisserie.

Incitez votre enfant à choisir. « Nous adorons jouer au jeu de l'alphabet », dit Sara, qui encourage son fils à repérer les lettres sur les étiquettes. Parler à vos enfants de la provenance des produits alimentaires peut être un intéressant moyen pédagogique pour passer le temps nécessaire à compléter vos achats.

Les tâches journalières, comme ranger les jouets, prendre un bain et se préparer pour aller au lit, peuvent aussi être ludiques. Le « ramassage en soixante-douze secondes » est un bon moyen pour transformer en jeu le temps consacré au rangement. Pour la toilette, mettez peut-être un peu plus de bain moussant, car plus il y a de mousse, plus on rit. Au moment de se mettre au lit, laissez votre enfant choisir l'histoire du soir. Tous ces stratagèmes ludiques fonctionnent, et les corvées en deviennent amusantes.

De plus grands projets se présentent aussi et, en les préparant assez à l'avance, nous pouvons nous assurer qu'en découlent également d'agréables souvenirs.

Ginger me raconte qu'elle a grandi dans le New Hampshire et qu'elle allait voir sa grand-mère et ses cousins tous les étés. Avec ses parents et son frère, ils remplissaient la voiture pour entamer un trajet de vingt heures à travers le pays, jusque dans l'Illinois, pour se rendre chez Mamie.

« Rétrospectivement, quel projet ! me dit maintenant Ginger. Vingt heures dans la voiture avec deux enfants en bas âge ! » Mais la famille avait ses rituels et, au final, chaque étape du voyage était attendue avec excitation.

Ils partaient à quatre heures du matin, « pour prendre une bonne longueur d'avance ». Quelle aventure d'être réveillé à trois heures et demie, alors qu'il fait toujours nuit et que le sommeil reste en suspens dans la fraîcheur régnant à l'extérieur ! « La voiture était chargée la veille au soir, explique Ginger, pour que nous n'ayons plus qu'à y monter et nous mettre en route. »

Des sacs de couchage et des oreillers avaient été installés sur la banquette arrière, et les gamins tout excités se pelotonnaient dans leur petit coin douillet et regardaient par la fenêtre le soleil se lever, annonçant une nouvelle journée.

« Aller chez Mamie, c'était un tel événement, a poursuivi Ginger. Elle cuisinait des cookies spécialement pour ses petits-enfants. Elle les rangeait tout en haut des étagères dans un pot à biscuits blanc. Elle vivait près du lac Michigan, où nous allions nager et jouer sur le sable. Son jardin était plein de fleurs, et nous adorions explorer la maison pour trouver les jouets de notre mère quand elle était enfant. Nous étions si impatients que nous pouvions à peine dormir à imaginer tout ce que nous allions découvrir. »

Les parents de Ginger, toujours attentifs à mener une vie saine, faisaient néanmoins une exception quand ils allaient chez Mamie : le premier jour, la famille s'arrêtait dans un fast-food pour le petit déjeuner, où tout le monde pouvait commander ce qu'il voulait. « Je prenais toujours des crêpes, me dit Ginger. Qu'est-ce qu'on était gâtés ! »

Tandis que le voyage se poursuivait, les arrêts sur le parcours dans des villes inconnues captivaient leur imagination. Ils s'arrêtaient au camping et y plantaient la tente la nuit venue ; après avoir extrait les sacs de couchage de la voiture, ils lisaient à la lueur des torches dans la pénombre. Le lendemain matin, la douche dans la cabine principale était rafraîchissante et originale dans cette construction en bois. « Tout dans ce voyage était tellement différent de la maison », se souvient-elle.

Bien qu'il durât deux longs jours, il semblait toujours passer très vite. Avec une nouveauté à chaque coin de rue, et la promesse de voir Mamie dans quelques heures à peine, les enfants appréciaient vivement le voyage. Pour briser la monotonie, leur mère organisait au cours du trajet ce qu'elle appelait « le moment du cadeau », en sortant de son sac un nouveau jeu ou un livre qu'elle passait à Ginger et à son frère, qui, sur la banquette arrière, découvraient avec excitation ce présent.

Après une semaine passée chez leur grand-mère, quand il était temps de prendre le long chemin du retour, elle leur offrait chacun un « sac de Mamie ». Des sachets-cadeaux décorés de Piggy la Cochonne et Kermit la Grenouille indiquaient s'ils étaient destinés aux filles ou aux garçons. Pour chaque heure que les enfants passaient dans la voiture, il y avait un petit cadeau. « Un par heure », disait Mamie en leur tendant leur sac.

« C'était comme de la magie, dit Ginger. Toutes les heures passées en voiture, nous pouvions sortir quelque chose du sac de Mamie. Il pouvait y avoir un petit sachet de M&M's, un jouet ou un jeu. Il pouvait s'y trouver un crayon spécial ou une plaquette d'autocollants. Cela nous donnait l'impression que les heures passaient plus vite. Quel mystère ! Ne pas savoir ce que nous allions en sortir ensuite nous dévorait, et la magie de Mamie se trouvait avec nous, là, dans la voiture. »

Autant que possible, nous devons enseigner à nos enfants que même les tâches les plus quelconques peuvent devenir source d'amusement. Les enfants adorent transformer en jeu les événements de tous les jours. En programmant un minuteur pour le rangement, en triant le linge propre en piles de « c'est à qui ? », en étant chargé d'essuyer la vaisselle ou de ranger l'argenterie – si nous pouvons rendre ces corvées amusantes, nos enfants y prendront part avec grand plaisir.

L'ÉLÉMENT AMUSANT

Exercice

Faites la liste des cinq activités que vous trouvez les plus rébarbatives.

1. ______________________________
2. ______________________________
3. ______________________________
4. ______________________________
5. ______________________________

Maintenant, à côté de chacune d'elles, essayer d'indiquer un moyen d'y intégrer un peu d'amusement. Par exemple, si l'une de vos activités rébarbatives est : « Aller à l'épicerie – mon fils m'y réclame plaintivement des bonbons », vous pourrez peut-être vous mettre d'accord pour aller choisir un petit cadeau ensemble, comme un nouvel aimant ou une autre petite babiole non comestible, du moment que votre enfant se comporte comme il faut, sans geigneries pour avoir des sucreries. Si vous y parvenez, vous serez tous deux récompensés par un sentiment de fierté, un autre voyage réussi au magasin à planifier pour la prochaine fois et un cadeau à anticiper.

LA VALEUR DE L'ARGENT

Peu de tâches sont plus satisfaisantes – ou essentielles – que d'inculquer à nos enfants la valeur de l'argent. Si vous adoptez une approche créative, cela peut aussi s'avérer très amusant. Un peu d'argent de poche donné chaque semaine et une tirelire, voilà par où commencer. Que ce soit un, cinq centimes ou un euro, chaque pièce de monnaie a sa valeur. Assigner des tâches qui permettent à vos enfants de se faire un peu de sous les aidera à comprendre l'idée que l'argent équivaut à un échange d'énergie. Toutes les tâches ne doivent pas impliquer de rémunération financière ; en tant que membres actifs de la maisonnée, les enfants doivent apprendre à donner un coup de main. Mais du liquide peut être une incitation précieuse quand les tâches à accomplir se situent à part et au-delà de l'appel du devoir. Si faire le ménage dans leur chambre et aider pour les courses peuvent être des responsabilités qu'on attendra d'eux naturellement, d'autres tâches, par exemple désherber le jardin, peuvent valoir une petite rémunération. Les sommes gagnées peuvent être épargnées jusqu'à ce que la tirelire commence un peu à peser. Une fois par mois, elle peut être vidée et les pièces comptées. « Tu vois ? Tu as assez d'argent pour t'acheter ce qui te fait plaisir. » Mettre de l'argent de côté pendant deux mois fournira suffisamment de liquidités pour acheter un jouet convoité, ou peut-être que votre enfant préférera continuer à économiser.

Quand elle n'achetait pas de fleurs, Domenica dépensait son argent dans des modèles réduits de chevaux. Sa copine Simone achetait des vêtements pour ses poupées. En apprenant à payer rubis sur l'ongle, les enfants apprennent à attacher de l'importance à chaque centime. Avoir leur propre argent leur donne un premier sentiment d'autonomie et les aide à être reconnaissants quand leurs parents dépensent de l'argent pour eux. L'argent entre, l'argent sort, les enfants apprennent à évaluer les bonnes affaires et, par la même occasion, à identifier ce qui est hors de prix et ce qu'ils ne peuvent se permettre. Il est important que les parents fixent avec justesse le montant de l'argent de poche ou de la rémunération pour une tâche accomplie. Trop d'argent reçu pour trop peu de travail est aussi préjudiciable que trop peu d'argent reçu pour trop de travail. Il est important de localiser des magasins où l'argent de poche de votre enfant aura un vrai pouvoir d'achat. Une épicerie ou un bazar feront très bien l'affaire. « Qu'est-ce que tu veux acheter aujourd'hui ? » pourrez-vous lui demander. Ne soyez pas trop découragé s'il vous répond : « Des M&M's. »

Bon nombre d'enfants encouragés à être créatifs disent avoir grandi avec très peu d'argent. Un de mes amis compositeur pratiquait sur un piano jouet jusqu'au jour où ses parents ont pu se permettre de lui acheter un piano d'occasion.

« C'est un vieux piano, mais il fonctionne, dit-il de l'instrument qui est toujours dans le salon de ses parents. Il est généralement désaccordé, et il a plein de défauts, mais comme je l'ai chéri quand ils l'ont acheté ! Je le chéris d'ailleurs encore aujourd'hui. J'ai écrit mes cinquante premières chansons sur ce piano. Je pratiquais des heures durant, déterminé à apprendre chaque accord du vocabulaire du jazz, pour pouvoir les jouer dans toutes les tonalités et les reconnaître à l'oreille, à point nommé. J'ai atteint ces objectifs. »

Mon ami a grandi dans une petite ville, en apprenant la musique avec « un vieux fou qui donnait des cours au magasin de pianos pour sept dollars l'heure ». Mais, tout comme son professeur, il était passionné. Il n'a pas eu besoin d'une salle de bal immaculée avec un piano Steinway pour apprendre les accords et écrire des chansons. Pendant le lycée, il n'a pas eu besoin d'aller au conservatoire pour acquérir des connaissances musicales. Son seul besoin, c'était de simplement se consacrer à sa passion. Aujourd'hui, mon ami a écrit plusieurs chansons pop à succès. Et il possède maintenant un magnifique piano.

« Lorsque j'ai commencé à gagner beaucoup d'argent, je me suis acheté un piano à queue », me dit-il. Pour lui, l'argent n'est plus un problème. « Cela m'a donné l'impression d'avoir dépensé une fortune, et j'ai adoré. Quel luxe d'entrer dans mon appartement à Manhattan et de voir cet instrument spectaculaire qui est tout à moi. Mais c'est vraiment ça… un luxe. Ce piano n'est pas une nécessité pour moi. Je peux composer une chanson à l'arrière d'un taxi ou dans le métro. Je fredonne une mélodie et l'enregistre avec mon téléphone, puis je l'écris une fois rentré chez moi. Apparemment, mes meilleures idées me viennent souvent quand je me trouve dans les endroits les plus banals. »

Mon ami compositeur me dit qu'il a ensuite rencontré des collègues qui avaient grandi dans des conditions plus privilégiées que lui. De son point de vue, c'est lui qui a eu l'avantage. « J'ai appris de mes parents qu'en travaillant dur, on pouvait atteindre son rêve. J'ai aussi appris que je pouvais écrire des chansons sur un clavier comme sur un piano. J'ai même appris à écrire dans ma tête. L'essentiel, c'est le désir d'écrire une chanson, pas la beauté de la pièce dans laquelle on l'écrit. En rencontrant à la fac des amis qui venaient d'un milieu fortuné, j'ai remarqué qu'ils semblaient moins heureux de leur activité, et surtout, qu'ils n'avaient pas gardé une âme d'enfant. Ils paraissaient si blasés qu'il n'y avait plus beaucoup de magie à leurs yeux. »

Quelles que soient les ressources financières des parents, ceux-ci peuvent encourager le talent artistique de leurs enfants. Faire de l'art ne coûte souvent presque rien. Il y a des moyens onéreux comme peu coûteux de poursuivre une éducation artistique. Si les parents souhaitent soutenir les véritables intérêts de leurs enfants en se renseignant sur les différentes options et budgets correspondants, la réussite est assurée, qu'il s'agisse d'une grande école mondialement reconnue ou que le professeur exerce chez le marchand de pianos du coin. Lorsque les parents dépensent judicieusement, en encourageant des valeurs artistiques nettes, plutôt que les apparences d'un style de vie artistique, les enfants apprennent à faire de même.

En leur montrant comment dépenser l'argent intelligemment et en leur donnant l'occasion d'en gagner – que ce soit de l'argent de poche en échange de corvées ou des récompenses plus importantes pour des tâches plus conséquentes –, nous leur permettons de comprendre qu'ils ont la capacité de gagner de l'argent et de faire des choix. En apprenant comment économiser et dépenser, ils apprennent à accorder de la valeur aux objets qu'ils désirent. « Est-ce que cela en vaut le prix ? » doivent-ils se demander quand ils ont juste assez pour s'acheter une seule chose. Faire le mauvais choix est également bon pour eux. Rentrer à la maison en regrettant de ne pas avoir acheté le même jouet que leur frère ou d'avoir laissé la poupée désirée au magasin les incitera à agir différemment la prochaine fois. Apprendre à dépenser en fonction de nos véritables valeurs – que ce soit l'argent de poche durement gagné ou l'argent consacré à l'éducation de nos enfants – est une compétence que nous devons tous perfectionner en tâtonnant. Commencer jeune est bénéfique ; ainsi, nous instillons une conscience de la prospérité – l'art de dépenser avec justesse – qui accompagnera nos enfants toute leur vie et contribuera plus tard à protéger leurs finances.

GAGNER DE L'ARGENT

Exercice

Pour connaître les joies de la planification à long terme, voyez si vous pouvez concevoir pour votre enfant un grand projet créatif à accomplir. À chaque étape mineure de sa progression (par exemple, pratiquer le violon pendant une heure), « créditez-le » de quelques centimes ou un euro, ou de toute somme qui vous paraîtra juste. Informez votre enfant qu'il ne pourra « encaisser son dû » qu'une fois atteintes certaines étapes majeures (après cinquante heures de pratique, par exemple). Ce défi ludique et motivant a fait des merveilles pour bon nombre de projets. Affichez fièrement un tableau que vous laisserez votre enfant décorer à sa guise et qui indiquera clairement l'objectif à atteindre et sa progression.

LE ROYAUME CULINAIRE

La nourriture tient une place importante dans le quotidien des familles et lors des grandes réunions familiales. Laisser nos enfants participer à cette activité « typiquement familiale » consistant à préparer le repas représente un signe de confiance et d'intérêt qu'ils apprécieront probablement mais qui leur fera également grand plaisir. En participant ainsi à la préparation, ils voient d'où vient le repas avant d'arriver dans leur assiette et reconnaîtront peut-être certains ingrédients qu'ils vous ont aidé à acheter, ou choisiront des légumes du jardin qu'ils auront peut-être eux-mêmes plantés. Les enfants s'investissent en apprenant à cuisiner pour eux-mêmes et pour les autres.

Dès deux ans, nous pouvons laisser nos bambins déchirer des feuilles de laitue pour la salade. Nous pouvons inviter nos jeunes enfants à mettre la table, en les laissant s'appliquer pour placer un couvert à la fois tandis qu'ils préparent avec soin la place de chacun. Nous pouvons encourager leurs efforts, et les laisser s'investir dans le repas à venir. « J'ai fait ça », annoncent-ils fièrement quand on passe la salade. « J'ai plié ces serviettes. » S'étant en quelque sorte approprié les plats servis et la manière dont on les sert, ils apprennent à respecter la nourriture et tout ce qu'il faut pour la préparer.

Katherine est une tante que sa douzaine de neveux et nièces va toujours voir avec le plus grand enthousiasme. Sa maison, avec son immense cuisine, s'impose naturellement comme lieu de rassemblement. Les membres de sa famille sont attirés autant par son attitude affectueusement hospitalière que par sa fabuleuse compétence de cuisinière. Disposant d'un vaste jardin, elle a souvent cultivé elle-même les fruits et légumes qui se retrouveront sur sa table.

« Je laisse les gamins m'aider dès l'âge de trois ans, dit-elle. Je les nomme chef des salades, sous-chef ou chef des desserts. Je les laisse choisir ce qu'ils veulent faire pour participer, puis je leur montre comment procéder dans le domaine qu'ils ont choisi. » J'ai observé Katherine en train de guider la plus petite, une beauté délicate aux yeux noisette, occupée à disposer des myrtilles, des fraises et des framboises dans des bols remplis de tranches moelleuses de génoise.

« Je suis la chef des desserts, m'a annoncé sa nièce.

— Je vois », ai-je acquiescé.

Katherine guide la menotte de sa nièce quand elle transfère à la louche dans chaque bol de la compote de framboise.

« Ça a l'air délicieux », ai-je fait observer.

Katherine fait couper les légumes par plusieurs des enfants plus grands. Leur technique m'impressionne, et je m'empresse de le lui dire.

« C'est la pratique », me répond-elle avec un grand sourire.

Sous mes yeux, sa petite armée prépare un grand repas de fête. La table est mise, la salade et les crudités sont prêtes, le pain est tranché, l'huile d'olive est vaporisée. Des fines herbes venant du jardin garnissent la salade et le poulet que son mari vient de sortir du gril d'extérieur. Je peux comprendre pourquoi la maison de Katherine est une destination privilégiée. La liberté habite sa cuisine. Ce qui est renversé est tout simplement nettoyé. Les collisions entre sous-chefs sont sujettes à rigolade. Et pour finir, la fierté de cet effort collectif est aussi prégnante dans l'atmosphère que l'odeur des plats aromatiques.

Au cours du dîner, son neveu le plus âgé parle avec tant de passion de l'huile d'olive italienne sur la table de Katherine que je lui demande s'il voudrait aller dans une école de cuisine ou étudier la cuisine d'une manière ou d'une autre. « J'aimerais bien, confirme-t-il, et je dois aller en Italie. C'est mon tout premier objectif. Je veux savoir d'où vient la meilleure huile d'olive du monde, et je dois y aller et les goûter toutes pour le découvrir. J'aimerais trouver l'huile d'olive que je jugerais parfaite pour la ramener aux États-Unis. Je pourrais même peut-être monter un petit commerce quand je quitterai l'école. » Je l'observais attentivement tandis qu'il parlait, en pensant qu'il se pourrait bien qu'il y arrive.

Katherine est une cuisinière hors pair, mais sa générosité est sans doute encore plus impressionnante. Dans sa cuisine règne un sentiment de sécurité et d'expérimentation. « Je souhaite qu'ils s'investissent dans la préparation du repas, dit-elle. Leur participation encourage la créativité et les bonnes manières à table. » Elle parcourt rapidement du regard ses plans de travail, où se trouvent des récipients ouverts et les traces de tout ce travail culinaire. « Cependant, ce processus peut engendrer un désordre monstre, dit-elle en souriant, alors les adultes doivent savoir d'emblée qu'ils devront laisser de côté leur esprit critique. »

Je ne peux qu'acquiescer, en pensant qu'elle vient de résumer en une seule phrase la raison pour laquelle j'ai voulu écrire ce livre.

Inviter votre enfant à se joindre à vous pour cuisiner lors de son temps libre après l'école contribuera à développer sa créativité. Les recettes simples sont les meilleures. Ma mère a appris à chacun de ses sept enfants les rudiments de la cuisine. Elle nous expliquait ce qu'elle était en train de faire : « Ce soir, nous allons préparer un gratin de thon. Les ingrédients sont du thon, des chips, de la soupe aux champignons et des petits pois. »

Elle nous montrait comment écraser les chips, en disposer une couche, étaler dessus le thon ainsi que la soupe aux champignons, avant d'ajouter les petits pois en boîte. Puis, une autre couche, et elle recommençait avec les ingrédients successifs. Finalement, elle ajoutait une dernière couche de chips écrasées et versait un peu de lait sur le gratin. Pendant qu'il cuisait au four à 180 °C (thermostat 6), il fallait mettre la table, ce qui pouvait aussi se révéler amusant. En plaçant les couverts du bon côté de l'assiette, en mettant les verres à droite, le sel et le poivre, le pain et le beurre, la confiture. Autant de tâches simples qui seraient récompensées de l'exclamation : « Bon travail ! » Le dîner servi, ma mère s'assurait toujours de féliciter ses chefs associés.

Dorothy a appris à ses enfants à préparer de bons petits plats. À mon tour, je l'ai appris à Domenica. C'est avec beaucoup de fierté qu'elle a un jour préparé une grande casserole de chili con carne pour nourrir son équipe de tournage. « Ils ont adoré, maman ! » m'a-t-elle dit, radieuse. Un gratin de thon allait suivre, accompagné d'une tarte aux cerises faite maison pour le dessert. La tarte était couverte de lanières de pâte en croisillons qui lui donnaient un air très chic. C'est à mes côtés que Domenica a appris comment faire une tarte – aussi élaborée soit-elle. Faire participer votre enfant à la préparation des repas recèle deux précieux avantages : au présent émerge un sentiment de fierté et pour l'avenir une promesse d'autonomie.

QUE CUISINER ?

Exercice

Que vous vous considériez comme un chef gourmet ou un cuistot totalement débutant, il y aura bien une recette que vous pourrez réaliser avec votre enfant. Choisissez un plat approprié pour vous deux, puis préparez-le ensemble, de A à Z – des courses au nettoyage. Laissez votre enfant participer et « être responsable » des étapes adaptées à son âge et à ses capacités. Remarquez ce sentiment d'être « davantage partie prenante » que vous ressentirez tous les deux lorsque vous apprécierez ensemble ce repas ou cette petite collation, et félicitez-vous du travail accompli.

Chapitre 7

CULTIVEZ LA CONSCIENCE DE L'AFFLUX

La créativité de nos enfants comprend deux pulsations : le flux et l'afflux. Le monde qui les entoure est enrichissant pour eux, et nous pouvons – et devons – prendre soin d'y sélectionner des stimuli positifs. Leur présenter diverses formes d'art (que ce soit de l'ébénisterie ou du dessin, faire de la musique ou écrire) leur ouvre des voies fertiles pour l'expression de soi. Afin de promouvoir une image positive des artistes, nous devons avoir clairement conscience de nos propres a priori concernant la créativité et prendre soin de transmettre des valeurs d'ouverture et de tolérance. En présentant à nos enfants des formes d'art très diversifiées, nous les aidons à former des passions et des opinions à mesure que se forme leur propre personnalité.

LES ARTISTES SONT…

Dès qu'il s'agit de la créativité de nos enfants, nous sommes nombreux à tomber dans des croyances inconscientes que nous entretenons peut-être au sujet des artistes. Il nous faut avoir la volonté d'examiner ces croyances négatives afin de ne pas les transmettre à notre insu à nos enfants en plein épanouissement.

Lorsque j'enseigne le déblocage créatif, l'un des premiers exercices que nous effectuons s'intitule « Archéologie ». Il permet d'examiner les croyances sur la créativité que l'on nous a inculquées dans notre enfance.

Voici ce que je dis à ma classe : « Complétez la phrase : “Ma mère pensait que les artistes étaient…” »

Dans la salle jaillissent les réponses, et ces réponses sont apparemment les mêmes quels que soient le pays ou la population à laquelle je m'adresse.

« Ma mère pensait que les artistes étaient bizarres ! » crie quelqu'un.

« La mienne pensait que les artistes n'avaient pas de vrai métier ! »

« Ma mère pensait que les artistes étaient des génies ! »

Puis je demande de compléter la phrase suivante : « Mon père pensait que les artistes étaient… »

« Mon père pensait que les artistes étaient tous fauchés. »

« Mon père pensait que les artistes n'auraient jamais de famille. »

« Mon père pensait que les artistes étaient les gens les plus importants du monde. »

En examinant les croyances que nous ont transmises nos parents, nous nous faisons une meilleure idée de celles que nous pouvons avoir nous-mêmes sur les artistes. Il y a également les idées reçues et suppositions sociétales plus générales à leur sujet.

La classe passe donc à cet autre exercice : « Complétez la phrase : "Les artistes sont..." »

Solitaires, fauchés, fous, égoïstes, brillants, célèbres, généreux... la liste est infinie. Les a priori négatifs ou positifs ne sont pas nécessairement vrais, et les deux peuvent être préjudiciables. Si les artistes sont en effet solitaires, fous, toxicomanes et instables, nous n'allons certainement pas nous précipiter pour devenir artistes – pas plus qu'y encourager nos enfants. En revanche, si les artistes sont célèbres, brillants, généreux, riches... eh bien, ces matins où nous nous réveillons en nous sentant célèbres, brillants, généreux et riches, nous avons sûrement tout ce qu'il faut – selon notre propre définition – pour être des artistes.

La vérité est beaucoup moins spectaculaire. Les artistes sont des personnes qui font de l'art, certains professionnellement, d'autres pour le plaisir. Certains sont célèbres, d'autres solitaires ; certains ont fait un mariage heureux, et d'autres sont célibataires. Comme dans toute profession, les artistes sont humains, avec une grande diversité d'expériences humaines.

Nous devons avoir conscience de nos croyances implicites lorsque nous parlons à nos enfants de la créativité. Chaque individu est créatif. Chaque enfant est en contact avec cette créativité et mérite d'être encouragé à suivre la voie de ses intérêts créatifs. Nous devons respecter la créativité en nous et chez les autres, comme la créativité en soi.

Un autre piège dans lequel peuvent tomber les parents, c'est d'avoir – et d'exprimer verbalement – des jugements à l'emporte-pièce sur leur propre créativité.

« Je ne suis pas très créatif », nous surprenons-nous à dire quand nos enfants nous demandent d'inventer une histoire ou de leur montrer comment dessiner un chien.

« Je n'ai pas beaucoup de sens artistique », disons-nous avec désinvolture quand ils nous implorent d'aller au magasin de fournitures d'art et demandent des conseils pour choisir quelle peinture acheter.

Chacun de nous est créatif. La créativité est l'ordre naturel de la vie. Quand nous disons à nos enfants que nous ne sommes pas créatifs, ils en concluent qu'il y a des gens « dépourvus de créativité », ce qui est on ne peut plus faux. Une fois en possession de cette (dés)information, ils ne tarderont pas à se l'appliquer à eux-mêmes. Vous avez de la créativité. Votre enfant aussi. L'encourager chez l'un comme chez l'autre ouvre la porte au bonheur, à de meilleures relations avec soi, les autres et le monde, et, oui, à un accroissement de vos performances et capacités dans d'autres domaines.

Faites bien attention à ce que vous dites quand vous parlez des artistes à vos enfants, comme quand vous réagissez face à leurs créations artistiques, ainsi qu'en discutant des vôtres.

Vous n'avez pas à être un peintre professionnel expert en techniques à l'huile pour aider vos enfants à apprécier la peinture. Les laisser faire des expériences avec une palette d'aquarelle est un signe de confiance et d'encouragement. Vous autoriser à y participer en est un autre d'autant plus fort. Vous n'avez pas à peindre un chien parfait. Vous pouvez en peindre un plutôt raté en rose fluo parce que, secrètement, vous aimez le rose fluo, et votre enfant s'en portera d'autant mieux – tout comme vous, je vous le prédis. Du moment que vous avez la volonté de dire : « Ça a l'air marrant. J'aimerais aussi essayer », votre enfant prendra exemple sur votre ouverture d'esprit, votre entrain et votre optimisme.

BRISEZ LE MYTHE

Exercice

Complétez dix fois la phrase suivante :

Les artistes sont ________________________________

Relisez vos réponses. Croyez-vous que les artistes sont fous, fauchés, négatifs ? Croyez-vous qu'ils sont puissants, brillants et sympas ? Ne jugez pas vos réponses. Il s'agit simplement d'un exercice révélateur. En prenant conscience des mythes que vous entretenez sur les artistes, vous serez plus à même de transmettre positivement à votre enfant la valeur de la créativité.

LIRE

Faire la lecture aux enfants – et lire avec eux – est l'une des activités parentales traditionnelles qui a le mieux traversé les âges. En remontant à notre propre enfance, nous nous souvenons, pour la plupart, d'un livre préféré et du moment où l'on nous en faisait la lecture. En suivant sur la page, au fur et à mesure, nous avions fini par constater que les lettres formaient des mots et que – voilà ! – lire était une activité que, nous aussi, nous pouvions apprendre. Les histoires que nous préférions dans notre enfance restent en nous, annonçant souvent nos futurs centres d'intérêt, et nous influençant même bien plus qu'il n'y paraît. Inscrits peu à peu dans notre subconscient, les messages contenus dans ces livres se nichent profondément dans notre psyché, formant nos valeurs et affinant nos centres d'intérêt.

Le rituel ancestral de la lecture du soir contribue à faire de la chambre à coucher un lieu spécial. L'imagination de vos enfants prend son envol lorsque, chaque soir, vous leur lisez une histoire.

« C'est l'heure de l'histoire, s'exclamait ma mère en menant la marche en direction de la chambre. Mettons d'abord nos pyjamas. »

Il était alors temps de se lancer dans une histoire adorée – *Petit Toot* ou *Les Œufs verts au jambon*.

« Hop ! Au lit, maintenant ! » nous intimait-elle avant de prendre place à côté du lit.

La lecture n'a pas à durer longtemps. Ce qui est important, c'est la régularité de ce rituel chaque soir.

Chez les Cameron se trouvait la série complète des livres *My Book House*, une anthologie en douze volumes de la littérature pour enfants, regroupant des poèmes, de la mythologie, des contes de fées ou populaires, tous merveilleusement illustrés.

« C'est toujours un plaisir d'accueillir un enfant Cameron, avait fait observer sœur Carl, notre professeure préférée. Votre mère fait avec vous du très bon travail. Vous êtes déjà instruits. »

Notre mère lisait tous les soirs une histoire de l'un de ces volumes, en commençant par *Les Contes de ma mère l'Oye* pour arriver à *Beowulf*. En plus de *My Book House*, elle nous lisait Marguerite Henry : *Misty of Chincoteague, Sea Star, Brighty of the grand canyon*, entre autres. Avec le temps, nous avons appris que les mots exprimaient des idées. P-O-N-E-Y équivalait à « poney » ; B-A-L-L-E équivalait à « balle ». La lecture du soir était pleine de promesses. Nous en réclamions toujours davantage. Mais notre mère limitait le rituel de la lecture à quinze minutes – une durée de temps parfaite pour le parent comme pour l'enfant. Bien que nous n'ayons appris à lire qu'à notre entrée à l'école, nous avions saisi la notion de lecture – que les mots sur la page s'accumulaient pour devenir des histoires complètes – grâce à cette routine, tous les soirs au moment d'aller se coucher.

Avec le temps, nous sommes tous devenus d'avides lecteurs. Dans notre couloir près du placard à manteaux dans l'entrée se trouvaient deux grilles de chauffage sur lesquelles nous nous allongions à plat ventre avec un livre incliné devant nous sur le tapis. Avec des étagères de livres débordant d'histoires pas encore lues et une bibliothèque au bas de la rue, un vaste monde s'ouvrait à nos esprits curieux. À ce jour, mes six frères et sœurs et moi-même comptons encore la lecture parmi nos plus grands plaisirs. Nous avons tous en permanence un livre ou deux en cours de lecture. Plusieurs d'entre nous sont maintenant écrivains, et nous considérons tous la littérature comme l'une des passions les plus inspirantes.

« Cela me surprend combien de fois ma fille de trois ans veut relire les mêmes livres, dit Hank. Quand nous en terminons un que nous avons lu des centaines de fois, elle dit immédiatement : "Encore !" » C'est comme de revoir un vieil ami : nos enfants adorent entendre encore et encore leurs histoires préférées. C'est excitant pour eux de savoir ce qui va se passer. Ils apprennent à connaître une œuvre d'art, à maîtriser ses complexités. Ils font l'expérience de l'enthousiasme de la connaissance.

« La lecture est l'activité qui m'a liée à ma meilleure amie, dit Sissy, à présent conseillère gouvernementale hautement qualifiée. Je viens d'une grande famille, tout comme mon amie Sarah. Toutes deux, nous étions plus sérieuses que les autres, et pendant que nos frères filaient à toute vitesse sur leurs vélos, grimpaient aux arbres et se jouaient des tours, Sarah et moi, nous emportions nos livres sur le toit de la grange, pour nous y plonger là où personne ne pourrait venir nous embêter. Nous avons passé là-haut des étés entiers, et bien qu'il y ait eu de longues périodes de temps où nous lisions, côte à côte, parlant très peu, cette expérience nous a liées à vie. À ce jour, nous sommes toujours là l'une pour l'autre. Ces étés m'ont appris que ce n'était pas grave d'aimer lire et que je n'étais pas seule. Pour ainsi dire, Sarah est toujours assise à côté de moi quand je lis. »

Vivant à présent à plusieurs États de distance, Sissy et Sarah prennent régulièrement des nouvelles l'une de l'autre, et leur amitié est aussi solide que quand elles grimpaient sur le toit de la grange à dix ans, les sacs à dos bourrés de livres empruntés à la bibliothèque.

« Je ne sais combien de gens peuvent encore dire qu'ils sont toujours proches de leur meilleur ami d'enfance, fait remarquer Sissy, mais je pense que lire côte à côte a contribué en grande partie à ce lien d'amitié aussi inaltérable entre Sarah et moi. »

La lecture nous relie aussi aux autres de manière virtuelle. Nous brisons notre isolement quand nous lisons, en nous connectant aux histoires et aux idées que nous n'avons pas encore rencontrées. Il y a de la complicité dans la lecture, et un sentiment d'expansion de notre propre expérience. Même lorsque nous lisons seuls, les personnages de l'histoire ou la voix narrative de l'auteur nous tiennent compagnie. En lisant, nous ne sommes jamais seuls. En partageant des expériences par la lecture, nous nous raccordons à quelque chose de plus vaste. En nous raccordant à quelque chose de plus vaste, nous avons davantage de place pour déployer nos ailes.

LIVRES ADORÉS

Exercice

Quel était votre livre préféré dans votre enfance ? Retrouvez-vous les thèmes de ce livre dans votre vie et vos valeurs actuelles ? Pouvez-vous donner ce livre à votre enfant ?

Ensuite, choisissez un livre que vous aimeriez lire maintenant, mais que vous pensez ne pas avoir le temps de lire. Lorsque votre enfant lira seul, qu'il soit tout juste assez grand pour tourner les pages d'un livre d'images ou d'âge plus avancé pour lire en silence tout seul, faites-vous plaisir en vous accordant quelques minutes pour lire votre livre. Vous vous connecterez l'un à l'autre grâce à cette activité commune, et, en compagnie l'un de l'autre, vous partagerez ce moment de tranquillité « ensemble mais chacun de votre côté ».

LA MUSIQUE

Que nos enfants montrent une passion pour la création musicale ou qu'ils préfèrent simplement écouter la musique, nous pouvons les encourager à être ouvertement musiciens en jouant tous les styles à la maison, et en encourageant chaque membre de la famille à suivre ses propres goûts. John et Matthew, deux frères, ont grandi dans une maison remplie de musique. Leur mère enseignait le piano et leur père jouait en amateur de la trompette, réveillant souvent la maisonnée par tout un « festival » à cinq heures du matin. Ils assistaient régulièrement à des concerts classiques donnés dans leur petite ville par l'orchestre local, et les sonorités folks des disques de Judy Collins et Peter, Paul and Mary, envahissaient fréquemment la maison. Tous les samedis matins, leur père sortait son album favori, *A Night at the Opera*, de Queen, et le faisait retentir dans toute la maison pendant qu'il effectuait les tâches ménagères hebdomadaires du samedi. Leur mère levait les yeux au ciel au volume des décibels, mais les garçons, qui appréciaient vivement la passion pour le rock de leur père, en vinrent même à développer une grande admiration pour Queen.

Les deux frères avaient commencé très tôt à étudier le violon Suzuki. On leur avait enseigné les rudiments de la musique, et tous deux y excellaient. Alors que Matthew a persisté dans la voie classique sérieuse jusqu'au troisième cycle universitaire, John a commencé à s'intéresser à d'autres styles dès le cours élémentaire. Même s'il étudiait le violon classique, il passait des heures dans sa chambre à écouter du jazz, du rock et du funk. Il a commencé à déchiffrer les diverses progressions d'accords et, bientôt, s'est joint à un groupe. Les parents avaient été clairs : pratiquer était non négociable, mais à part ça, ils laissaient leurs fils suivre les voies musicales de leur choix.

« Mes deux fils étaient très doués pour la musique, c'était évident dès leur plus jeune âge, dit leur mère. J'ai voulu encourager leurs centres d'intérêt pour que leurs talents se développent. Et même si j'étais tout excitée qu'ils aient apparemment tous les deux la passion et des talents innés, il était plus important qu'ils apprennent la valeur du dur labeur avant tout. De la discipline est nécessaire pour maîtriser tout instrument. Et du fait que la musique leur est venue facilement à tous les deux, cela impliquait vraiment la responsabilité de travailler encore plus dur. Je ne crois pas qu'avoir la chance d'être talentueux signifie que l'on puisse en faire le minimum. Je pense que cela requiert plutôt d'en faire davantage. Plus le potentiel est grand, plus on doit travailler dur pour essayer de l'accomplir. »

En grandissant, ses deux fils sont entrés dans la vie active comme musiciens professionnels. Matthew, après avoir obtenu sa licence en performance au violoncelle classique, a décidé que la musique pop lui parlait davantage et, vers vingt ans, il s'est mis à écrire. Aujourd'hui, ses chansons passent sur les ondes. John a poursuivi quant à lui dans la direction des concerts, et a participé à des tournées avec plusieurs groupes. Récemment, il a ouvert son studio d'enregistrement.

« Il assure vraiment, dit Matthew à propos du savoir-faire de son frère en matière d'enregistrement. Et je suis quasiment sûr que ça s'est développé dans sa chambre quand il avait dix ans, en mettant sans arrêt ces disques de jazz. Il apprenait à écouter. »

Apprendre à écouter est la partie la plus importante dans l'étude de la musique, et il faut absolument lui donner une place dans la vie de nos enfants. En écoutant avec admiration le nouvel accord qu'ils viennent de maîtriser à la guitare, nous leur donnons confiance pour en apprendre d'autres. En les félicitant pour leur dur travail, nous les encourageons à continuer à travailler dur. En musique, comme dans toute forme d'art, la pratique est nécessaire pour évoluer. Encourager leur pratique et leur participation leur donne la motivation pour explorer toutes ces voies musicales à disposition.

Heather, actrice à Broadway et chanteuse, me parle de son propre foyer très amateur de musique.

« Dès mon plus jeune âge, il était évident que j'avais des prédispositions pour la musique. Lors de la célébration de mon deuxième anniversaire, on a dû m'entraîner hors de la "scène" improvisée dans le salon parce que je n'arrêtais pas de chanter les ABC dans mon micro clignotant en plastique. Quand j'ai eu cinq ans, ma mère m'a inscrite à des cours de piano, et alors même que tout ce que je voulais faire, c'était de jouer la musique de *La Petite Sirène* et de *La Belle et la Bête*, j'ai fait du piano et j'ai commencé d'acquérir les bases de l'interprétation et de la théorie musicales. Quand le cours moyen première année s'est présenté et que nous avons pu choisir l'instrument dont nous voulions jouer, en groupe ou dans l'orchestre, j'ai choisi la flûte. J'y suis restée fidèle, comme au piano, jusqu'au lycée, ce qui m'a donné une longueur d'avance par rapport à d'autres chanteuses quand j'ai entrepris mon diplôme de musique en fac. Ma mère m'avait aussi inscrite dans un cours de comédie musicale quand j'avais huit ans, ce qui a amorcé toute cette spirale dans le domaine théâtral. En résumé, mes parents ont reconnu ce qui m'intéressait dès mon plus jeune âge et se sont assurés que tout se concrétise comme il faut pour m'aider à transformer mes passions en talents. Jamais ils ne m'ont donné l'impression que je devais avoir un "plan de secours", m'insufflant plutôt l'idée que je devais avoir confiance en mes compétences, ce qui m'a remarquablement servie dans cette carrière où les rejets sont légion. Mes parents ont toujours cru en moi, ce qui m'a aidée à prendre confiance en moi. »

En examinant l'histoire d'Heather, nous pouvons constater que ses penchants pour le spectacle laissaient nettement présager sa carrière à Broadway. Difficile d'imaginer cette actrice et chanteuse exceptionnelle en train de changer de voie. Mais si l'on analyse son histoire, ce sont les encouragements de ses parents qui ont contribué à développer ses dons. Bien trop souvent, on fait honte aux enfants lorsqu'ils chantent trop fort, lorsqu'ils ont une personnalité qui « prend trop de place », ou pour « avoir fait du boucan au piano » quand l'un des parents essaie de lire le journal ou de regarder la télévision. En permettant aux dons et aux intérêts de nos enfants de se développer, où qu'ils se situent, qu'ils soient similaires aux nôtres ou pas, nous leur offrons la chance de devenir eux-mêmes. Pour certains d'entre nous, la musique est une passion à cultiver. Pour d'autres, elle fait partie intégrante de la vie, et il n'y a aucun mal à cela. La présence de la musique dans une vie – que ce soit en écoutant l'autoradio ou en chantant à l'église – est précieuse. Il n'y a pas de bonne ou de mauvaise réponse à la question : « Quelle est votre style de musique préféré ? » La bonne question – « Quelle musique aimez-vous ? » – obtiendra une réponse toujours pertinente et toujours différente.

ÉCOUTEZ

Exercice

Que ce soient avec des CD, iTunes, la radio ou tout autre système de votre choix, écoutez des styles de musique très différents avec votre enfant. À chaque morceau, demandez-lui ce qu'il en pense et ce qu'il ressent. Apportez-lui toute connaissance que vous avez sur le sujet – même si ce n'est presque rien. Une rapide recherche sur Google peut vous apprendre que Beethoven a composé sa Neuvième Symphonie il y a très longtemps, alors qu'il était devenu complètement sourd. Vous pourrez apprendre qu'Alicia Keys a étudié le piano classique avant de sortir son premier album de rhythm'n'blues, *Songs in A minor*. La leçon peut être minime. L'idée, c'est de proposer à votre enfant, sans aucun jugement, de découvrir différents styles de musique ou diverses périodes musicales. Laissez-le apprécier tout ce qui lui fera plaisir. Il n'existe pas de « mauvais » genre de musique.

FAIRE PARTIE DU PUBLIC

Nous enseignons à nos enfants à chérir la créativité en la chérissant nous-mêmes, comme nous leur enseignons à respecter l'acte créatif en le respectant nous-mêmes. Cela signifie que nous donnons l'exemple, non seulement en pratiquant nous-mêmes l'art, mais aussi en appréciant les créations artistiques des autres. Nous pouvons commencer par les films. Bon nombre sont réalisés pour divertir les enfants. Nous pouvons y assister, avec enfant à notre suite et gros pot de pop-corn à partager, en anticipant la tranquillité de regarder l'œuvre ensemble. Bien vite les enfants apprennent que les films représentent des moments de tranquillité, les yeux rivés sur l'écran. En choisissant avec soin les films, nous apprenons ce qui intéresse nos enfants et ce qui retient leur attention. Aucun enfant n'est pareil à un autre, et leurs inclinations peuvent s'avérer surprenantes. Si un film est « trop adulte », ils risquent de se mettre à gigoter d'impatience ou à avoir peur. Devant un scénario « trop enfantin », ils seront agacés qu'on s'adresse à eux comme à des bébés. Si nous nous sommes trompés et devons annuler la sortie en quittant la salle en plein milieu de la projection, ce n'est pas la fin du monde. Nos enfants apprennent l'art du discernement.

Je raconte souvent cette anecdote : j'avais emmené Domenica, encore assez jeune, voir un film que je pensais être un peu trop complexe pour son âge. Des titres plus appropriés avaient paru l'ennuyer, j'avais donc décidé d'essayer celui-là. Elle est restée assise à côté de moi, sans prononcer un seul mot durant toute la projection. Dans sa main, le sachet de M&M's était resté intact. Elle était totalement absorbée par ce qui se passait sur l'écran.

Quand nous sommes sorties, je me suis tournée vers elle, voulant savoir ce qu'elle pouvait penser de ce que nous avions vu. L'avais-je emmenée voir quelque chose qui pouvait l'avoir perturbée ? Était-elle juste un peu trop jeune pour l'histoire à laquelle nous venions d'assister ? Quand je lui ai demandé son opinion, elle m'a regardée pensivement.

« C'était juste bien, a-t-elle répondu. Vraiment, je ne pense pas qu'ils auraient dû tuer le mari hors champ. »

J'ai éclaté de rire et lui ai dit que j'étais d'accord. Je ne lui ai pas dit que la plupart des enfants de sept ans n'auraient sans doute pas fait ce genre de réflexions. Il est possible qu'elle ait hérité cet aspect de son père[1], réalisateur de film, comme une passion qu'elle côtoyait depuis la naissance, mais quoi qu'il en soit, je l'ai laissée s'exprimer. Nous sommes allées voir bien d'autres films ensemble au fil des ans, et je ne cesse de trouver instructive sa perspicacité.

Une fois que nos enfants ont maîtrisé l'art d'assister tranquillement à un film, avec leurs observations et questions laissées en suspens et reportées à plus tard, il devient peut-être excitant de poursuivre en allant voir des spectacles « vivants ». Le théâtre, c'est cher, mais le répertoire est vaste, et en choisissant avec soin, les dépenses sont plus qu'amorties. Le spectacle haut en couleur et les chansons entraînantes du *Roi Lion* en font l'un de mes choix favoris. L'histoire est plutôt simple à suivre, et le méchant plutôt facile à détester. Si Broadway est hors de portée, et c'est le cas pour la plupart d'entre nous, les journaux locaux suggèrent des spectacles pour enfants. Une expédition pour aller voir *Casse-Noisettes* ou une visite pour voir *Mary Poppins* dans une ville voisine gagneront sans doute à être préparées avec soin. En présentant aux enfants à la maison les personnages qu'ils verront sur scène, leur intérêt respectueux sera garanti. De même, il sera judicieux de les familiariser avec la musique qu'ils vont entendre. Vous pouvez télécharger sur iTunes l'album de la distribution originale avant d'assister

1 Le père de Domenica est Martin Scorsese.

au spectacle en direct, que ce soit une représentation d'une tournée nationale ou d'une troupe de théâtre locale.

J'ai grandi au son des mélodies de Rodgers et Hammerstein, bien que je n'aie vu leurs spectacles qu'à un âge plus avancé. Ma mère excellait à susciter un énorme enthousiasme. Lorsque Rodgers et Hammerstein ont réalisé une émission de télé spéciale *Cendrillon*, notre mère s'est assurée que nous soyons tous scotchés au poste.

Ma meilleure amie, Lynnie Lane, a été une brillante chanteuse. Sa mère lui avait offert les albums de la distribution originale de tous les spectacles de Rodgers et Hammerstein. À son tour, elle a passé le message en me les chantant. Je me souviens encore du frisson d'excitation en entendant son interprétation du chant de Noël *Climb Every Mountain*. En écoutant Lynnie, j'ai appris que le silence est d'or. Elle m'a entraînée à être un bon public, ce que j'allais à mon tour enseigner à ma fille, Domenica.

Nous enseignons à nos enfants à être bon public aussi en étant pour eux un public. Lorsqu'ils nous relatent une histoire ou nous présentent une œuvre d'art, notre accueil chaleureux les encourage à continuer à se faire plaisir dans cet élan à partager. Apprécier leurs efforts les pousse à se donner davantage. En nous installant pour apprécier le spectacle sans jugement ni « correction », sans la moindre tentative d'« améliorer » leurs impulsions naturelles, celles-ci grandissent d'autant plus.

Mon amie actrice Heather me raconte ses premières représentations à domicile : « Quand j'avais dix ans, nous avons fait une extension à l'arrière de la maison, ce qui voulait dire qu'il y avait tous les jours des ouvriers partout chez nous. Sans faillir et sans la moindre inhibition, je rentrais chaque jour de l'école, prenais mon goûter, puis m'asseyais au piano pour me mettre à jouer et à chanter à pleins poumons. Je ne peux qu'imaginer ce qu'en pensaient ces ouvriers. Probablement que c'était bien mignon, hilarant et aussi sacrément *pénible*. Ma maman, qui était mère au foyer, ne m'a jamais dit une seule fois d'arrêter ni ne m'a fait me sentir embarrassée. Je n'avais pas la moindre idée que tout le monde ne faisait pas la même chose dans notre ville. »

En tant que public, nous recevons ce qui nous est donné. Si nous le recevons courtoisement, nos enfants suivent notre exemple, apprenant ainsi eux-mêmes à recevoir avec courtoisie, ainsi qu'à donner avec générosité.

DANS LE PUBLIC

Exercice

Laissez votre enfant vous donner un spectacle ou vous proposer une activité artistique. Voyez si vous pouvez nommer une qualité spécifique que vous avez appréciée dans ce qu'il a fait. Plus vous serez précis, mieux ce sera.

Prévoyez ensuite de l'emmener se joindre au public d'un événement local. Cela peut être un concert du lycée ou du collège, une exposition, un film ou une pièce de théâtre, comme vous voulez. Après l'événement, demandez à votre enfant de mentionner ce qui spécifiquement l'a amusé ou ce qu'il a apprécié, et laissez-vous surprendre ou fasciner par sa réponse.

RACONTER UNE HISTOIRE

Nous revivons notre propre histoire lorsque s'écrit celle de nos enfants. Partager avec eux nos livres et souvenirs préférés nous relie à notre passé, à notre présent et à notre avenir. Notre histoire familiale et notre culture communes constituent des éléments importants de leur identité, et en leur présentant notre milieu et nos origines – qui sont aussi les leurs –, nous leur fournissons un contexte et une structure grâce auxquels développer leur propre identité.

Nos enfants sont susceptibles d'inventer des histoires « pour faire croire », et nous pouvons aussi les encourager à raconter des récits autobiographiques, même s'il s'agit simplement de relater un drôle d'incident lors de leur journée à l'école. L'important, c'est de les encourager à raconter des histoires, ce que nous faisons tout d'abord en les y invitant, puis en les écoutant.

Nous aussi, nous pouvons leur raconter des histoires, quoique devoir en inventer soit peut-être intimidant pour certains. Il faut avant tout se souvenir, lorsque nos enfants nous demandent de leur « raconter une histoire », que celle-ci n'a pas besoin d'être « bonne ». Tout ce qu'il y a à faire, c'est nous lancer et essayer. Nos enfants peuvent participer – nous pouvons leur demander ce qu'ils pensent qu'il va se passer ensuite. Nous pouvons nous servir d'accessoires, en racontant une histoire au sujet de leurs peluches ou de leurs jouets. L'essentiel étant, une fois notre ego mis de côté, d'avoir la volonté de commencer.

Mon ami et collègue Tyler enseigne depuis de nombreuses années comment raconter des histoires. « Selon moi, raconter implique qu'il n'y ait pas de support écrit, me dit-il. Il y a quelque chose de spécial dans cet art à une époque où le texte est omniprésent – dans les livres, les films, YouTube. Nous sommes comme obsédés par le fait de tout enregistrer de manière permanente ; or, la magie d'une histoire racontée c'est que ça ne se passe pas comme ça. L'histoire n'existe que le temps d'un instant, entre le conteur et son public. »

De la même manière qu'une représentation théâtrale et contrairement à un film, une histoire sera légèrement différente à chaque fois, et il y a toujours l'éventualité de l'inattendu. Avec un public en direct, que l'histoire soit improvisée ou la reprise d'un classique, l'expérience pour le public et le conteur est chaque fois renouvelée.

La narration d'une histoire s'apparente à un voyage à rebours dans le temps. Depuis que les premiers humains se sont assis autour d'un feu, on partage des histoires. Transmises d'une génération à l'autre, les histoires sont comme un lien ancestral qui nous relie à notre passé et à notre avenir. Les enfants adorent les histoires issues de l'enfance de leurs parents ou relatant les aventures de leurs grands-parents ou de leurs arrière-grands-parents.

« C'est une envie irrépressible, primale, reprend Tyler. En définitive, c'est une question de sécurité. À chaque fois. Même en remontant à l'époque des hommes des cavernes – disons que tu en es un et qu'un autre te raconte que des baies qu'il a mangées l'ont rendu malade, tu n'en mangerais probablement pas. Raconter des histoires permettait de protéger ta tribu. »

Dans la tribu que représente notre famille, raconter des histoires opère une magie similaire. En prenant le temps de parler – et d'écouter –, nous nous relions les uns aux autres. Nous pouvons être deux dans la même pièce, occupés durant des heures sur nos ordinateurs portables. C'est une forme de compagnie, certes, mais globalement, ici, la relation se passe avec l'écran plutôt qu'avec l'autre. Raconter une histoire, c'est tout l'inverse. L'histoire nous relie en tant qu'humains d'une manière plus primordiale et fondamentale. Certains des meilleurs récits ne sont que des conversations. Étant chacun mi-conteur, mi-auditeur, les deux interlocuteurs sont actifs.

En partageant, nous nous relions les uns aux autres. En partageant, nous nous définissons nous-mêmes. En racontant une histoire, nous nous l'approprions. En encourageant les autres à faire de même, nous les encourageons dans leur évolution et leur indépendance, tandis qu'ils parlent d'eux et de leur expérience.

Kiera, actrice, adore raconter des histoires à sa nièce de trois ans, Sondra, qui s'imprègne avec émerveillement de ces récits. Kiera a passé plusieurs années à jouer dans un théâtre pour enfants ainsi qu'à faire des improvisations comiques, et lors de ses fréquentes visites, ses histoires sont attendues par Sondra avec impatience.

« Je l'éduque actuellement aux histoires classiques, dit Kiera, pensive. C'est mon projet du moment. Il faut qu'elle les connaisse toutes. » En racontant un jour à Sondra l'histoire de Peter Pan, Kiera a joué tous les rôles, et Sondra s'est mise à rire hystériquement en entendant les nombreuses voix et tous les accents que pouvait imiter Kiera. En lui expliquant que la « poudre de fée » indiquait que la Fée Clochette se trouvait à proximité, Kiera a dit à Sondra d'ouvrir l'œil après son départ si elle voulait la voir.

Le lendemain, elle a reçu un appel de la mère de la petite fille.

« Pendant que je lui servais son petit déjeuner, elle n'arrêtait pas de désigner du doigt une tache dans un coin au plafond. J'ai fini par comprendre qu'elle voulait me dire que la Fée Clochette était là, tout près. Quand j'ai regardé ce qu'elle me montrait, c'était une petite tache de lumière qui filtrait des stores. J'ai cru bon de te le dire.

— Dis-lui surtout que c'était bien la Fée Clochette », a répondu Kiera en riant. Ses histoires ont éveillé l'imagination de Sondra qui, incitée à se mettre en quête de la magie, continuera à la trouver dans tout son univers.

Nul besoin d'être un professionnel de la scène ou de l'improvisation pour raconter des histoires à nos enfants. Leur fournir une simple matière première – l'idée – suffit à déclencher leur foisonnante imagination.

« J'adore les contes de fées, dit Lillian. Quand j'étais enfant, j'étais fan des frères Grimm et des vieux films de Disney. Et devinez quoi ? Ma fille va également les connaître. Nous verrons si elle en raffolera autant que moi, mais pas question qu'elle n'en entende jamais parler. »

Lillian raconte tous les soirs une histoire à sa fille avant qu'elle aille se coucher. Parfois, c'est une histoire connue, d'autres fois, elle l'invente elle-même. « Inventer des personnages qui pourront amuser mon enfant est aussi marrant pour moi, dit-elle. Et plus je raconte d'histoires, plus je me sens à l'aise pour en raconter. Cela devient plus facile, que j'invente un conte de fées ou que je fasse part à ma fille d'une de mes aventures quand j'avais son âge. Les histoires n'ont pas à être parfaites. »

Le temps de l'histoire peut servir à faire passer quelques leçons. Nos personnages peuvent vivre et apprendre, tout comme nos enfants en nous écoutant. Ces derniers ont souvent eux aussi des histoires à raconter. Notre mission consiste tout simplement à les écouter poursuivre l'histoire commencée depuis bien longtemps avant nous.

ÉCOUTEZ

Exercice

Essayez de raconter une histoire à votre enfant. Cela peut être à propos de tout et n'importe quoi, long ou court. Si vous n'arrivez pas à trouver de thème, demandez à votre enfant de vous en souffler un. Peut-être que ça parlera de la fleur sur le rebord de la fenêtre ou du chien à vos pieds. Peut-être de la vie fictive du voisin de l'autre côté de la rue ou du client à l'épicerie. Tout fera l'affaire.

Quand vous aurez terminé, demandez à votre enfant de vous narrer à son tour une histoire. Et écoutez vraiment ce qu'il a à raconter. Avait-il plus à dire que vous ne l'auriez cru ? Et vous ?

Chapitre 8

CULTIVEZ LA CONCENTRATION

Quand nous sommes créativement actifs, nous sommes dans l'instant. Quand nous sommes dans l'instant, nous sommes ouverts et concentrés. Il existe bien des façons d'améliorer la concentration, que ce soit la nôtre ou celle de nos enfants. Avec la technologie comme distraction quasi permanente, nous devons d'autant plus veiller aux éléments essentiels qui soutiennent notre vie et celle de nos enfants : une bonne nutrition, de l'activité physique, un sommeil reposant et la santé spirituelle. Avoir un esprit sain dans un corps sain mène à une concentration saine et, en apprenant à se concentrer, nos enfants seront en mesure – c'est plus que probable – de créer un ensemble cohérent d'œuvres et de jeux, dans la joie.

L'ÉPIDÉMIE DE LA TECHNOLOGIE

Rien ne peut remplacer l'imagination humaine. Nous pouvons inventer des histoires et intrigues amusantes – du moins, si l'on nous accorde le temps et l'espace mental pour ce faire. Bien trop de foyers, cependant, sont envahis par tout un attirail technologique. Que ce soit la radio ou la télévision, l'iPhone ou l'iPad, l'ordinateur ou toute nouvelle forme de jeu vidéo, nos enfants sont submergés par toutes ces distractions high-tech.

Timothy est accro à des jeux vidéo à la bande-son bruyante et aux scénarios violents. Il élimine ses ennemis à coup d'explosions abrutissantes. Son unique objectif est d'en sortir vainqueur, immergé entre tirs de mortier et mutilations. Connie a un DVD favori. Elle implore sa mère de le passer « juste encore une fois ». On peut, sans exagérer, dire qu'elle en est dépendante. Sa mère a des appréhensions, qu'elle garde pour elle-même. Après tout, se dit-elle, le DVD est pédagogique. Pour de nombreux parents, la prolifération de ces « gadgets » équivaut à avoir moins de temps pour une interaction significative avec leurs enfants. Saturée par la technologie, leur progéniture se connecte et se déconnecte.

« Nous vivons à une époque d'abondance, et les gens veulent tout avoir, dit Christine Koh. Ce n'est pas que les parents fassent les choses de travers, ou en fassent trop. C'est qu'il y a tant à disposition que ça peut en devenir accablant. »

À l'ère numérique, « vouloir tout avoir » signifie bien plus qu'auparavant. Cela signifie pouvoir contacter les gens instantanément – en s'attendant à une réponse immédiate. La communication instantanée et la gratification immédiate peuvent se révéler particulièrement addictives. Nous pouvons enregistrer numériquement une émission à la télé pour y accéder à tout moment. Nous pouvons télécharger un livre sur un iPad sans même avoir à mettre le pied dehors pour aller à la bibliothèque ou en feuilleter un dans une librairie. Même s'il est indéniable que ces avancées technologiques représentent un luxe considérable, elles peuvent parallèlement causer bien des problèmes.

« Pas d'écrans, dit l'un de mes amis qui est professeur. Il doit y avoir chaque jour une période de temps conséquente sans que nous soyons en train de regarder un téléphone portable, l'ordinateur ou la télévision. Les écrans nous absorbent. Nous nous y perdons, ce qui est malsain. »

Il insiste pour que ses étudiants prennent leurs notes sur papier, et chez lui, il limite à une heure par jour le temps passé par ses enfants devant un écran. Si nous pouvons prendre l'habitude de consulter nos messages à un moment donné plutôt qu'à chaque sonnerie qu'émet notre téléphone, nous montrons le bon exemple à nos enfants.

« Vous êtes ce qui est le plus important pour le moment, leur disent nos actions lorsque nous avons laissé notre téléphone portable à la maison pour aller nous promener avec eux. Je vais me concentrer sur vous. » Nous leur montrons ainsi que les bonnes manières quant à la technologie ne sont pas seulement possibles, mais nécessaires. Quand nos filles jouent à la balançoire en espérant que nous voyions jusqu'à quelle hauteur elles sont parvenues pendant que nous sommes plongés dans notre ordiphone, occupés à supprimer des spams ou à surfer sur le Net, nous ratons quelque chose – et nous les privons de quelque chose. L'avènement de l'ordiphone, ou « le monde dans notre poche », est une bénédiction autant qu'une malédiction. Nous devons prendre particulièrement conscience de l'usage que nous en faisons. À chaque fois que nous nous laissons inconsciemment distraire, nous disons à nos enfants que quelque chose derrière cet écran a la priorité sur eux – et nous leur enseignons à se focaliser sur les écrans.

L'autre jour, j'étais à l'épicerie, le portable à la main. En fait, je consultais une recette pour m'assurer que les ingrédients se trouvaient bien dans mon panier. Mais, pour un œil extérieur, je devais avoir l'air soit de consulter mes messages, soit d'écrire un texto, soit de twitter. Concentrée sur l'écran de mon téléphone, je ne m'étais d'abord pas aperçue qu'une femme avec un enfant en bas âge dans les bras se trouvait tout près de moi, mais soudain un cri strident poussé par le fils m'a fait sursauter.

« Téléphone ! criait-il. Donne-moi le téléphone ! »

J'ai bondi en arrière, présumant qu'il parlait à sa mère, puis j'ai remarqué que c'était vers moi qu'il tendait sa menotte. Il voulait mon téléphone. Sérieusement ! Ayant lancé un coup d'œil à sa mère en guise d'appel au secours, j'ai vu qu'elle était en train d'écrire un texto, indifférente à celui qui se tortillait ainsi dans ses bras et à son visage de plus en plus cramoisi.

« Téléphone ! » a-t-il hurlé à pleins poumons avant de se mettre à crier, en larmes, piquant une crise de colère. Sa mère, de frustration, l'a tiré en arrière, sans lâcher à aucun moment son téléphone des yeux. Le regard de son fils était comme fou et, à cet instant, j'ai perçu la relation profondément obsessionnelle que nous entretenons avec nos appareils ; indépendamment de l'âge, il est très difficile de résister au chant des sirènes de l'écran.

Il est possible que l'enfant en pleurs ait appris de sa mère adepte des SMS qu'un téléphone était la priorité des priorités, son compagnon idéal. Il se pourrait aussi que son obsession ne soit pas si différente de celle de tout un chacun – sinon qu'elle apparaissait à l'état brut et non dissimulée chez cet enfant de deux ans.

« Je n'autorise aucun jeu vidéo à la maison, dit l'une de mes amies. Et mon fils de dix ans s'en porte mieux. C'est sûr, il s'énerve et me supplie. Oui, il y joue parfois quand il va chez un copain. Mais je reste ferme. Et son idée fixe finit toujours par passer. Ce qui me fait peur, c'est de voir les parents faire plaisir à leurs gamins en leur achetant les meilleurs jeux vidéo dernier cri, allant même jusqu'à jouer avec eux. Ils disent que c'est "une façon de passer du temps ensemble", mais je ne peux imaginer d'activité où l'on soit plus séparés, en réalité. Dès qu'un gosse joue aux jeux vidéo, c'est juste lui et Mario Kart. Il n'y a plus personne d'autre au monde. C'est bien de s'amuser, mais c'est une activité très, très isolatrice. »

En tant que parents, nous devons tenir compte de ces nouveaux objets lorsque nous élaborons les règles de vie commune sous notre toit. Certains autorisent un créneau d'une demi-heure deux fois par jour, parfois une heure deux fois par jour le week-end. D'autres, en désespoir de cause, laisseront leurs enfants jouer sur leur téléphone portable ou leur iPad, notamment lorsqu'ils ont grand besoin de les occuper d'une manière infaillible – et immédiate. Pourtant, devoir compter sur ses propres moyens – moyens non numériques, bien entendu – est la meilleure façon de stimuler sa créativité. On ne peut pas se passer totalement de technologie, mais plus elle est omniprésente, plus nous devons consciemment déterminer quand et comment en faire usage.

ON ÉTEINT LES APPAREILS

Exercice

Passez une soirée entière tout appareil éteint. Cela inclut tout ce qui a un écran : les téléphones portables, la télévision, les ordinateurs, l'iPod... La seule règle de la soirée, c'est qu'aucun écran ne soit allumé. Cette idée peut donner lieu à beaucoup de résistance et d'inquiétude, mais si vous parvenez à surmonter l'obstacle, le lien que vous établirez au final avec vous-même et votre famille n'en sera que renforcé.

LE TREMPLIN D'UNE BONNE SANTÉ

Être en bonne santé et physiquement actif influe également sur la vitalité de notre créativité. Quand nous sommes nourris et contentés, notre concentration s'améliore. En forme et détendus, nous nous sentons plus sûrs de nos idées. Le sentiment de puissance physique nous aide à prendre des risques dans d'autres domaines de l'existence. Le souhait que nous partageons tous, « la santé et le bonheur », est assez explicite : ces deux états sont souvent, littéralement et spirituellement, entremêlés.

Quand il s'agit de nos habitudes sportives et alimentaires, deux choses sont garanties : nos enfants remarquent ce que nous faisons et dans quel esprit nous le faisons. Si nous sommes actifs et apprécions vivement de l'être, il est plus que probable qu'ils nous imiteront. Lorsque nous prenons soin de notre santé – par le choix de notre alimentation et de nos activités –, nos enfants en tireront également un enseignement.

En principe, les personnes les plus en forme pratiquent au niveau alimentaire une modération saine. Pas de gâteau d'anniversaire ? Ou alors juste un gâteau d'anniversaire végétalien ? Cela semble un peu dur, particulièrement pour mes papilles du Midwest. Par contre, des céréales sucrées tous les matins au petit déjeuner ? Voilà qui n'est sans doute pas très judicieux. Le fait est que toute attitude extrême se verra probablement en butte à la rébellion ; dès lors, si nous pouvons amener nos enfants à adopter un comportement sensé et neutre envers la nourriture, nous veillerons à leur santé. Bien évidemment, il faut prendre en compte leurs réactions et besoins individuels. Comme le dit la nutritionniste Sara Ryba : « Quand il s'agit des besoins nutritionnels, nous ne sommes pas tous nés égaux. » Certaines personnes réagissent plus ou moins intensément au sucre, aux produits laitiers ou au gluten. Certaines se portent bien en faisant du jogging, alors que d'autres ont besoin de faire de la musculation pour entretenir une condition physique confortable. En général, un juste équilibre entre une alimentation saine, le bon petit plat occasionnel et un programme sportif diversifié suffira pour la plupart d'entre nous.

Nous pouvons nous montrer inventifs en intégrant à notre vie et à celle de nos enfants des habitudes saines. Elliot se souvient que sa mère, après l'école, préparait pour le goûter un « lapin » avec des moitiés de poire en boîte, des raisins secs pour les yeux, des bâtonnets de carotte pour les oreilles et de céleri pour les moustaches, et une petite cuillerée de fromage frais en guise de queue. Sain et amusant, cet en-cas était aussi rapide à confectionner. Il est facile d'oublier que de petites collations saines n'ont pas à prendre plus de temps à préparer que celles qui sont nocives pour la santé. Parfois, une mauvaise alimentation est simplement une ornière où l'on tombe – le fast-food, c'est pas cher et bien pratique.

Essayer de rendre amusantes des habitudes saines peut simplement consister à mieux solliciter notre imagination. Chevaucher un cheval bâton est une forme d'exercice amusante, tout comme jouer avec le chien ou se courir après dans la cour à tour de rôle. En participant à des jeux physiques avec nos enfants, nous leur donnons un très bon exemple, et cela permet également des moments de complicité avec eux.

En revanche, si nous restons inactifs, nos enfants risquent de nous imiter à leur tour. Imaginons qu'aujourd'hui nous soyons assis sur l'aire de jeux, occupés à les regarder courir en tous sens. Leur poids est correct et ils sont pleins d'énergie et en forme. Nous, par contre, nous traînons peut-être dix ou vingt kilos de surcharge pondérale dont il vaudrait mieux nous délester. Si nous ne nous en occupons pas, à long terme, nos enfants seront plus que probablement enclins à imiter nos comportements – que ce soit se gaver tard le soir de crème glacée ou temporiser au lieu de faire de l'exercice. Et si nous avons des problèmes de santé, il y a de fortes chances qu'ils en développeront aussi.

Une jeune mère dans ma classe a pris dix-huit kilos lorsqu'elle était enceinte de ses jumelles. Ses filles ont aujourd'hui six ans et sont jolies, et elle a pris quatre kilos supplémentaires.

« Je suis en surpoids de vingt-deux kilos à présent, me dit-elle. Je le sais, et je sais pourquoi. Je mange les mêmes goûters que mes filles. Je suis fatiguée. Je ne fais pas du tout d'exercice. Je mange quand je ne suis pas tranquille, et je prends du poids. Maintenant, au bout de six ans, j'ai commencé à m'y faire. J'ai pratiquement oublié mon ancienne garde-robe au fond de l'armoire. J'ai pris l'habitude de porter des vêtements informes, et je devine, pour être honnête, que je me suis laissée aller. »

Je savais que devoir se battre avec son poids devait être pénible pour elle. Et dans son intérêt, ainsi que dans celui de ses filles, j'espérais qu'elle puisse prendre les mesures nécessaires pour arriver à une solution qui lui apporterait un peu de soulagement. C'est cependant sa fille Joanna qui a fait ce qu'il y avait à faire.

« Nous étions en train de lire un livre sur les chefs d'État. Puis, nous nous sommes mises à parler des qualités des dirigeants, m'a relaté sa mère la semaine suivante durant le cours. Et je leur ai demandé qui étaient pour elles les bons dirigeants, quel genre de leaders elles aimeraient être. Joanna m'a regardée et a répondu : "Maman, toi, tu n'es pas un bon chef." J'en ai été choquée et blessée, et j'ai immédiatement pensé à tout ce que j'avais fait pour mes enfants. Je les adore, je subviens à leurs besoins, je joue avec elles, je les encourage. Je lui ai demandé pourquoi elle m'avait dit ça, et elle a répondu : "Parce que tu dis toujours que tu devrais prendre plus soin de toi et que tu devrais arrêter de manger autant de glace, pourtant tu en manges encore tous les jours." »

Les yeux de la jeune maman se sont remplis de larmes de détermination. « Je me suis inscrite ce jour-là à un programme d'amaigrissement, a-t-elle repris. Cela fait quatre jours à présent. Je suis toujours sous le choc des propos de Joanna, et je le mérite. Elle m'a mise au pied du mur. Six ans, et elle avait raison. »

Son histoire n'est pas unique. Et la bonne nouvelle, c'est que ses enfants remarqueront aussi ce qu'elle fait maintenant.

Se concentrer sur l'exploration positive de ce qui est sain peut se révéler amusant pour toute la famille. « J'emmène mes gamins à la ferme du coin, dit Rob, et je les laisse cueillir des tomates et les déguster sur place. Ils adorent leur goût si sucré, et ils peuvent voir d'où viennent les légumes frais. Bien entendu, ils raffolent aussi des gâteaux et de la glace. Mais c'est bien de leur montrer que des aliments sains peuvent également être très agréables. J'essaie simplement de trouver le juste milieu. »

C'est très bien – et même bénéfique – pour toute la famille d'adhérer à certains principes concernant la nutrition et l'exercice. Il faut juste s'assurer que l'impulsion sous-jacente vient vraiment d'une saine volonté en nous.

Que nutrition et exercices n'aient aucune importance pour nous, ou au contraire que la nourriture soit quelque chose à contrôler à tout prix, ce que nous leur montrons constitue des informations dont ils s'imprégneront et qu'ils reconvertiront en objectifs. Les régimes alimentaires radicaux de toutes sortes, si on les considère comme la seule réponse et qu'on les impose à autrui, sont à éviter. Un tel régime pourra fonctionner parfaitement pour un adulte, mais l'imposer à quelqu'un d'autre peut provoquer le rejet et aller à l'encontre de la santé et du bien-être de cette personne.

« Selon moi, les parents essaient d'imposer à leurs enfants ce dont ils pensent manquer eux-mêmes – ou, en d'autres termes, ils essaient de faire de leurs enfants une version plus parfaite d'eux-mêmes, dit Lee, un étudiant de ma classe de Santa Fe. Or, c'est dangereux. S'ils sont en surpoids, ils peuvent pousser leurs gamins à ne pas l'être. Ou s'ils perdent du poids, ils peuvent les inciter à faire de même. »

Bien évidemment, en toute chose existe un juste équilibre et, dans un monde idéal, nous ferions tous un poids raisonnable. Mais quand les choses commencent à devenir extrêmes – que ce soit en allant tous les jours au fast-food ou en ne mangeant plus que de la laitue – nous nous faisons du tort, ainsi qu'à nos enfants. En prenant conscience de nos habitudes alimentaires et sportives, nous prenons conscience de ce que nous leur transmettons.

Les enfants apprennent en nous voyant agir. Si nous voulons qu'ils soient actifs et en bonne santé, nous devons l'être nous-mêmes. Nous pouvons faire de l'exercice et inviter nos enfants à se joindre à nous. Parfois, il s'agira d'une petite promenade au parc, d'autres fois, d'une marche à pied, ou encore de gymnastique à même le sol du salon. L'essentiel, c'est que nos enfants voient que nous prenons soin de notre corps. Quand Domenica était petite et que nous vivions à Greenwich Village, j'organisais de l'exercice pour nous deux en la faisant monter sur un cheval bâton et trottiner à mes côtés sur le chemin de l'école. Je lui ai appris « Ho ! » pour les feux rouges, et « Hue ! » pour les feux verts. Elle avait plusieurs chevaux bâtons parmi lesquels choisir. Son préféré – le plus rapide – était un palomino doré. Les jours où elle chevauchait « Goldie », notre exercice était un peu plus énergique. Elle se mettait à galoper, pas seulement à trotter, ce qui m'obligeait à presser le pas pour la rattraper. À l'entrée de l'école, elle abandonnait sa monture que je ramenais à la maison. De neuf heures trente à quatorze heures trente, je pouvais me consacrer à l'écriture. Puis il était temps d'aller choisir un cheval bâton pour que Domenica chevauche sur le trajet de retour à la maison. Mon préféré était un cheval bai d'un blanc immaculé. Il arrivait parfois que Domenica désapprouve que sa monture du soir soit différente de celle du matin. Mais nous rentrions en trottant d'un bon pas, quel que soit le cheval que j'avais choisi. Faisant un jeu de la balade, nous intégrions sans effort un peu d'activité dans chaque journée. De petites actions saines, pratiquées de manière ludique et joyeuse, peuvent équivaloir à une vie saine.

PAS À PAS

Exercice

Que pourriez-vous faire pour améliorer votre santé et votre nutrition ? Munissez-vous d'un crayon et prenez quelques minutes pour noter vos idées sur la question. Certains trouveront la tâche insurmontable, mais il faut se souvenir que les moindres progrès ont un énorme impact sur votre qualité de vie – et sur vos enfants.

LA DOUCEUR DU SOMMEIL

Aujourd'hui, je me suis surprise à écrire dans mes pages du matin : « Je n'ai pas bien dormi la nuit dernière. Je suis fatiguée et surexcitée. » Fatigués et surexcités, c'est précisément ce que nous devenons quand nous sommes surmenés et en manque de repos. Le manque de sommeil empêche nos enfants de se concentrer pour jouer et créer de manière efficace. Et nous, les parents, n'apporterons pas notre meilleur soutien si nous sommes grincheux et épuisés. Pour nous et nos enfants, il faut accorder toute l'attention nécessaire au sommeil et aux rituels reposants à établir en vue de l'améliorer.

Nombre de recherches ont prouvé les bienfaits du sommeil sur les enfants : ils sont en meilleure santé, d'humeur plus égale, de meilleurs élèves. Notre vie familiale le confirme : nous savons ce qui se passe quand nous ou nos enfants ne dormons pas assez. On se montre irritable et la patience s'amenuise. La concentration en pâtit et nous faisons davantage d'erreurs. Nos enfants rechignent à faire ce qu'ils aiment habituellement, et quand nous leur suggérons qu'ils sont « juste fatigués », c'est la crise de colère. « Non, c'est pas vrai ! » rétorquent-ils avec défiance.

En considérant la situation, nous constatons que, nous aussi, nous sommes sans doute affectés par ce même déni. Nous jugeons que nous ne pouvons pas trouver plus de temps pour dormir mais que « ça va quand même ». Ensuite, nous nous traînons tant bien que mal toute la journée, en espérant qu'il n'y aura pas de répercussions. Mais il y en a. En prenant quelques instants pour nous reposer dès que possible, en faisant la sieste en même temps que nos enfants (si nous le pouvons) et en leur donnant l'exemple de bonnes habitudes de sommeil et de repos, nous pourrons leur transmettre cette valeur. S'ils refusent d'aller faire la sieste, insistons pour qu'ils aillent de toute façon s'allonger. Et bientôt, les voilà profondément endormis ; plutôt difficile de croire que, quelques instants plus tôt, ils se soient montrés aussi catégoriquement réticents à se reposer ! Si nous luttons contre notre propre fatigue, prenons modèle sur nos enfants. Nous aussi, nous rechignons à faire la sieste, croyant qu'il y a des choses plus importantes à faire. Or, le repos nous rend plus disponibles, plus patients, plus alertes.

Souvent, les parents sont tellement exténués qu'ils ne peuvent même pas imaginer rattraper le sommeil en retard. Le manque de sommeil s'accumule, et il faut du temps pour y remédier. « Je m'endors en une seconde, dit Nancy, nouvelle maman. Je ferme les yeux et me voilà assoupie. Impossible d'imaginer ne pas être fatiguée. »

Pour Nancy, la réalité de sa situation actuelle – deux à trois allaitements par nuit – l'empêche de bénéficier de suffisamment de sommeil. Pour elle, il est essentiel de saisir la moindre occasion de se reposer. Elle ne pourra pas récupérer d'un coup. Mais considérer le sommeil comme une priorité majeure, malgré tout ce qu'elle doit faire, contribuera à la rendre plus efficace au quotidien et dans l'éducation de ses enfants.

Pour nos enfants, il est important d'encourager le repos en prenant toutes les mesures nécessaires pour que l'atmosphère de leur chambre soit sereine. Même s'ils s'y montrent récalcitrants, leur demander d'y faire du rangement crée un environnement plus calme et plus propice au sommeil. Contrôler la quantité de luminosité et de bruit est réconfortant tandis qu'ils s'assoupissent. Le plus difficile, parfois, sera de les faire se détacher de ce qu'ils étaient en train de faire pour entreprendre la routine du soir du « bain et au lit ». Mais si l'on y incorpore un peu d'amusement – avec des jouets dans la baignoire ou un livre avant de se coucher –, ce rituel aussi peut s'avérer plaisant, et tout le monde s'en portera mieux.

COMMENT FAVORISER UN ENVIRONNEMENT CALME

Exercice

Souvent, il suffit de quelques menus changements pour créer un lieu de sommeil plus reposant. Épousseter la tête de lit et ranger les chevets peut déjà apporter une sérénité considérable à notre chambre. Pour nos enfants, une lampe de nuit apaisante ou un ventilateur tournant doucement peuvent ajouter un élément de confort tandis qu'ils se détendent.

Trouvez un petit changement à effectuer dans votre espace de sommeil et celui de votre enfant. Au moment du coucher, remarquez-vous une différence lorsque vous mettez en place des routines d'avant-dormir ?

LE RITUEL

En revenant sur mes propres souvenirs, je remarque que parmi ceux qui me sont le plus chers se trouve un rituel. Il y avait la lecture chaque soir d'une histoire au moment d'aller se coucher, parfois un nouveau livre emprunté à la bibliothèque, parfois un autre plus que préféré que nous avions déjà lu et relu. Ce qui importait, c'était la régularité – savoir que je pouvais compter sur une histoire pour bien terminer la journée.

La régularité favorise l'évolution chez les enfants ; en d'autres termes, les rituels sont bons pour eux.

Plusieurs rituels peuvent être établis dans la journée de votre enfant. Il y a le rituel consistant à réciter le bénédicité avant le repas, le rituel du bain tous les soirs, celui d'enfiler son pyjama et de faire sa prière avant d'aller au lit et d'éteindre la lumière. Sachez que cette régularité rassure votre enfant. Le rituel de la lecture peut commencer chaque soir par la phrase emblématique : « Il était une fois... » Chez les Cameron, la prière du soir était la classique *Now I lay me down to sleep*[1]... Pour le bain, je me souviens de cette petite comptine que j'adorais « *Rub-a-dub-dub, three men in the tub*[2] ». Au moment du repas, nous récitions toujours le bénédicité avant de manger. Dans tous les foyers, les rituels peuvent être personnalisés. Et dans tous les rituels, c'est l'intention qui compte. Nous enseignons à nos enfants à apprécier les cadeaux de la vie.

Mary Lou, mère célibataire, a découvert que concevoir un rituel l'apaisait. Sa petite fille s'est peu à peu habituée au rythme des activités du soir, et pour cette raison, toutes deux se sont graduellement détendues. Les devoirs, le dîner, la

1 Prière dont il existe de très nombreuses variantes, notamment « Maintenant que je me couche pour dormir, je prie Dieu de veiller sur mon âme. Puissent les anges me protéger pendant la nuit et me garder sous leur regard béni » et « Maintenant que je me couche pour dormir, je prie Dieu de veiller sur mon âme. Et si je meurs avant mon réveil, je prie pour que Dieu prenne mon âme ». *(N.d.T.)*

2 « Tagada tsoin-tsoin, trois hommes dans le bain. / Et qui croyez-vous qu'ils étaient ? / Le boucher, le boulanger, le fabricant de chandeliers. / Tous trois, à la foire, ils étaient allés. » *(N.d.T.)*

lecture, le bain, l'heure du coucher. Mary Lou a aussi ajouté à ces rituels des étapes proactives : les devoirs faits, ils étaient rangés avec soin dans le cartable de sa fille, posé à sa place près de la porte. Après le dîner, Mary Lou passait quelques minutes à nettoyer la cuisine et à préparer la table pour le petit déjeuner. Au moment du bain, les vêtements étaient triés dans les paniers à linge, « foncés, clairs, couleurs », et la tenue du lendemain était posée sur une chaise. Une rapide récapitulation des temps forts de la journée, et le stress d'une longue journée était mis au repos au moment de se coucher avec la simple prière que Mary Lou avait elle-même composée : « Maintenant que je me couche pour dormir, je prie Dieu de veiller sur mon âme. Et si je rêve avant mon réveil, je prie pour les beaux rêves que créera Dieu. » Mary Lou et sa fille récitaient ensemble « leur » prière tous les soirs, avant d'aller se coucher. Fin prêtes pour le lendemain, elles se reposaient mieux la nuit. Et, le matin venu, pas de course folle pour choisir une tenue ou pour récupérer les devoirs avant l'arrivée du bus scolaire. Elles avaient toutes les deux le temps de prendre le petit déjeuner sans se presser et de discuter un peu avant que ne s'amorce leur journée respective.

Un rituel n'est pas seulement un acte répété mais un moment de pause – une pause consciente et propice à la réflexion. En intégrant un rituel à la journée d'un enfant, nous lui inculquons l'importance du repos. La vie moderne est tellement chaotique. Apprendre à faire une pause et à prendre conscience de notre chance est une compétence inestimable.

Les pages du matin peuvent devenir un précieux rituel familier qui nous relie à nous-mêmes et à notre journée. Elles permettent de nettoyer notre conscience, comme des essuie-glaces en mouvement sur le pare-brise de notre psyché. Je connais des mères avec des enfants en bas âge qui les bercent sur un bras tout en écrivant de leur main libre. Je connais des parents qui encouragent leurs enfants de six ans à écrire aussi en priorité dès leur lever. Prendre ainsi tous les matins un temps de réflexion peut devenir un rituel familial.

Le soir, la pratique des temps forts apporte non seulement un sentiment de stabilité et de sécurité, mais aussi de connexion et d'optimisme. Cet entraînement à l'optimisme, qui consiste à choisir le moment le plus fort de la journée pour le partager avec un proche, développe en nous une capacité de gratitude qui nous accompagne tout au long de notre vie. Les temps forts – les nôtres comme ceux de nos enfants – nous surprennent souvent.

Récemment, un jeune papa de ma connaissance est allé assister à la première tant attendue d'une pièce dont il était l'auteur : « Il a fallu des années pour la monter, dit-il. J'ai passé chaque jour de ma vie à réfléchir à cette pièce avant qu'elle ne soit menée à terme. Toutefois, le soir de la première, ce ne sont pas les critiques élogieuses ou les invités célèbres qui se sont retrouvés sur ma liste de temps forts. Tout cela était certes très excitant, mais quand, ce soir-là, j'ai parlé de mes temps forts à mon fils, j'ai réalisé que le seul qui comptait était d'avoir été capable de montrer à mon enfant que si l'on veut atteindre un objectif – et même un objectif très ambitieux, comme écrire et produire une pièce de théâtre –, on peut y arriver. Je lui montrais le bon exemple ce jour-là. »

Il n'est pas inhabituel que les temps forts nous surprennent. Comme dans tout rituel, ce n'est pas l'envergure de l'action qui importe. C'est la prévenance et la régularité qui ont un impact. Dans la campagne du Vermont, Alisa se rendait à pied à l'école tous les jours avec sa meilleure amie, Amy. Elle quittait la maison à huit heures précises pour aller la rejoindre à son portail à huit heures cinq. Elles se rendaient ensemble à l'école, arrivant facilement avant huit heures vingt, l'heure requise. C'est en CE2 qu'elles ont commencé à marcher ainsi ensemble, traversant chaque matin la rue sous l'œil vigilant du même agent municipal chargé de la sécurité des écoliers, et pareillement sur le trajet de retour à la maison. Elles se racontaient des histoires sur leur vie à l'école et à la maison : les devoirs à faire, leurs frères et sœurs, leurs animaux de compagnie, leurs nouveaux jouets et ceux qu'elles aimeraient avoir. Parfois, elles marchaient en silence. Et quand elles sont entrées au lycée, elles étaient toujours les meilleures amies du monde.

« C'est un lien qui nous unira toujours », dit Alisa. Maintenant adultes, quand elles se voient à présent, elles vont toujours se promener ensemble. Ce rituel familier de marcher et de parler leur apporte encore à toutes les deux un grand réconfort.

Les événements les plus marquants de l'année, également, nous offrent des opportunités de rituel. Les anniversaires laissent augurer un gâteau avec des bougies à souffler. « Vous avez de l'importance, disons-nous à nos enfants lorsque nous les laissons choisir le menu ou le restaurant pour leur repas d'anniversaire. Je suis heureux que tu sois né et je célèbre ce jour si particulier », leur disons-nous en leur tendant un cadeau.

Que ce soit la célébration d'une fête annuelle ou le petit déjeuner avec pancakes du dimanche matin, nous offrons un sentiment de sécurité à nos enfants en pratiquant un rituel. « Nous construisons une vie ensemble, leur disent nos actions. Nous faisons ensemble des choses qui nous apportent du bonheur. »

Le rituel offre une structure réjouissante, une pause dans notre journée qui nous met en relation avec nous-mêmes. En nous engageant à écrire nos pages du matin, nous nous accordons un moment de réflexion et de quiétude que nous porterons en nous toute la journée. En établissant ainsi dans la vie de nos enfants des rituels, grands et petits, nous établissons une assise de protection et de fantaisie sur laquelle repose la façon dont ils apprennent, eux aussi, à exister dans le monde avec assurance et confiance.

RETOUR AU RITUEL

Exercice

De quels rituels de votre enfance gardez-vous les meilleurs souvenirs ?

Quel petit rituel pourriez-vous inventer aujourd'hui avec vos enfants ? Pouvez-vous intégrer à leur vie l'une des expériences chères à votre enfance, poursuivant ainsi la tradition ?

Chapitre 9

CULTIVEZ L'ESPRIT DE DÉCOUVERTE

Par notre courage, nous enseignons à nos enfants à être courageux, et intègres par notre intégrité. En étant prêts à endosser le rôle de débutant, nous incarnons pour eux la grâce de commencer quelque chose de nouveau. En mettant de côté le perfectionnisme, nous accueillons à bras ouverts le processus plutôt que le résultat final. En nous valorisant, ainsi que nos efforts, nous apprenons comment nous immuniser sainement contre les critiques. Nos enfants font de même. Quand ils entrent à l'école et participent à de nouvelles activités diversifiées, nous nous employons à encourager et à entretenir leur optimisme et leur enthousiasme à essayer de nouvelles choses. Nous prenons toutes les mesures nécessaires pour garantir leur sécurité, créative ou autre, et notre connaissance des pièges potentiels nous confère cette responsabilité. Mais notre expérience nous donne un certain pouvoir, et nous sommes en mesure de protéger et de guider de manière réfléchie nos enfants en pleine découverte de leur identité créative.

LE MIEUX EST L'ENNEMI DU BIEN

Les enfants apprennent en nous voyant agir. Lorsque nous nous autorisons à créer librement, sans nécessité de perfection, nos enfants apprennent à faire de même. Lorsque Domenica était petite, je l'amusais souvent en lui dessinant des chevaux et des chiens. Mes chevaux étaient assez réalistes, mais mes chiens… ils avaient une fâcheuse tendance à ressembler à des chats.

« Dessine Calla Lily, réclamait Domenica, en parlant de notre caniche blanc.

— Mais, c'est Calla Lily, me défendais-je.

— Ses oreilles ne sont pas comme ça », me signalait Domenica.

— Mais si ! rétorquais-je.

— Essaie encore, me demandait Domenica.

Alors, je réessayais, et représentais un chien un peu plus ressemblant.

« À toi d'essayer, maintenant ! » lui lançais-je.

Et c'est ce qu'elle faisait, essayer, en dessinant un chien plus ressemblant que le mien, quoique toujours imparfait.

« Bravo ! m'exclamais-je en l'applaudissant, avant d'ajouter : C'est excellent.

— Ce n'est pas exactement ça, protestait Domenica.

— Si, c'est vraiment très bien », répliquais-je.

Les chevaux de Domenica, comme les miens, étaient plus ressemblants.

« Oh, c'est très bien », la félicitais-je.

En grandissant, elle réalisait des dessins de plus en plus précis, mais ses critères d'évaluation s'affinaient aussi parallèlement.

« Dessine-moi Silver Lily », lui disais-je en parlant du poney de son enfance, et un Silver Lily acceptable se matérialisait.

Cependant, le rendu n'était pas tout à fait parfait, ce qui ne la satisfaisait pas.

« C'est quand même très bien, lui disais-je. C'est bien comme ça. »

Domenica réussissait à faire avec de la pâte à modeler des figurines ressemblant à des chevaux. Loin d'être parfaites, elles étaient, comme je le lui disais, « assez parfaites ».

Arrivée en cinquième, Domenica a dû faire un devoir intimidant : écrire une histoire et l'illustrer. Son histoire, comme il fallait s'y attendre, parlait de chevaux, et ses illustrations étaient des représentations précises de ceux qu'elle décrivait. J'ai toujours ce « livre » de Domenica. Ce n'était pas parfait, mais simplement assez parfait.

En tant que parents, la responsabilité nous incombe de nous donner aussi en modèles d'imperfection, surtout si nous sommes experts d'un domaine qui intéresse notre enfant. L'une de mes amies, actrice, montre à sa fille, actrice en herbe, des films de ses premières répétitions de monologue et d'elle-même dans les pièces de théâtre de son école. « Tu vois ? Tout le monde a été débutant », lui dit-elle.

Le chemin menant à la maîtrise d'un art est long, indépendamment du talent inné. Il nous incombe de guider nos enfants et de les laisser voir les hauts et les bas de notre propre voyage, de notre propre processus imparfait.

Montrer ses imperfections, c'est également montrer qu'on a le courage de réessayer, de recommencer à zéro. Dans toute vie créative, il y a des revers, et les personnes qui connaissent le succès ne sont pas celles qui n'échouent jamais, mais bien celles qui se relèvent et réessaient après leurs échecs. Plus vite nous nous relevons, meilleure sera la réussite. Se complaire dans ses erreurs est un comportement qui génère une spirale de négativité. En revanche, les corriger, s'efforcer d'avancer et accepter de se tromper encore accrédite l'idée que l'erreur – et les leçons qu'on en tire – est une étape incontournable pour aller de l'avant.

Nos enfants sont quotidiennement témoins de talents hors du commun, que ce soit en regardant des enfants prodiges ou de jeunes athlètes à la télé ou sur YouTube. Parce que l'accès à l'extraordinaire est si facile, les enfants sont submergés d'images de résultats sans fautes qui ne montrent pas les années de sang, de sueur et de larmes qui ont contribué à les produire. L'amateurisme – qui implique qu'on agit « par amour » – est un merveilleux objectif qui se révèle quand nous incitons nos enfants à ne pas être parfaits, mais plutôt à explorer des passe-temps créatifs pour le plaisir, et pour le plaisir seulement, sans s'imposer l'unique objectif méritoire de la performance « parfaite » atteinte par quelqu'un d'autre.

La perfection, avant toute chose, est un mirage hors d'atteinte. Elle nous échappera toujours. Le perfectionnisme agit comme un obstacle. Il équivaut à un refus d'aller de l'avant. C'est une œillère débilitante qui nous fait perdre de vue le tableau dans son ensemble, car nous prêtons obsessionnellement attention aux détails. Au lieu de créer librement, d'expérimenter et de laisser les choix malencontreux se révéler d'eux-mêmes ultérieurement, nous nous rendons fous à vouloir faire que chaque détail soit juste avant même de mettre le crayon sur le papier ou de porter le cor à nos lèvres. Nous nous « corrigeons » au point que notre acte créatif en devient ennuyeux et dépourvu de joie. Ainsi, notre étincelle d'inspiration originelle risque d'être étouffée.

Les artistes qui créent librement et corrigent plus tard sont productifs. Ils sont heureux. Et ce sont ces gens-là qui ont toute une œuvre pour témoigner de leurs efforts. Effacer au point que le papier se déchire est contre-productif ; nous devons mettre un terme à cette obsession pour nous-mêmes ou si nous voyons nos enfants le faire. Le perfectionnisme n'est pas une quête du meilleur – c'est la poursuite du pire en nous : la facette qui nous dit que nous ne serons jamais assez bons. La quête de perfection n'est que de l'égotisme déguisé en vertu. Ne nous y trompons pas. Nous sommes assez bons, et nos enfants aussi.

UN EXEMPLE D'IMPERFECTION

Exercice

Complétez les phrases suivantes :

Si je n'avais pas à le faire parfaitement, j'essaierais ________________

Si je n'avais pas à le faire parfaitement, j'essaierais ________________

Si je n'avais pas à le faire parfaitement, j'essaierais ________________

Si je n'avais pas à le faire parfaitement, j'essaierais ________________

Si je n'avais pas à le faire parfaitement, j'essaierais ________________

Essayez de donner un exemple d'imperfection à votre enfant. Choisissez une activité que vous savez ne pas pouvoir pratiquer parfaitement, et laissez votre enfant assister à vos efforts.

Demandez-lui ensuite, s'il voulait s'investir dans une activité créative qu'il n'a pas encore essayée, laquelle il choisirait. Voyez si vous pouvez trouver un moyen pour qu'il fasse un petit essai dans ce domaine. Pas besoin que ce soit un grand projet. S'il répond : « Cow-boy », c'est qu'il y a peut-être un élevage de chevaux tout près où caresser un museau velouté. S'il répond : « Réalisateur de films », proposez-lui de filmer un court-métrage avec votre téléphone portable ou votre appareil photo numérique. En faisant cet exercice, autorisez-vous – ainsi que votre enfant – à être imparfait. Vous recherchez le plaisir, et non la finesse.

DE L'INTÉGRITÉ

Les pages du matin nous aident à nous détacher de notre autocensure en nous offrant un lieu où nous épancher, où célébrer, interroger, rêver, planifier. Puisqu'il n'y a pas de manière incorrecte de rédiger les pages du matin, nous pouvons nous accorder une liberté totale à l'intérieur de leurs limites. En écrivant les pages du matin, nous faisons face à la journée avec les idées plus claires. Après en avoir rédigé sur une période de temps prolongée, nous commençons à nous exprimer, alors que nous étions peut-être jusque-là restés silencieux.

« Ça ira », nous sommes-nous entraînés à répondre quand le plombier a une heure de retard, quand la baby-sitter annule, quand nos enfants refusent de manger ce que nous avons cuisiné, même après une heure de cajoleries. « Ce n'est pas la fin du monde », décidons-nous, et nous avons sans doute raison de relativiser. Mais que voulons-nous vraiment dire quand nous disons « Ça ira » ? Nous sentons-nous réellement bien, ou plutôt en proie à la frustration, incommodés, invisibles, méprisés, indifférents, résignés ? « Ça ira » recoupe toute une gamme d'émotions, et en écrivant régulièrement les pages du matin, nous nous surprenons à être plus précis et plus honnêtes face à ce que nous éprouvons vraiment au plus profond de nous.

« En fait, je ne peux pas me permettre aujourd'hui que vous soyez en retard, dirons-nous au plombier. Je prendrai mes dispositions et j'appellerai quelqu'un d'autre si vous n'arrivez pas à l'heure prévue. » En exprimant sincèrement ce que nous ressentons, nous découvrons nos limites, nous accédons à la lucidité.

Beaucoup d'entre nous pensent qu'il faut se sacrifier pour ses enfants. C'est confondre martyre et parentalité. Nos enfants se portent mieux quand nous sommes sincèrement nous-mêmes. Quand Domenica, encore toute petite, jouait dans son parc pour bébé, je l'y installais parmi une pile de jouets et m'asseyais pour écrire. Je mettais des comptines en musique de fond, même si les écouter était un supplice qui me demandait une patience infinie. Finalement, un jour, je ne l'ai plus supporté et j'ai mis la chanson *Brown Sugar* des Rolling Stones.

« C'est ça que ta maman aime vraiment », ai-je dit à Domenica, qui dansait en rythme, tenant à peine sur ses jambes. À partir de ce jour, j'ai mis la musique que j'aimais, et Domenica y a réagi avec un grand enthousiasme. Je passais Bruce Springsteen et lui disais : « Maman aime *Thunder Road*. » À ma plus grande joie, Domenica a aussi réagi à cet hymne. Elle gazouillait gaiement. « Aime ça ! » s'était-elle écriée en se dandinant avec entrain.

On éprouve un profond soulagement quand on s'autorise à être honnête, tout comme en admettant ses véritables sentiments. À mesure que nous nous faisons confiance, que nous faisons davantage attention à ce que nous éprouvons et que nous sommes à l'écoute, nous arrivons à nous exprimer avec justesse et bienveillance. C'est lorsque nous essayons de réprimer nos émotions complexes en disant « Ça ira » que nous risquons d'exploser et que nos mots dépasseront notre pensée. Si nous exprimons sincèrement nos émotions, nous autorisons nos enfants à exprimer les leurs de même.

En grandissant, ils commencent aussi à identifier et à exprimer par des mots leurs propres limites et opinions. Dès lors, nous devons nous mettre à l'écoute de ce qu'ils ont à dire. Oui, cela peut s'avérer plutôt déstabilisant s'ils nous annoncent qu'ils ne vont pas manger de brocolis ou s'ils déchirent le livre que nous venons d'acheter. Mais la rébellion est un signe d'indépendance en développement, et tout comme nous refusons de vivre une existence où nous devons réprimer nos sentiments, nos enfants désirent exprimer leurs points de vue et opinions naissantes. En le reconnaissant, nous apprenons à pratiquer la compassion.

En observant nos enfants et en leur laissant de la place pour s'exprimer, nous voyons peu à peu se révéler en filigrane leur âme. Il ne s'agit pas d'un processus d'évolution totalement débridé où l'on renonce à tout contrôle. Il s'agit plutôt, en fixant des limites et des structures nettes à l'intérieur desquelles nos enfants pourront être libres, de s'exprimer, de leur donner une véritable sécurité : à la fois l'encouragement à faire par eux-mêmes leurs propres découvertes et l'espace dans lequel se livrer à cette exploration.

LES SENTIMENTS SINCÈRES

Exercice

Complétez rapidement les phrases suivantes :

Si je veux bien me l'avouer, je ressens____________________

Si je veux bien me l'avouer, je ressens____________________

Si je veux bien me l'avouer, je ressens____________________

Si je veux bien me l'avouer, je ressens____________________

Si je veux bien me l'avouer, je ressens____________________

L'ÉDUCATION

« La créativité, c'est bien plus que de donner à vos gamins de la peinture et du papier, dit Russell Granet, éminent expert de l'enseignement artistique. C'est une façon de voir le monde, une façon de regarder les choses. » Granet, fondateur de The Arts Education Resource à New York et directeur général du Lincoln Center Institute, soutient qu'une éducation artistique de qualité doit être un droit pour tous les apprenants et non un privilège. Son influence sur le terrain a eu une portée aussi considérable qu'impressionnante, et en tant qu'universitaire, artiste, enseignant et père, sa passion pour les arts est manifeste et irrévocable.

« Si nous examinons notre environnement à travers le prisme de la créativité, nous insufflons une réflexion novatrice à nos enfants. Je pense que les personnes qui ne sont pas artistes devraient sérieusement penser comme des artistes. Cette capacité créative à résoudre les problèmes est transmissible, et c'est ce que nous devons enseigner à nos enfants. » Granet reconnaît tout ce qu'être parent recèle comme pression quand il s'agit de jongler avec les routines scolaires, récréatives et domestiques. « Les rituels et les réalités de la parentalité existent bel et bien, affirme-t-il, et nous devons y faire preuve de créativité. Nous devons préparer le dîner, le bain et aider nos enfants à faire leurs devoirs. Mais, le long du parcours, nous pouvons nous laisser porter par un courant de conscience artistique. L'art est un tremplin pour tout. »

Quand je demande à Granet ce qui, à son avis, freine le plus nos enfants dans le domaine de l'éducation, il me répond sans hésiter : « La pression de l'évaluation ! Elle s'exerce sur l'enfant, le parent, l'enseignant, le proviseur pour obtenir de bons résultats. Vers l'âge de sept ans, la pression de la réussite aux examens s'amorce. »

Tant que cette pression de la réussite persiste, elle ne vise qu'à obtenir la « bonne » réponse. « L'apprentissage consiste alors à discerner ce qui est bon ou correct de ce qui ne l'est pas, et l'enjeu principal devient la performance », dit Granet.

Où y a-t-il de la place pour la pensée créatrice ou pour permettre aux enfants de faire des erreurs ? Les erreurs sont précieuses. Nous apprenons de nos erreurs. Et si nous apprenons seulement qu'il vaut mieux ne pas en faire, la situation devient bien précaire.

« À l'école, les enfants sont répartis en deux catégories : créatifs ou intellectuels, poursuit Granet. Ce classement ne tient pas compte des possibilités de chevauchement et rend un mauvais service aux enfants. Il perpétue le mythe selon lequel il n'y a pas d'interaction possible entre les deux “types”. Et tant que nous entretenons ce mythe, nous perpétuerons cette vision de fait. »

Comme, en général, les écoles ne favorisent pas la créativité, la responsabilité échoit donc au parent de trouver des occasions favorables. Si des cours d'art ne sont pas proposés à l'école, il faut trouver ou créer des circonstances qui permettront à nos enfants d'explorer l'art sous toutes ses formes.

Nancy, une mère de deux enfants d'Indianapolis, l'exprime ainsi : « Les parents doivent se charger en personne de l'éducation créative de leurs enfants. Oui, cela représente un certain coût. Mais si nous pouvons les inscrire à des activités sportives, nous pouvons bien les emmener voir une pièce de théâtre dans le quartier. Nous pouvons leur faire découvrir l'art sous toutes ses formes, qu'ils pensent ou non pouvoir l'apprécier. Si nous ne leur montrons pas ce qui se fait là-dehors, ce qu'ils n'apprennent pas à l'école, alors comment prendront-ils jamais conscience de leur potentiel ? »

Avec la pression de la réussite scolaire et les « bonnes » réponses qui menacent de prendre le dessus, il est d'autant plus important d'orienter nos enfants vers la créativité.

Porter un jugement trop tôt sur les efforts artistiques équivaut à une maltraitance de l'artiste. Tourner en ridicule des centres d'intérêt ou des tentatives est cruel. Il faut également rester vigilants devant tous ceux qui sont prêts à saper les élans créatifs naissants de nos enfants, ne pas tolérer quiconque découragerait leur créativité en plein essor. Autant que nous le pouvons, nous devons faire montre d'un respect salutaire à l'égard de cette exploration et faire savoir à nos enfants que non seulement leurs élans créatifs sont source d'amusement, mais qu'ils sont vitaux.

Dans un système éducatif qui réclame d'intenses efforts et surcharge leur emploi du temps, les enfants manquent de sommeil et sont submergés dès leur plus jeune âge par les devoirs à faire à la maison. Obligés d'en faire toujours plus afin d'augmenter leurs chances de faire de bonnes études, ils courent le risque d'y ajouter des activités qu'ils n'ont pas choisies eux-mêmes, des activités qui ne les passionnent pas vraiment. En se poussant à exceller par simple souci d'excellence, ils seront peu susceptibles de prendre plaisir à leurs apprentissages – ou de retenir quoi que ce soit une fois l'interrogation passée. Ils comptent les minutes jusqu'à ce que « le travail soit fait » et apprennent qu'ils doivent travailler, satisfaits ou non, parce qu'il faut travailler, plutôt que de suivre une passion qui pourrait, en effet, conduire à un travail plus gratifiant.

« Le plus triste à voir, dit Christine Koh, c'est quand la créativité passe au second plan par rapport à la scolarité. »

En réprimandant les élèves pour leurs « mauvaises » réponses créatives, on leur apprend à ne pas créer. On leur enseigne à réprimer leur imagination et à apprendre par cœur. L'humiliation scolaire qui sévit dans notre société est à la fois endémique et tragique.

Il a fallu des années d'enseignement en milieu universitaire, un privilège douteux dont j'ai pu faire l'expérience, pour identifier l'inimitié insaisissable mais fatale que le monde universitaire nourrit envers la créativité. L'hostilité déclarée est une chose. On peut s'y confronter et y répondre. Mais infiniment plus fatale et terrifiante est la négligence insidieuse qui risque d'engourdir la créativité des étudiants dans le cadre universitaire.

Leur travail, une fois passé au crible, est rarement apprécié. Rares sont les enseignants qui reconnaissent des forces aussi souvent et facilement qu'ils soulignent les lacunes. Je ne dis pas que le monde universitaire devrait devenir un atelier d'artistes exaltés. Cependant, selon moi, les petites âmes créatives et intuitives qui tentent de s'épanouir et de se développer se retrouvent paralysées lorsque contraintes de se faire trop cérébrales. Lorsque, dès le début, les jeunes sont injustement intimidés à cause de leur incapacité à se conformer à une norme qui leur est étrangère, ils risquent d'être confrontés à un long chemin de reconquête créative. Sans outils spécifiques, force d'ego ou vocabulaire, de nombreux créatifs systématiquement écrasés pendant leur scolarité se languissent des années durant après ces expériences humiliantes.

Parfois, des opportunités se présentent à nos enfants. Il faut alors prendre une décision. Devons-nous leur permettre d'avancer selon un cycle d'auditions qui pourrait les amener à quitter l'école pour se retrouver sur une scène nationale – ou les conduire à un rejet déchirant ? S'ils sont choisis pour apparaître dans une pub télévisée, les recettes ainsi générées iront-elles sur un compte bancaire à leur nom auquel ils auront accès à une date ultérieure, ou à un fonds pour financer leurs futures études ? Dans ces situations rares et extrêmes, nous devons évaluer au cas par cas les besoins et les désirs de nos enfants. Il y a des histoires de jeunes artistes professionnels qui se terminent bien, et d'autres qui finissent mal. Nous mettons les chances de notre côté si nous encourageons, orientons et soutenons les modes d'expression individuels de nos enfants tout au long du processus.

En CE1, Audrey a passé un examen pour déterminer sa classe en primaire. Placée dans le centile supérieur et portant la mention « très créative », elle a été invitée à fréquenter une petite école *magnet*[1]. Ce changement signifiait qu'elle devrait quitter son cercle d'amis et tout ce qu'elle avait connu jusque-là. Mais Audrey n'appréciait pas son année de CE1. Elle s'y faisait souvent remarquer par son anticonformisme, donc, après de longues discussions, ses parents ont décidé de l'ins-

1 Les *magnet schools* sont des écoles publiques créées à la fin des années 1960 et au début des années 1970 pour contribuer à la déségrégation raciale. Le principe consistait à attirer des élèves de diverses zones scolaires pour encourager la mixité dans les établissements, en offrant divers apprentissages attractifs. *(N.d.T.)*

crire à l'école *magnet*, où elle ne connaissait personne, mais où sa personnalité serait peut-être un peu mieux encouragée.

« C'est là que, pour la première fois, j'ai eu des enseignants qui m'ont accueillie avec toutes mes particularités, se rappelle Audrey. Les projets et les devoirs étaient notés en fonction de la performance scolaire et de la créativité. Ici, j'étais la "petite comédienne" et "la rigolote", au lieu d'une "petite maligne", comme m'appelaient mes anciens professeurs, qui semblaient tous les jours essayer d'éradiquer mes élans créatifs. Aller à l'école *magnet* m'a donné la confiance nécessaire pour continuer, au collège et bien après, dans la voie de l'expression et de l'exploration personnelle. »

Il est intéressant de noter qu'Audrey et un pourcentage incroyablement élevé de ses camarades de classe dans cette école sont maintenant bien installés professionnellement dans un domaine artistique. Tous remercient leur école élémentaire de leur succès ultérieur.

« Je ne savais pas si la nouvelle école serait une solution valable, ou si elle pourrait se révéler suffocante pour elle – trop de tout et trop tôt –, se souvient maintenant la mère d'Audrey. Je tiens à préserver l'équilibre de mes enfants. Mais elle ne trouvait pas ce qui lui convenait dans son école. Et heureusement, elle l'a trouvé à l'école *magnet*. Je ne peux que me féliciter de l'y avoir inscrite. »

Permettre à nos enfants de s'épanouir créativement ne veut pas dire qu'ils deviendront des artistes professionnels mais qu'ils seront plus aptes à entrer dans une profession où ils pourront être plus complètement eux-mêmes.

Des parents proactifs, qui tiennent compte de ce que leurs enfants doivent trouver en dehors de l'école, entretiennent l'espoir d'un meilleur épanouissement créatif. Et avec des éducateurs tels que Russell Granet à la pointe de ce domaine, il y a aussi de l'espoir pour le système éducatif. En nous concentrant sur ce que nous pouvons faire en tant que parents, nous pouvons contrer un système éducatif malavisé.

DE L'ENFANT AU PARENT

Exercice

Choisissez un sujet que votre enfant connaît mieux que vous, et demandez-lui de vous en apprendre davantage. Soyez ouvert à l'apprentissage et à ses connaissances. Son acte d'enseignement – et votre apprentissage enthousiaste – l'enchantera probablement. « Tu sais des choses », « tu as quelque chose à dire, quelque chose à enseigner », « je veux apprendre de toi », voilà ce que cet exercice lui dit.

LES MONSTRES DANS LE PLACARD : LA HONTE ET LA CRITIQUE

Quand nos enfants crient la nuit, effrayés qu'il y ait quelque chose dans le placard ou sous le lit, nous leur affirmons avec une grande assurance qu'il n'y a rien à craindre. Nous sommes juste à côté, leur nounours est là pour les protéger, et tout va bien se passer. « Ce n'est pas pour de vrai, leur disons-nous. Tu es en sécurité. »

Quand nos enfants sont injustement critiqués ou qu'on les discrédite – parfois par nos propres paroles – les aider à se rétablir requerra une certaine finesse de notre part. Il faut prendre garde de faire honte à nos enfants de leur expression artistique. Si nous nous surprenons à les fustiger, nous devons nous dépêcher de faire amende honorable. Après avoir dit : « Mais arrête de chanter ! Tu m'agaces vraiment ! », il serait bon d'ajouter : « Je veux bien que tu chantes et que tu t'exprimes. Tu as une belle voix. J'étais juste énervé parce que ça devenait très fort et je n'arrivais plus à entendre tante Cynthia au téléphone. »

En revenant sur notre propre histoire, y a-t-il eu des moments où on nous a ridiculisés d'avoir voulu nous exprimer ? Nous devons prendre conscience que nos propres blessures sont à l'origine d'une cicatrice émotionnelle, et en voulant éviter de raviver la douleur, nous risquons parfois de repousser les tentatives artistiques initiales de nos enfants.

« Ma mère était belle, une vraie femme du Sud, grande, mince et magnifique, dit Holly. Elle se vantait de ses manières, de son style et de son sens des convenances, et elle voulait que ses filles l'imitent en tous points. » Les deux sœurs aînées de Holly étaient le portrait craché de leur mère : de magnifiques brunes au corps svelte. Quant à Holly, elle était très différente. Plus petite de quasiment trente centimètres, trapue avec des cheveux blond foncé, elle avait hérité du physique athlétique de son père.

« Je n'étais pas comme mes sœurs, ce dont j'ai toujours été consciente, se souvient-elle maintenant. Elles ont commencé à faire du ballet dès cinq ans, et j'ai essayé de suivre leurs pas, mais je n'avais absolument rien d'une ballerine. Je suis passée à la gymnastique, poursuit Holly, et j'ai pratiqué le tumbling… une gymnastique acrobatique tout en puissance. Dès dix ans, je faisais des compétitions juniors. Et dès dix ans, je savais que si ma carrure râblée et musclée était acceptable dans la salle de gym, elle n'allait pas avec les robes que ma mère voulait que je porte pour les réceptions qu'elle organisait. J'ai donc commencé à faire mes propres vêtements. J'ai adoré m'exprimer ainsi, et même si ma mère n'approuvait pas les modèles et mélanges fous que je créais, de toute façon, je les ai réalisés… et je les portais. Elle n'aimait pas ça, mais, en général, ne m'en empêchait pas. »

Holly se souvient d'une journée particulièrement pénible. « Ma tante et mes cousins étaient venus dîner. J'avais onze ans, et je venais de gagner la plus haute qualification que j'avais jamais obtenue en gymnastique. Le ruban était dans ma chambre et j'avais hâte de le montrer. J'ai mis une de mes tenues farfelues, et je suis descendue, toute fière de ce que je portais. Ma mère en a été horrifiée, disant que je ne pouvais pas “porter ça en société”. Elle m'a obligée à passer la même robe que mes sœurs et je me suis sentie mal à l'aise et pas du tout à ma place, sanglée dans toutes ses fanfreluches roses. En essayant d'améliorer mon apparence, j'ai ajouté quelques bracelets que j'avais faits et j'ai coiffé mes cheveux en une longue tresse sur le côté.

Lorsque ma tante et mes cousins sont arrivés, nous étions sur le porche, prêtes à les accueillir. Ma tante nous a toutes regardées de la tête aux pieds, puis elle s'est tournée vers ma mère pour dire : "Eh bien, au moins deux d'entre elles ont hérité de ton allure et de ton sens du style." J'étais si embarrassée ! Je n'ai pas dit un mot de la soirée, et je n'ai montré à personne mon ruban gagné à la gymnastique. »

Maintenant, Holly revient sur des photos d'elle à cette époque. « J'avais l'air super, dit-elle avec regret. J'avais l'air sportive et forte. Mais je ne ressentais que de la gaucherie par rapport à ma mère et à mes sœurs, et à leur idéal de beauté si typique du Sud. Quand je vois des photos de moi habillée comme je voulais, je vois une vraie personnalité. Mais ce que l'on me renvoyait de moi n'était pas une image favorable, et je me sentais embarrassée d'être moi-même et rabaissais ce que je valais en tant qu'athlète. Je voudrais pouvoir revenir en arrière et rassurer la gamine que j'étais alors. »

L'histoire de Holly est, malheureusement, fréquente. Si l'on nous fait sentir que quelque chose cloche avec notre physique, nous hésitons à nous mettre en avant. L'athlète qui peut briller sur le tapis de gymnastique, en en faisant des tonnes pour le jury, rétrécit hors de vue dans une robe qui ne lui va pas et qui l'oblige à être quelqu'un qu'elle n'est pas. Qu'on lui demande ainsi d'être quelqu'un d'autre, et elle ne tardera pas à douter également d'elle en tant que gymnaste. Rendue honteuse d'avoir un corps différent et raillée pour ses tentatives de création vestimentaire, Holly a été doublement piquée au vif. « J'aurais tant voulu être invisible ce soir-là, se souvient-elle. C'est tout ce que je voulais. »

La honte qu'on nous fait ressentir quand on s'exprime ou les critiques injustes nous mènent à intérioriser peu à peu l'idée qu'il est dangereux de s'exprimer pleinement et ouvertement. Quand on nous rend à tort honteux d'être créatifs, nous en venons à croire que nous avons tort de créer. Nous avons beau enfouir cette croyance sous l'apathie ou le pessimisme, la honte perdure, elle s'entretient en attendant notre prochaine tentative d'expression pour resurgir plus forte que jamais.

C'est pourquoi beaucoup d'entre nous se sentent embarrassés d'admettre qu'ils ont des rêves créatifs. C'est pourquoi beaucoup d'entre nous ont peur des rêves créatifs qui émergent chez leurs enfants.

Ici, nous devons impérativement nous montrer courageux. Nous devons faire face à ces sentiments qui nous habitent, même si nous ne le voulons pas, sinon nous risquons de rester bloqués et de décourager nos enfants par la même occasion. Suis-je en train de dire qu'il n'existe pas de critique utile ? Bien sûr que non. La critique intelligente, avis éclairé qui provoque en nous une soudaine prise de conscience indiquant la voie à suivre d'une manière constructive et sans blesser, est une critique bénéfique. La critique qui fait honte, qui demande « Comment oses-tu ? », qui ricane, qui cherche la petite bête, est une critique néfaste. La honte est un dispositif de contrôle. Rendre quelqu'un honteux, c'est tenter d'esquiver notre propre honte. Rendre quelqu'un honteux, c'est tenter d'empêcher l'autre d'agir comme il l'entend, de peur qu'il déclenche en nous de l'embarras.

L'acte artistique est à la fois effrayant et thérapeutique. L'art éclaire certains endroits qui demeurent dans l'ombre. L'art offre une perspective. Faire de l'art, à tous niveaux, est un acte de courage et une expression de foi.

Quand nos enfants sont humiliés ou critiqués, il faut faire preuve de fermeté dans notre soutien : ne pas montrer le moindre doute. Nous ne pouvons pas laisser la pensée négative prendre racine. Nous devons nous protéger autant que possible, ainsi que nos enfants, de la critique inutile. Il est impossible de l'éviter totalement, et donc, quand la critique néfaste arrive à votre porte, voici quelques mesures à prendre :

- Faites quelque chose de très maternant. Réconfortez le destinataire de la critique avec un acte de bienveillance concret.
- Analysez attentivement la critique. Que vous rappelle-t-elle ? Que révèle-t-elle à propos du critique ? La critique s'applique autant à celui qui la fait – si ce n'est davantage – qu'à celui qui la reçoit.
- Faites quelque chose avec votre enfant. Si une peinture a été critiquée comme étant trop « farfelue », peignez-en une autre encore plus farfelue.

La créativité est le seul remède à la critique.

LE MONSTRE DU PLACARD

Exercice

Complétez rapidement les phrases suivantes, sans trop réfléchir :

J'ai éprouvé de la honte quand ________________________________

S'il y a une personne qui m'a fait éprouver de la honte, c'est ______

Quand j'étais en proie à la honte, j'ai décidé que _________________

Quand j'essaie de faire éprouver de la honte à quelqu'un, je me doute que c'est parce que ____________________________________

Un acte bienveillant et susceptible de me guérir de cette honte serait _____

Un acte bienveillant et susceptible de guérir mon enfant de cette honte serait ____ ________

Chapitre 10

CULTIVEZ L'HUMILITÉ

En adoptant une vie dédiée à la créativité, nous apprenons la juste mesure. En pratiquant la modestie, nous apprenons l'humilité. Nos enfants, également, apprennent la juste mesure en évaluant leurs efforts par rapport à leurs propres critères plutôt qu'à ceux d'autrui. Nous avons raison de prendre au sérieux les dons de nos enfants. Cependant, reconnaître la valeur de leur vie créative et des talents de leurs frères et sœurs, ainsi que de leurs petits camarades, est une question délicate. Même avec les meilleures intentions, accorder trop d'importance à leurs talents peut engendrer le perfectionnisme, l'esprit de compétition et la déconnexion par rapport au dessein de Dieu. Humbles, nous sommes tous au mieux de notre épanouissement. Humbles, nous sommes au plus près de Dieu.

L'ADDICTION À LA CÉLÉBRITÉ

Ah ! La célébrité ! C'est une drogue américaine, une distraction vénéneuse, insidieuse. Elle nous attaque à tout âge, nous disant que si nous n'y sommes pas encore arrivés, ça n'arrivera jamais. (Traduction : Il est trop tard. Tu n'es pas assez doué. Pourquoi même essayer ?) Du journal télévisé aux gros titres des journaux est relaté l'énorme succès de *people*

(1) plus jeunes que nous ou que nos enfants ;

(2) moins talentueux, à nos yeux, que nous ou nos enfants ;

(3) plus riches et plus chics que nous.

Dès que nous nous comparons aux normes hollywoodiennes, nous nous convainquons que l'inaction nous correspond. « Je ne peux pas rivaliser avec ça, pensons-nous, alors pourquoi même essayer de faire quoi que ce soit ? » Ou encore : « C'est vraiment trop injuste ! Sa fille n'est pas aussi douée que la mienne, mais sa famille est devenue riche grâce à la chance qu'on lui a donnée. » Il ne faut pas longtemps avant que ces pensées ne deviennent : « À quoi bon ? » Et dès que cette sentence nous saisit, nous risquons vite de nous convaincre que tout effort est inutile.

Ce matin, l'une de mes amies a appelé. Elle est en plein milieu d'un divorce et sera bientôt seule pour élever son fils unique. Elle en est effrayée, à juste raison, et, à l'entendre, elle essaie de se concentrer sur tout sauf sur les contraintes que lui impose chaque jour sa situation actuelle.

« Je dois écrire un livre, me dit-elle, ou un scénario. J'espère que ce sera un succès, comme ça, je serai riche et célèbre, et je n'aurai plus à m'inquiéter de quoi que ce soit. »

Hum, pensais-je. « Je dois écrire un livre à succès », voilà un point de départ plutôt glissant. « Je dois écrire ce que j'ai à écrire », voilà comment on garde les pieds sur terre. Il est possible que mon amie écrive un livre ou un scénario à succès, mais en se fixant cet objectif dès le départ pour sa première tentative d'écriture, elle place inutilement la barre trop haut. Veut-elle écrire ? Sent-elle une profonde envie d'écrire et de s'exprimer par ce moyen ? Veut-elle devenir riche et célèbre pour ne « plus s'inquiéter de rien » ? Il se pourrait que ce qu'elle désire vraiment, ce soit d'oublier un moment ses soucis.

Gagner de l'argent et recevoir des acclamations pour nos efforts créatifs nous donne rarement l'occasion de faire une pause. Plus fréquemment, c'est l'inverse qui se produit. Nous devenons très demandés. Il y a davantage de pression et de requêtes, davantage de gens nous en demandant, eh bien, *davantage*.

« La célébrité est un produit dérivé, me dit mon amie agent littéraire. Les gens me réclament constamment de "les rendre célèbres". La célébrité découle, de temps en temps, du travail accompli. Cela ne peut être l'objectif premier, et c'est la partie de l'équation sur laquelle nous avons le moins de pouvoir. Mon boulot consiste à aider les artistes à bien travailler et à être justement rémunérés pour leur travail, dit-elle. Tous ceux qui affirment être des faiseurs de stars ont tort de se concentrer là-dessus et, franchement, ce ne sont que des promesses en l'air. »

La célébrité existe à tout niveau, que ce soit sur une scène nationale ou internationale, ou au sein de notre petite communauté. Se concentrer sur la célébrité parasite ce que nous faisons et ce que font nos enfants. Au lieu d'être fier de votre fille pour son rôle dans une pièce de théâtre à l'école, vous êtes obnubilé par le fait qu'elle soit quasiment hors champ sur la photo publiée dans le journal local, ou qu'une autre fille ait reçu l'attention que méritait la vôtre. L'objectif devient dès lors la notoriété acquise pour avoir joué dans une pièce et non le plaisir pris à interpréter cette pièce.

En récompensant les efforts, en louant le processus plutôt que le résultat, nous insufflons à nos enfants le désir de réaliser leurs potentiels. Indépendamment du niveau d'aptitude naturelle de chacun, pour arriver à de grandes réalisations, tout le monde doit déployer de grands efforts. Comme le dit Thomas Alva Edison : « Le génie, c'est un pour cent d'inspiration, quatre-vingt-dix-neuf pour cent de transpiration. » Tant que nos enfants savent que le travail n'est jamais fini, la profondeur de leur potentiel est infinie.

Il est plus efficace de récompenser une pratique quotidienne du piano que de célébrer outre mesure une « victoire » lors d'un concours musical local. L'excellence est merveilleuse en soi, mais il y a toujours un autre concours, plus important. « Gagner » est temporaire et doit être mis en perspective comme étant une réjouissante occasion plutôt qu'une fin en soi. L'épanouissement se produit par à-coups et de manière imprévisible : deux pas en avant, un pas en arrière. Nous devons agir en douceur, envers nous-mêmes et nos enfants. C'est dans l'effort quotidien et consciencieux pour progresser que se situent la magie du potentiel et le véritable pouvoir de l'action.

Nous apprécions tous – et le méritons – que nos efforts soient reconnus. Nous ne pouvons garantir que nous serons reconnus précisément quand et comment nous le souhaitons. Mais nous ne serons jamais satisfaits tant que nous serons obsédés par l'idée d'être complimentés pour nos actions. Lorsque nous nous focalisons hors de nous-mêmes en nous comparant à d'autres qui nous donnent l'impression que nous ne sommes pas à la hauteur, nous nous concentrons constamment sur le manque. En nous concentrant sur le manque, notre plaisir au fil du procédé s'amenuise peu à peu. En nous concentrant sur le manque, nous nous discréditons, et ce faisant, notre enthousiasme diminue envers les succès bien mérités des autres. La célébrité est changeante, et la célébrité peut être toxique.

À tout niveau, sur n'importe quel sujet, l'addiction à la célébrité peut nous handicaper. Une de mes étudiantes parle de ce qui lui est arrivé récemment pendant les vacances d'été.

« L'autre jour, j'étais à la piscine avec mes enfants. Tout un groupe de mamans s'y trouvait, et je les ai écoutées raconter des potins sur le classement des enfants lors de la rencontre de natation de la semaine précédente. Je les ai entendues chuchoter au sujet d'un gamin qui avait gagné presque tous les rubans bleus. "Sa mère est là-bas, sans doute encore en train d'essayer de faire publier la photo de son fils dans le journal", a insinué une femme. J'ai tourné les yeux vers la mère en question, et elle ne faisait absolument rien du tout. Son fils n'avait pas volé la victoire aux autres gamins. C'est ce que j'ai dit à ces mères, et ma popularité en a pâti, mais je vais vous dire, c'est devenu beaucoup plus silencieux de notre côté de la piscine. Je préfère entendre un silence embarrassé qu'une maman se plaindre de l'avantage soi-disant injuste d'un autre enfant. Tous nos enfants nagent. Tous reçoivent parfois des rubans. Pas la peine d'en faire un drame. Je refuse de devenir mesquine à cause de la couleur d'un ruban. »

En nous concentrant sur la générosité et l'encouragement, envers nous-mêmes et autrui, nous devenons forts. Remarquer et apprécier vraiment les efforts de nos enfants et le leur faire savoir est valorisant. De petites actions concrètes concernant nos réalisations et celles de nos enfants peuvent contribuer à atténuer l'emprise de la célébrité sur notre esprit. Quand notre fille joue dans une pièce de théâtre à l'école, nous pouvons marquer le coup en réalisant avec elle un album-souvenir où l'on conservera le talon du billet et un échantillon du tissu de son costume. Nous pouvons l'aider à répéter ses répliques et l'applaudir dans le public. Nous pouvons filmer le spectacle pour envoyer le DVD aux grands-parents et aux amis. Et quand la pièce est finie, nous pouvons lui demander ce qu'elle aimerait faire ensuite.

LA LISTE DE SOUHAITS

Exercice

Quand nous sommes obnubilés par la célébrité, nous nous concentrons sur quelqu'un d'autre. Afin de briser cette pénible fixation, nous devons reporter notre attention sur nous-mêmes. Pour ce faire, nous ferions bien de rapidement nous reconnecter à nos véritables désirs. L'addiction à la célébrité nous encourage à nous laisser consumer par quelque chose en dehors de nous, quelque chose dont nous n'aurons jamais « assez ». Cependant, notre véritable pouvoir consiste à nous concentrer sur l'intérieur plutôt que sur l'extérieur. L'un des moyens les plus rapides à ma connaissance pour faire revenir notre concentration sur notre Moi authentique, est un outil appelé « la liste de souhaits ». Son principe est des plus simples : il suffit d'écrire vingt-cinq phrases débutant par « Je souhaite… ».

Exemples :

Je souhaite avoir du temps pour un massage.

Je souhaite perdre cinq kilos.

Je souhaite être plus lucide en ce qui concerne Jeff et passer à autre chose, car cette relation me remplit de confusion.

Je souhaite prendre le temps de vraiment nettoyer la terrasse.

Je souhaite pouvoir me permettre d'acheter une nouvelle voiture.

Essayez, à présent. Vos souhaits peuvent être grands ou petits, sublimes ou ridicules. Il n'existe pas de mauvais souhaits.

Je souhaite ____

Lorsque j'utilise cet outil, ou que mes étudiants y ont recours, une certaine magie se déclenche. En projetant ainsi notre imagination sur l'avenir, nous imaginons que nos désirs se font réalité. L'espace d'un instant, nous faisons comme si nous avions ce que nous souhaitions. Et durant cet instant, nous entrons à la fois en contact avec notre désir et la possibilité de le voir comblé.

En faisant cette liste, nous nous relions à nous-mêmes. Et comme il n'y a pas de mauvais souhaits, nos idées sont libres de nous venir à l'esprit, sans restriction. Il s'agit d'un instrument puissant, et j'encourage vivement mes étudiants à écrire souvent leurs souhaits – et de bien conserver ces listes. Il est très fréquent d'y revenir des semaines ou des mois plus tard pour constater que, en effet, bon nombre de ces souhaits ont été « exaucés ».

LA COMPÉTITION

La compétition, tout comme les brumes abrutissantes de la célébrité, est une drogue spirituelle. La compétition compare notre « intérieur » à l'« extérieur » d'autrui. La compétition se concentre sur comment gagner et perdre, réussir et échouer, plutôt que sur la tâche à accomplir : faisons-nous de notre mieux ? Suivons-nous les étapes que nous savons être nécessaires ? Apprécions-nous nos tentatives ? Lorsque notre concentration se reporte directement sur quelqu'un d'autre – la compétition –, nous faisons obstacle à ce qui est bon en nous et ralentissons notre progression.

Il est paradoxal que ceux qui ne se concentrent pas sur les autres progressent généralement plus vite et restent plus facilement en tête. En nous concentrant sur nous-mêmes et sur l'objectif approprié que nous nous sommes fixé, nous éprouvons de la satisfaction. Nous évoluons à un rythme adapté et sommes comblés par l'expérience.

Quand la compétition nous ensorcelle et que nous nous concentrons sur l'évolution d'un adversaire ou d'un modèle au lieu de la nôtre, nous cédons au mythe du « l'un *ou* l'autre » – soit c'est mon enfant qui réussit, soit c'est l'autre. Soit je suis la meilleure mère, soit c'est l'autre. Nous devons être attentifs à créer un environnement où les louanges sont légion. En montrant ainsi à nos enfants que nous apprécions leurs efforts tout en complimentant ceux de leurs camarades, nous leur apprenons à faire de même. Le propos de la créativité, c'est de créer. Mais lorsque nous nous demandons : « Pourquoi est-ce sa fille qui a l'avantage ? » ou « Comment se fait-il que son père gagne plus que moi ? », nous nous dissuadons – ainsi que nos enfants – de créer, et tout ce que nous réussissons ainsi, c'est d'éviter de faire nous-mêmes ce qu'il faut.

Se concentrer sur la compétition, pour parler franchement, équivaut pour le créateur à un système de blocage. Notre énergie étant concentrée sur autrui, généralement quelqu'un de notre connaissance, le système est particulièrement efficace. Pendant que nous sommes occupés à observer l'autre personne, en nous demandant pourquoi la vie est si injuste, il est difficile de revenir à notre cas et de nous enquérir : « Est-ce que mon enfant a terminé ses devoirs et pratiqué le violon aujourd'hui ? »

En vérité, la vie de l'autre n'a aucun lien avec la vôtre. En réalité, les talents du petit camarade de votre enfant ne privent pas celui-ci de ses propres capacités. Votre enfant se responsabilise par l'action, et les actions à entreprendre ne manquent pas. Chaque fois que nous nous surprenons à demander : « Pourquoi a-t-il ça ? » ou à nous plaindre : « N'est-ce pas injuste ? », nous devons immédiatement nous poser cette question : « Quelle est l'action que je cherche à éviter ? »

J'ai souvent dit que la compétition était à l'origine de nombreux blocages créatifs. Une saine concentration sur soi ne peut qu'être bénéfique et inciter nos enfants à éviter les nombreuses heures gâchées à faire une fixation sur ce qu'ils ne peuvent pas contrôler (les actions d'autrui) au lieu de s'intéresser à ce qu'ils peuvent contrôler (leurs propres actions).

Une femme de ma connaissance explique qu'elle a grandi dans l'ombre de son talentueux frère aîné. De trois ans sa benjamine, elle marchait toujours sur ses pas, mais « avec trois ans d'écart », comme elle le dit. Elle se considérait comme moins talentueuse que lui et devait constamment résister à la tentation de se comparer à lui. Les choses semblaient aisées pour son frère, alors que les tentatives qu'elle faisait lui donnaient l'impression d'être plutôt laborieuses. La compétition entre son frère et elle était par ailleurs renforcée à la maison. « Ton frère est très créatif », lui disait sa mère. Et désirant être comme lui, elle n'arrêtait pas de marcher sur ses traces, ce qui accentuait encore la rivalité sous-jacente. Le voyant apprendre le piano et faire du théâtre, elle apprit aussi le piano et fit du théâtre.

« Il me soutenait toujours, dit-elle de son frère. Ce n'était pas sa faute si je le voyais comme le jeune prodige et me comparais à lui dans tout ce que je faisais. Sa réussite influençait la vision que j'avais de mes capacités et de ma créativité. Comment pouvais-je sérieusement continuer la musique en n'ayant pas le même talent que lui ? Comment pouvais-je me qualifier d'actrice alors que j'étais le numéro cinq dans le chœur du roi Arthur, interprété par mon frère ? »

Son histoire est banale et, bien sûr, c'est dans la nature humaine de regarder ceux qui nous entourent pour nous comparer à eux. Or, nous ne nous rendons pas du tout service quand nous décidons que la voie d'un autre représente un modèle à suivre. Mon amie est aujourd'hui directrice artistique d'un théâtre. Elle supervise en visionnaire une grande troupe et son expérience lui permet souvent de se lancer dans l'action en personne pour aider les éclairagistes, contribuer aux paroles des chansons, ajuster les costumes quand, comme elle le dit, « quelqu'un se doit d'intervenir ». Apparemment, elle est devenue une professionnelle créative fonctionnant à plein régime.

« Comment as-tu surmonté ton insécurité ? lui ai-je demandé.

— Je ne l'ai probablement pas vraiment surmontée, m'a-t-elle répondu, mais j'ai appris à compter de plus en plus sur moi. »

Elle m'a raconté l'histoire du premier été où elle est partie toute seule pour un séjour de deux semaines chez ses cousins en Pennsylvanie afin de donner un coup de main dans leur théâtre local.

« Mon frère n'étant pas à proximité, et personne au théâtre ne me connaissant comme "la sœur de Sam", j'étais libre d'être moi-même. On me considérait pour mes propres talents et valeurs. J'adorais l'indépendance et, à dix ans, j'ai eu le sentiment que j'étais vraiment devenue une femme indépendante. Je me trouvais dans la Pennsylvanie rurale, et le théâtre était près de la maison de mes cousins. Nous pouvions y aller à pied tout seuls et j'adorais avoir ce genre d'autonomie. Ayant grandi sous l'œil vigilant de mes parents dans la banlieue de Detroit dominée par les voitures, je me sentais si libre durant ces étés, d'un point de vue personnel et créatif. »

En nous concentrant sur la compétition, nous empoisonnons notre propre puits d'inspiration. En nous concentrant sur les efforts positifs plutôt que sur ce qui en résultera, nous pouvons faire de prodigieuses avancées. En créant un environnement où les enfants sont félicités pour leurs actions justes, nous leur enseignons à attacher de l'importance à la nature progressive de tout accomplissement. En suivant notre exemple, ils apprennent à être fiers de chaque progrès qu'ils font, ainsi qu'à apprécier les efforts de leurs petits camarades.

LA CHOSE À FAIRE ENSUITE

Exercice

Il n'y a jamais vraiment qu'une action à choisir : la prochaine. Lorsque nous nous laissons consumer par ce que fait quelqu'un d'autre, il est temps de considérer ce que nous faisons. Cent pour cent du temps, que ce soit pour nous ou nos enfants, un intérêt malsain concentré sur autrui n'équivaut qu'à une technique de distraction pour éviter de faire ce qui est nécessaire. La bonne nouvelle, c'est qu'il est très simple de briser le sortilège. La réponse quant à notre meilleure prochaine action est généralement bien enfouie dans les confins de notre conscience.

Complétez les phrases suivantes :

Je suis distrait(e) par____________________________, parce qu'il/elle est ____

Je crois que l'action que je cherche à éviter dans ma vie, c'est _____
____

FRÈRES ET SŒURS

Avec ses deux pianos, un pour l'étude et un pour s'amuser, la maison des Cameron était remplie de musique. Maman Dorothy jouait la *Suite de Casse-Noisettes* quand elle était de bonne humeur, et la valse *Le Beau Danube bleu* quand elle ne l'était pas. Nous autres, sept frères et sœurs, avons très vite appris à déchiffrer ces indices musicaux. Ma sœur Connie jouait de la musique qu'elle improvisait, tout comme mes frères Jaimie et Christopher. Lorrie préférait la musique classique, ce qui l'apaisait quand la maisonnée se faisait trop mouvementée. Le foyer familial restait rarement sans musique. Ceux d'entre nous qui suivaient des cours de musique allaient au clavier pour s'exercer. Dans la maison des Cameron, les pianos étaient quasiment toujours « occupés », et nous devions négocier entre frères et sœurs pour avoir notre tour. Les autres s'amusaient au son de nos efforts. La musique nous imprégnait jusqu'aux os. Jaimie comme Christopher avaient une affinité particulière pour le piano. Ils pouvaient improviser durant des heures, et même parfois des thèmes pour nous faire danser, nous les filles.

Une fois par semaine, nous avions une leçon de piano dispensée par sœur Mary Jane. Grâce à elle, nous avons acquis davantage de compétences musicales formelles, comme le solfège et comment utiliser notre main gauche. J'étais douée pour jouer à l'oreille, mais pas autant pour lire les partitions. Ma sœur Connie lisait la musique couramment mais n'arrivait guère à jouer à l'oreille.

Étant donné que les artistes ont, par-dessus tout ou presque, besoin de soutien, il faut veiller à la fois à recevoir du soutien nous-mêmes et à en donner à nos enfants. Malheureusement, bon nombre de foyers permettent à une hiérarchie naturelle de s'installer, où les enfants qui excellent reçoivent bien plus d'attention que ceux dont les efforts ne paient pas immédiatement.

Nous devons tous rester vigilants par rapport à cette tendance de comparer entre eux nos enfants. Bien évidemment, chacun est différent, et il est naturel de noter les similitudes et les différences entre frères et sœurs. Étiqueter un enfant comme « le musicien », cependant, peut mettre hors course ses frères et sœurs dans un domaine où ils auraient pu trouver du plaisir, voire, avec le temps, exceller.

Il est tentant de faire capoter la compétition potentielle entre les enfants d'une même famille en les empêchant simplement de poursuivre les mêmes projets, mais ce faisant, nous limitons leur liberté de choix. Ce n'est pas parce que l'aîné joue de la clarinette que cet instrument est désormais « pris » et que la cadette doit en choisir un autre. De même, ce n'est pas parce que l'aîné joue de la clarinette que l'enfant suivant doit aussi en jouer. En encourageant chez nos enfants l'exploration libre, nous leur permettons de faire des découvertes et permettons à leur personnalité de s'épanouir.

Mon collègue Michael raconte comment il a grandi dans une famille de quatre enfants. « Mes frères et sœurs et moi avions tous quatre à cinq ans d'écart, dit-il. À un moment donné, nous avons tous appris un instrument, et mon père étant du genre sportif, nous avons tous dû nous inscrire à des activités sportives. Les règles de base de notre famille étaient sans équivoque. Tout le monde étudie la musique. Tout le monde fait du sport. Tout le monde doit avoir de bonnes notes. Et nous avions tous cela en commun. Mais à part ça, nous étions totalement différents les uns des autres. »

Tous quatre, à présent adultes, partagent un ensemble de valeurs bien défini, mais, en effet, ils ont suivi des directions très différentes. Ils vivent dans quatre États et poursuivent diverses activités : l'aîné enseigne au lycée à Boston ; la cadette est infirmière en Caroline du Sud ; le troisième est resté dans la ville où il a grandi, enseignant en CE1 à l'école élémentaire où il est lui-même allé ; quant au quatrième, il est scénariste et vit à Hollywood.

« Ils sont tous différents, en effet, dit leur mère. Deux d'entre eux étaient doués pour le sport, tandis que les deux autres détestaient ça. Il n'y en a eu qu'un seul à vraiment s'intéresser à la musique, mais, à un certain degré, ils l'ont tous appréciée. Selon moi, déterminer leurs véritables talents et centres d'intérêt et les encourager à les suivre est ma grande réussite. »

Je lui ai signalé qu'une telle insistance sur l'individualité est inhabituelle, et compte probablement pour beaucoup dans l'énorme succès dont chacun de ses enfants bénéficie à présent.

« Je ne sais pas si c'est inhabituel, m'a-t-elle répondu, mais je sais que c'était ce que j'avais à faire. Le pire, ç'aurait été d'essayer de faire d'un de mes gamins quelqu'un qu'il n'était pas. Ce n'est pas parce qu'ils sont frères et sœurs qu'ils veulent nécessairement les mêmes choses. Quatre personnes vivront leur vie à leur manière, finalement. Tout ça pour dire que tout le monde doit se soutenir mutuellement. Cette règle n'est pas négociable. Pas de rosserie permise chez moi. Si quelqu'un veut essayer quelque chose, ne le jugez pas avant qu'il ait commencé.

« Oh, il y a des querelles, a repris leur mère. Malgré tout. Mais la voix de chacun est respectée. Nous savons que nous pouvons tous compter là-dessus. »

En laissant à tous la liberté de s'exprimer – et en respectant la parole de chacun –, nous permettons aux impulsions individuelles de trouver leur voie vers l'action, et aux intérêts de se développer en passions. Si nous faisons montre d'ouverture d'esprit, nos enfants apprendront à faire de même. Les aînés tendront la main aux plus jeunes qui, à leur tour, inspireront les plus jeunes encore. En restant fermes sur l'idée d'instiller à la maison un comportement de générosité et en nous montrant souples quand chaque enfant de la fratrie s'exprime personnellement, nous élevons nos enfants pour qu'ils agissent en leur nom, tout en ouvrant la voie aux idées et aux désirs des autres.

OFFREZ UN CADEAU

Exercice

Avec votre enfant, choisissez à qui offrir un cadeau. La seule condition préalable est que ce soit quelque chose que vous aurez vous-mêmes réalisé. Cela peut être un poème, une chanson, un dessin. Si votre enfant a des frères et sœurs, demandez à chacun d'offrir un cadeau à un autre. Ainsi, tous donneront et tous recevront. Parmi la fratrie Cameron, jusqu'à ce jour, nous faisons à tour de rôle « qui a qui » et, tous les Noëls, chacun offre au frère ou à la sœur désigné un objet décoratif. Résultat : nous avons tous de joyeux sapins bien décorés de souvenirs de famille.

LA MISE SOUS PRESSION

On met la pression à nos enfants de bien des manières. À l'école, il arrive que les professeurs donnent une quantité considérable de devoirs à faire à la maison, sans aucune considération apparente pour le volume de travail donné dans d'autres matières. Les emplois du temps sont surchargés et les activités extrascolaires abondent. Aujourd'hui, on a un cours de chant, un entraînement de foot, des tâches ménagères, des devoirs. Et nous ferions mieux d'ajouter au moins une demi-heure de guitare, étant donné que le cours approche samedi matin et qu'on n'a pas pu pratiquer hier. Oh ! Et à propos, il faut exceller dans tous ces domaines. Nous voulons entrer dans une bonne faculté, n'est-ce pas ?

À une époque où l'entrée en école maternelle privée devient aussi sélective qu'une demande d'inscription dans une université reconnue, et où les parents font éduquer leurs enfants par un précepteur afin qu'ils entrent dans un établissement public dispensant des programmes « pour les doués et talentueux », nous devons protéger nos enfants des attentes infinies disant que le plus est le mieux, et le mieux est un plus. Lorsqu'on met la pression à un enfant pour qu'il devienne un « grand » violoniste alors qu'il en est encore aux rudiments de l'instrument, il risque de perdre le plaisir d'apprendre et pourrait bien croire que s'il n'est pas déjà un « grand », il est cause de déception d'une façon ou d'une autre. Lorsque nous récompensons la réussite en y accordant plus d'attention qu'à l'effort et à l'intérêt, nos enfants se mettent à ressentir qu'ils ne méritent notre amour que quand ils réussissent.

Kristin, écrivain, a grandi à Manhattan. Avec les meilleures intentions du monde, ses parents, des banquiers, ne voulaient que le meilleur pour leur fille unique. De la maternelle au lycée, ils l'ont inscrite dans des écoles prestigieuses. Elle a pu côtoyer des écrivains et fréquemment faire part de son travail à des auteurs qu'elle admirait. Alors qu'elle était encore au lycée, un célèbre magazine a publié une nouvelle qu'elle avait écrite.

Rétrospectivement, elle parle ainsi de son expérience : « Je suis reconnaissante. J'ai conscience d'avoir eu de la chance. Mais c'était bien trop, et trop tôt. J'ai eu beaucoup d'occasions enrichissantes grâce au quartier où je vivais et au statut de mes parents, bien davantage qu'en raison de mes propres talents ou de mes intérêts du moment. Cela m'a fait grandir tellement vite ! J'étais comme une petite adulte. Je n'avais rien d'une enfant. »

Kristin est ensuite allée dans une faculté très sélective, qu'elle décrit comme « tellement plus facile que le lycée ». À vingt-cinq ans passés aujourd'hui, elle est organisée et professionnelle. Elle donne des cours dans une salle de gym tout en cherchant du travail en tant qu'auteure.

« Mon principal problème, cependant, c'est que je me mets trop de pression, me dit-elle. Chaque jour, c'est comme si je recommençais à zéro. Je vise constamment un niveau d'excellence impossible et imaginaire, si lointain que je n'arriverai jamais à l'atteindre. »

Alors que Kristin travaille actuellement à reconquérir sa créativité, ayant pris conscience qu'elle a le droit de jouer et d'expérimenter, elle se rend compte que c'est avant tout la pression de réussir qui l'empêche d'entreprendre de nouveaux projets avec humilité. « Je n'ai que vingt-six ans, me dit-elle, mais je me sens trop vieille pour essayer quelque chose de nouveau. Je veux éviter de faire mauvaise impression. »

En élevant nos jeunes enfants, nous devons rester vigilants quant au langage que nous employons et aux messages que nous transmettons. Les enfants n'ont pas de complexes. Ils ne craignent pas de « faire mauvaise impression » lorsqu'ils tentent de nouvelles expériences. Notre mission consiste à préserver cet état de choses aussi longtemps que possible et, si des pressions extérieures viennent tout gâcher, à rappeler à nos enfants qu'ils sont précieux et adorables, indépendamment de ce qu'ils accomplissent.

Eric est titulaire d'un doctorat obtenu dans l'une des plus prestigieuses universités de la Côte Est. Élevé à Philadelphie par des parents issus de la première génération d'immigrants japonais, il me décrit les exigences de réussite que faisait peser sur lui sa famille.

« Nous devions tous exceller à l'école, ainsi que dans d'autres domaines. Dès notre plus jeune âge, nous étions inscrits à des cours. Pour moi, c'était la musique. Pour mon frère, c'était le golf. Il régnait une discipline de fer dans notre foyer. Nous étions au lit à vingt-deux heures et levés à cinq heures. Nous pratiquions notre instrument ou notre sport ; nous faisions nos devoirs bien en avance. Nous lisions des livres et nos parents ajoutaient toutes sortes d'enseignements supplémentaires à notre éducation scolaire. On nous a surtout enseigné que travailler dur était payant et que nous devions aller dans de bonnes écoles. Mon frère et moi sommes allés tous les deux dans des universités prestigieuses de la Côte Est. Mon frère est maintenant avocat et je suis devenu chercheur scientifique. Dirais-je pourtant que nous sommes créatifs ? Je ne sais pas. »

Eric est maintenant papa, d'une fille. « J'ai parfaitement conscience de l'élitisme universitaire et du snobisme intellectuel qui existent dans le monde. Je regrette d'avoir à le dire, mais je ne suis pas sûr de vraiment y adhérer – moi qui ai passé dix ans dans un établissement d'études supérieures ! »

Bardé lui-même de privilèges et d'honneurs académiques, Eric reconsidère la voie qu'il encouragera sa fille à suivre. « Peut-être ne devrais-je pas dire ça, me confie-t-il. Moi, plus que n'importe qui, je sais ce que sont des diplômes d'études supérieures. Mais en fait, que ma fille aille en fac ne me préoccupe pas outre mesure. Elle n'a que sept ans, et elle n'arrête pas de dire qu'elle veut devenir chef pâtissière. Elle est très créative, et je ne veux vraiment pas briser son élan. Si elle va dans une école de cuisine et ouvre une pâtisserie comme elle en exprime le rêve, en sera-t-elle quelqu'un de moins bien loti que moi avec tous mes diplômes ? Je ne pense pas. »

Il faut du courage pour ne pas mettre la pression à son enfant. Les parents souhaitent souvent que leurs enfants aient ce qu'ils ont eu ou ce qui leur a manqué eux-mêmes, ils veulent qu'ils aient le « meilleur », qu'ils réussissent. Mais si nous nous installons confortablement pour prendre le temps d'observer comment nos enfants font les choses – et pas seulement comment ils les font *bien* –, nous leur montrons que nous sommes à leur écoute et que ce qu'ils disent vaut la peine d'être entendu. En portant trop d'attention à la réussite de nos enfants, nous nous concentrons davantage sur le résultat que sur le processus. Or, c'est la participation joyeuse au processus créatif que nous devons encourager dans notre foyer.

DÉFOULEZ-VOUS

Exercice

Nos enfants sont pleins d'énergie. De même que nous pouvons nous employer à soulager la pression qui s'accumule inévitablement, en provenance à la fois de l'extérieur mais aussi parfois au sein même du foyer, il nous incombe de planifier à l'occasion une aventure en famille, avec comme seul objectif de bien s'amuser. Il vaut mieux que cette aventure soit d'ordre physique – comme aller à la plage, dans un nouveau parc ou sur une nouvelle aire de jeux, aller visiter une ferme ou encore un parc à thème, un parc aquatique. Grande ou petite, cette aventure devrait encourager les participants à se dépenser physiquement et à s'amuser. En prévoyant cette sortie bien en avance comme un événement à attendre avec impatience, nous pouvons organiser notre emploi du temps pour en faire une priorité. Et quand l'aventure sera terminée, il est probable qu'elle nous aura tous régénérés, et remis les idées au clair, ce qui nous aidera à gérer – voire à mettre à profit – les pressions quotidiennes inévitables auxquelles nous devons faire face.

Chapitre 11

CULTIVEZ L'INDÉPENDANCE

En enseignant à nos enfants à pratiquer une saine autonomie, nous leur enseignons à se définir selon leurs propres critères. Lorsque nous les aidons à interpréter – et parfois à abandonner – les étiquettes qu'on aurait pu arbitrairement leur appliquer, nous les aidons à se voir tels qu'ils sont : des personnalités originales. En leur enseignant les normes sociales, nous leur enseignons aussi jusqu'à quel point s'y conformer. En nous efforçant d'être disponibles pour eux sans l'être *trop*, nous leur donnons des racines et des ailes. En trouvant un juste équilibre entre le soutien et l'indépendance, nous leur accordons la liberté d'être eux-mêmes.

L'IDENTITÉ ET LES ÉTIQUETTES

À mesure que nous voyons émerger l'autonomie que nous avons encouragée chez nos enfants, nous pouvons être amenés à fixer de nouvelles limites, car ces avancées imprévisibles promettent des changements au jour le jour. Certaines de ces limites sont destinées à nos enfants : « Ça ne me dérange pas que tu chantes à pleins poumons dans le salon, mais si tu grimpes sur la table au restaurant pour faire la même chose, on nous demandera de partir. » D'autres limites nous sont destinées : « Pour faire court, aujourd'hui, je ne dirai rien de négatif sur les efforts créatifs de mon enfant. Même s'il fait de terribles couacs au trombone, je me contenterai de l'encourager à pratiquer et le récompenserai en temps et en heure. » Il nous faut aussi déterminer des limites pour autrui : « N'étiquetez pas mon enfant. Ne comparez pas mes enfants entre eux. »

Tandis que l'identité se forme et que nous laissons nos enfants faire des choix et trouver des moyens pour devenir indépendants, nous devons faire attention aux étiquettes. Les étiquettes peuvent être exprimées avec insouciance, mais resteront collées durant des années. Stephanie a étudié avec la même professeure de piano de six à dix-huit ans. Durant presque toute sa scolarité, ce cours hebdomadaire représentait le point culminant de sa semaine. Lorsque Stephanie a dit à sa professeure de piano qu'elle allait entrer en fac pour étudier le théâtre en matière principale, celle-ci lui a rétorqué : « Oh, voilà qui est surprenant ! Je croyais que c'était ton frère qui jouait toujours le premier rôle dans les pièces. »

« Je n'arrive pas à croire qu'elle m'ait dit ça, me dit-elle à présent. Et entendre ce commentaire de la part de quelqu'un qui me connaissait ! Elle s'intéressait de près à mon frère durant tout ce temps – c'était son chouchou – mais ce qui est étonnant, c'est sa manière si désinvolte de dire une chose pareille. Sa remarque m'a affectée, pas assez pour m'empêcher de faire ce que je fais, mais suffisamment pour que je repense à cette histoire – et la raconte – à plusieurs reprises depuis… »

La créativité naît de la générosité et s'épanouit là où est présent un sentiment de sécurité et d'acceptation de soi. Votre enfant est le plus heureux quand il se sent protégé, en sécurité. En tant que parent qui protège son enfant, vous devez apprendre à le mettre en relation avec des compagnons de confiance. Les influences toxiques peuvent empoisonner le développement artistique de vos enfants. Comme on s'en doute, les commentaires les plus toxiques viennent de personnes dont la créativité demeure bloquée. Se sentant menacées par la liberté et la créativité émergente de nos enfants, ces personnes se défoulent dans une tentative malencontreuse et teintée de jalousie de se protéger.

Je demande à mes étudiants quel a été le plus grand obstacle à leur créativité dans leur enfance. Les doigts se lèvent immédiatement.

« Être étiqueté comme "n'ayant pas l'oreille musicale". La musique était l'activité de ma sœur. »

« Mes parents me disant de faire quelque chose qui rapporte. »

« Mon père me disant d'arrêter de lire et de faire quelque chose d'utile, pour une fois. »

« Qu'on se soit moqué de moi parce que je voulais danser. »

« Un professeur de dessin qui m'a crié dessus pour avoir colorié en dehors des lignes. »

« Ma mère en train de critiquer mes dessins. »

« Les sarcasmes de ma tante au sujet de mes poèmes. »

« Mon professeur de piano me disant de "ne jamais rater une note" pendant un concert. Sa remarque m'a arrêté dans mon élan. J'ai abandonné l'instrument. »

« Ma mère me disant que j'étais un génie. J'ai cru que je devais être parfait. J'étais gêné de demander de l'aide. »

La liste est longue. Ces commentaires désinvoltes, inconsidérés, lancés puis oubliés, se logent dans notre psyché et provoquent un blocage de notre identité créative. Les étiquettes – positives comme négatives – sont dangereuses. Dire aux enfants qu'ils sont « paresseux » ou qu'ils sont « brillants » a des effets similaires : dans les deux cas, l'enfant est moins enclin à faire ce qu'il aurait fait spontanément. Qualifié de « paresseux », il éprouve un sentiment de honte et de fatalisme. Qualifié de « brillant », il a peur de faire des erreurs, il craint de ne pas être à la hauteur. Ce qui en découle est tragique : dans chaque cas, l'enfant apprend que créer, c'est dangereux.

En intériorisant qu'il est dangereux de créer, que nous serons étiquetés et jugés si nous créons, nous réagissons en ne créant pas. En ne créant pas, nous ignorons la plus importante et précieuse partie de notre être.

Notre culture renferme des mythes bien ancrés au sujet des artistes. Les professeurs, les amis, les parents peuvent tous inconsciemment entretenir l'idée que l'art est une perte de temps et que les artistes sont fous, instables ou alcooliques. Le revers de cette médaille se révèle plus vraisemblable : ce sont les artistes bloqués qui agissent souvent de manière démente et instable. Les artistes bloqués perdent beaucoup de temps. Le Grand Créateur nous a fait don de la créativité. Tout le monde est créatif. Faire usage de notre créativité nous rapproche de Dieu. Encourager la créativité chez nos enfants les rapproche de leur propre pouvoir suprême. Vous devez faire très attention de sauvegarder la créativité émergente de vos enfants. En les protégeant, soyez gentil mais ferme, et tenez bon. Autorisez-leur la joie de pratiquer leur créativité. Soyez sûr qu'ils sont sur la bonne voie, car c'est le cas. Vous n'avez nullement besoin de contrôler leurs résultats.

FAITES UN COLLAGE

Exercice

C'est l'un de mes exercices préférés, que vous réaliserez avec vos enfants, « séparément mais ensemble ». Rassemblez de vieux magazines et prévoyez une paire de ciseaux, de la colle et une feuille cartonnée pour chaque participant. Chacun choisit des images qui lui parlent et les dispose comme bon lui semble. Il est frappant de constater les différents messages et les merveilleuses idées que contient chaque poster ainsi composé. Cet exercice promet bien des surprises. Quand vous aurez fini, invitez chaque membre de la famille à « présenter » son collage aux autres participants.

RÉBELLION ET CONFORMISME

Nous appartenons à une société ambitieuse, et l'une de nos ambitions concerne nos enfants. Nous voulons qu'ils excellent, qu'ils brillent, qu'ils n'aient que le « meilleur ». Nous voulons qu'ils soient acceptés et capables de réussir dans le monde. Et ce faisant, nous nous surprendrons peut-être à nous opposer aux impulsions créatives qui ne servent pas directement les objectifs de carrière de nos enfants, ou du moins les objectifs de carrière que nous croyons bons pour eux. Ainsi, nous nous opposerons peut-être à leur demande de pratiquer telle ou telle activité qui pourrait nous embarrasser (ou eux) – ou « qui ferait mauvaise impression ».

Ici, il faut faire preuve de discernement. Il existe, évidemment, des normes acceptées que nos enfants doivent apprendre à respecter en société. Et il existe d'autres normes qu'il n'est pas mauvais de bousculer un peu.

Le paradoxe de la reconquête – et du développement – de la créativité, c'est que nous devons sérieusement arrêter de nous prendre au sérieux, nous comme nos enfants. Nous devons réapprendre à jouer et les encourager à jouer. Nous devons protéger leur disposition au développement.

Nous pouvons trouver des moyens créatifs d'encourager « une rébellion appropriée » – c'est-à-dire un esprit ludique et espiègle – qui pourra se révéler amusant pour toute la famille. Avec un peu d'imagination de notre part, nous favoriserons la créativité en encourageant un non-conformisme enjoué.

Valerie, mère de deux enfants de huit et douze ans, est fatiguée de leurs requêtes incessantes au rayon céréales de l'épicerie. « Non, vous ne pouvez pas acheter de céréales si l'ingrédient principal est du sucre, leur dit-elle pour la énième fois. Cela équivaudrait à avoir un dessert pour le petit déjeuner. » Mais ses enfants continuent à la supplier, en tirant du rayonnage chaque boîte bariolée pour en lire avidement la liste d'ingrédients dans l'espoir de trouver quelque chose pour contourner le règlement strict imposé au remplissage du chariot.

« Du sirop de maïs ? suggère l'aînée, Brooke.

— Non, lui rappelle Valerie, c'est du sucre.

— Mais je *veux* du dessert pour le petit déjeuner ! l'implore son fils. Ça serait le plus beau jour de l'année. »

C'est là que Valerie a eu une inspiration soudaine.

« Eh bien, si vous pouviez avoir du dessert pour le petit déjeuner, choisiriez-vous des céréales ? » leur demande-t-elle avec insistance.

Brooke et Ryan se concertent du regard.

« Pas sûre, répond Brooke d'un ton mal assuré.

— Tu veux dire si nous pouvions avoir n'importe quel dessert pour le petit déjeuner ? s'enquiert Ryan.

— C'est ça, répond Valerie avec un sourire.

— Eh bien, alors, ce serait du gâteau au chocolat, s'accordent le frère et la sœur.

— Bon d'accord, promet Valerie. Allons au rayon pâtisserie. »

Ses enfants se regardent, abasourdis. Vont-ils vraiment avoir du gâteau au chocolat pour le petit déjeuner ?

« Demain, c'est un jour spécial, reprend Valerie en faisant mine de vérifier son calendrier. Ça s'appelle le Jour à l'envers, ce qui veut dire que nous commencerons par le dessert le matin, puis nous dînerons. Au déjeuner, nous déjeunerons, et au dîner, nous petit-déjeunerons. »

Elle éclate de rire, tellement cette idée lui semble farfelue !

« Allons, et si on planifiait le menu ? »

Tandis qu'ils se précipitent dans toute l'épicerie, décidant ce qu'ils pourront manger à chaque repas, ils attendent le lendemain avec joie. Et comme promis, le lendemain matin, au petit déjeuner, il y a du gâteau au chocolat.

« Bon, rappelez-vous, ceci ne se produit qu'une fois l'an, dit Valerie. Mais c'est plutôt marrant, pas vrai ? »

Depuis ce jour, chaque année, ses enfants attendent avec impatience le Jour à l'envers. Ce petit acte créatif de rébellion leur a rappelé à tous qu'eux aussi avaient un pouvoir dans ce monde, et que les règles n'étaient pas gravées dans le marbre.

« Une fois l'an, je ne crois pas que cela fasse de mal », dit Valerie.

Personnellement, je suis convaincue que cela ne fait pas de mal du tout. Un non-conformisme enjoué inscrit dans des limites sécurisantes peut apporter de la joie et un sentiment de croissance dont il est de notre droit spirituel et créatif de faire l'expérience.

Un point commun à nombre de gens élevés pour devenir – et rester – libres de leur créativité, c'est le sentiment que leurs parents s'amusaient beaucoup de leur entrain à jouer. Sans porter aux nues ni déprécier non plus leurs efforts, ces parents ont eu tendance à ne pas trop s'immiscer quand il s'agissait de jeux créatifs.

Alexandra se souvient d'être allée en colonie de vacances artistique un été. Le directeur avait donné à chaque participant, comme cadeau de départ, un pendentif constitué d'une étoile en bois suspendue à une cordelette orange.

« Il faut être bien courageux pour porter de l'orange », avait-il dit en distribuant les colliers.

Alexandra dit que c'est à ce moment-là qu'est née sa prédilection pour cette couleur. Elle raconte ensuite que, de retour à la maison, elle avait décidé de poursuivre cet acte de courage encore plus loin, en portant fièrement toutes les couleurs de l'arc-en-ciel lors de son entrée en cinquième : des chaussures violettes, des chaussettes vertes, un pantalon bleu, un tee-shirt jaune apparaissant au niveau de l'encolure d'un polo rouge et, bien sûr, son collier orange.

« Mes parents ne m'ont pas félicitée de ma super tenue quand j'ai descendu l'escalier, mais ils ne m'ont pas obligée non plus à retourner me changer, dit-elle. Je pense que, dans l'ensemble, ils m'ont plutôt laissée faire ce que je voulais. »

En encourageant et en soutenant nos enfants ainsi que nous le faisons pour nous-mêmes, nous leur enseignons à s'encourager et à se soutenir, eux-mêmes ainsi que les autres. Grâce à cette attitude, ils renforcent leur lien avec le Grand Créateur. Cette connexion permettra à leur créativité de s'épanouir.

Des voies s'ouvriront à eux. Nous n'avons pas à savoir précisément comment. Nous devons toujours nous assurer que nos enfants avancent dans la bonne direction... et les laisser partir avec foi.

LE JOUR À L'ENVERS

Exercice

En vous inspirant de Valerie, planifiez de célébrer une fois l'an le Jour à l'envers. Invitez vos enfants à participer à l'élaboration du menu. Comme il s'agit d'un jour exceptionnel, ne laissez pas vos objectifs nutritionnels brider cette petite expédition à l'épicerie. Autorisez-vous par la même occasion à vous amuser. Ce jour doit être mémorable pour toute la famille.

SACHEZ GÉRER VOTRE DISPONIBILITÉ

Déterminer précisément jusqu'à quel point nous rendre disponibles pour nos enfants est un constant numéro d'équilibriste. Parfois, nous choisissons d'être indisponibles, car nous avons besoin de nous ressourcer de notre côté. D'autres fois encore, c'est le travail qui nous oblige à nous absenter. Et à d'autres moments, nous devons faire attention de ne pas être *trop* disponibles. Quotidiennement, nous devons jongler intelligemment avec nos engagements – envers nous-mêmes, notre travail et nos enfants. Notre mission consiste à déterminer les nécessités de l'emploi du temps familial. Il faut prendre en compte les obligations professionnelles et éducationnelles, les rendez-vous et les envies. Il faut aussi être attentif – et réagir – aux besoins émotionnels et spirituels de chacun. Ces contraintes définissent le temps qu'on passera ensemble et les plages où on ira chacun de son côté.

Souvent, notre premier réflexe est d'accorder à nos enfants plus de temps qu'il n'est vraiment possible – voire recommandé. Nous voulons être un « bon parent », sept jours sur sept, vingt-quatre heures sur vingt-quatre. Nous croyons que nous devons être constamment « à disposition ». Mais ce n'est pas réaliste. Nous ne rendons pas service à nos enfants en professant que nous serons toujours disponibles, à la demande. Il est préférable de nous synchroniser sur la vraie vie – où l'on ne connaît pas toujours une satisfaction immédiate. En disant à ma fille : « Pas maintenant, Maman écrit », je lui ai enseigné la patience et la sensibilité. Il est fondamental pour nos enfants d'assimiler ces deux qualités. Quand je m'entretiens maintenant au téléphone avec elle, elle me demande systématiquement : « Est-ce le bon moment ou es-tu en plein milieu de quelque chose ? » Je lui indique ensuite mes limites : « Je dois sortir dans vingt minutes. Nous pouvons discuter un quart d'heure. » Certaines fois, je suis en effet occupée et dans l'impossibilité de discuter. Ma fille a appris à ne pas douter que je la rappellerai dès que possible.

« Tu as besoin d'avoir du temps pour toi, m'a enseigné ma sage amie Julianna McCarthy. Ce n'est pas égoïste de t'occuper de toi. Cela vous sera bénéfique à toutes les deux. »

Elle a insisté pour que j'engage une baby-sitter et que je prenne le temps et le soin de me réserver une fois par semaine un « rendez-vous avec l'artiste », pour faire toute seule quelque chose qui m'enchante ou m'intéresse. Julianna a insisté pour que je « remplisse mon puits », consciemment et régulièrement. En tant que parent, vous puisez considérablement dans votre réserve d'énergie et devez faire l'effort conscient de la renouveler.

Lorsque nous essayons de continuer trop longtemps sans remplir à nouveau notre réserve intérieure, nous risquons le martyre et le ressentiment. Nos enfants peuvent dire quand nous sommes disponibles avec plaisir ou quand notre disponibilité est contrainte et forcée. En étant en accord avec nous-mêmes, nous prenons soin de nous. En prenant soin de nous, nous sommes en accord avec nos enfants. L'exemple que nous leur donnons leur enseigne à prendre soin d'eux-mêmes.

Quand il faut faire des heures supplémentaires au travail, peut-être nous sentons-nous coupables ou impatients à cause de cet emploi du temps qui semble échapper à notre contrôle. Mais si nous acceptons notre emploi du temps et accordons autant de valeur à notre vie professionnelle qu'à notre vie familiale, ces deux aspects de notre existence en seront peut-être enrichis. Il y a toujours un juste milieu à découvrir. Nous pouvons toujours améliorer la manière dont nous gérons dans la réalité le fait de jongler entre travail et vie familiale.

David, entrepreneur, voyage fréquemment pour affaires. « Cela fait partie de ma réalité », dit-il. Sa société a trois sièges, et bien qu'il soit domicilié à Miami, il se déplace souvent à New York ou à Los Angeles. « Je dois y aller, dit-il. Mais mes trois fils savent que chaque fois que je pars en voyage, je leur rapporte un petit quelque chose. Ce n'est vraiment pas grand-chose, une casquette de base-ball ou un livre pour chacun, mais j'essaie de leur ramener un souvenir pour qu'ils sachent que j'ai pensé à eux. »

Bien que le travail et le planning des déplacements de David soient intenses, il reste régulièrement en contact avec ses fils, où qu'il se trouve. « J'ai appris qu'il ne faut pas grand-chose, dit-il. En prenant dix minutes pour vraiment écouter les aventures de la journée de mon fils, et lui dire que je l'aime, indépendamment de ce qui peut se passer d'autre, nous nous sentons tous les deux en contact. Il m'arrive de souhaiter pouvoir passer toute la semaine avec mes gamins. Mais en fait, je sais que ce fonctionnement nous convient bien. Simplement, je m'assure de faire chaque jour un effort, quoi qu'il arrive. »

Les trois fils de David acquiescent. « Papa sait ce que nous fabriquons, dit Mike, l'aîné. Je ne me sens pas vraiment déconnecté de lui, même s'il est souvent en voyage. Et il passe beaucoup de temps avec nous. » Lorsque David demande à Mike s'il préférerait l'avoir dans les parages tout le temps, Mike lui fait un grand sourire. « C'est ce qui se passe quand on est en vacances. Et je pense que ça suffit. »

Nous ne pouvons pas complètement ignorer ni contrôler les réalités de notre vie. Mais ce dont il est important de se souvenir, c'est que nous n'avons pas à être constamment disponibles pour nos enfants. C'est la qualité – plus que la quantité – du temps passé ensemble qui détermine notre véritable relation avec eux.

Un excès de présence peut également finir par se retourner contre nous. Si notre agenda est tel qu'en effet nous en consacrons la majeure partie à nos enfants, nous devons veiller à ne pas devenir codépendants d'eux.

Dannie, une mère au foyer qui enseigne également à sa fille à domicile, évoque une situation aux antipodes de celle de David. « Je dois faire attention à ne pas être trop disponible pour ma fille, me dit-elle. Il est si facile de nous retrouver empêtrées. Enseigner à domicile est un élément fort à ajouter à la relation mère-fille, déjà intense. Ce choix convient à notre famille, mais c'est un véritable numéro d'équilibriste. »

Dannie le sait d'expérience. « Quand nous passons trop de temps "juste toutes les deux", on dirait que nous régressons l'une et l'autre, me dit-elle. Ma fille a besoin des garde-fous d'un groupe de camarades, et comme elle n'en bénéficie pas par l'intermédiaire d'une école, je dois faire très attention de les lui fournir. » Lorsque Dannie prévoit, dans l'emploi du temps de sa fille, des périodes de récréation et des activités à l'extérieur, elle fait en sorte qu'il s'agisse de situations où son enfant sera placée sous la responsabilité d'autres adultes. « Je ne peux pas être constamment la seule à lui dire quoi faire, m'explique-t-elle. Elle m'en voudrait très rapidement ! Et je pense qu'elle ne m'écouterait plus. »

Il faut jongler avec les réalités et désirs venant de tous les horizons pour déterminer la disponibilité appropriée à notre bien-être et à celui de nos enfants. Dannie a appris que dans son foyer, il était important de fixer des limites en ce qui concerne la chambre parentale. Malgré le souhait de sa fille qu'ils dorment tous ensemble, Dannie a trouvé cette limite particulièrement utile dans une maisonnée où se retrouver les uns sur les autres était un danger.

« Nous l'avons autorisée à venir dans notre chambre à neuf heures du matin le week-end pour se blottir contre nous, mais pas à d'autres moments, dit-elle. C'est bien pour elle qu'elle ait sa propre chambre, son propre lit et un espace qui lui appartient en exclusivité. Et de même, c'est bien pour mon mari et moi. »

Parfois, c'est de nous que dépend le temps que nous consacrons à nos enfants, et parfois non. Tout en nous efforçant d'avoir « suffisamment » de temps avec eux, nous devons veiller aussi à ne pas en consacrer trop. En laissant à chacun un moment de répit, un espace où « exister », nous créons une famille à la fois connectée et autonome.

LES RÈGLES À LA MAISON

Exercice

Une liste de règles positives applicables à la maison apporte au foyer une atmosphère de collaboration et d'autonomie. Chaque maisonnée est différente. Cette liste peut contenir des tâches ménagères, des comportements à adopter, un programme d'activités. Permettez-vous de jouer de temps en temps. Peut-être que l'une de ces règles domestiques pourrait être que, le soir, tout le monde fasse part aux autres d'un « temps fort ».

DES RACINES ET DES AILES

« Le truc quand on devient parent, dit Scott, c'est que l'on se surprend à revivre toute son enfance. Lorsque mes fils éprouvent une vive excitation en jouant dans l'océan pour la première fois, c'est comme si, moi aussi, je jouais dans l'océan pour la première fois. Je ne m'y attendais pas. C'est marrant. »

Partager son passé avec son enfant peut s'avérer un chapitre excitant de l'éducation prodiguée par les parents. En leur faisant découvrir nos expériences préférées, nous en faisons nous-mêmes de nouveau l'expérience et relions ainsi le passé et l'avenir. En poursuivant nos propres traditions, nous ouvrons la voie pour que nos enfants les poursuivent à leur tour.

« On ne joue plus assez, dit Marcia, mère de deux petits garçons vivant dans l'aire métropolitaine de Chicago. Et je ne parle pas des jeux vidéo. Je veux parler des jeux de société qui demandent de la réflexion. Celebrity, Scattergories, des jeux comme ça. Les parents ont besoin de s'amuser avec leurs gamins. Et vraiment, aller à un événement sportif, ce n'est pas marrant pour moi, les conduire à leurs cours de natation non plus. Je veux dire marrant comme ce que l'on trouvait habituellement marrant dans mon enfance. Je suis très surprise que les gamins ne sachent plus jouer à des jeux de société. »

En allant rendre visite à Marcia dans sa maison chaleureuse et animée, je l'ai observée en train de canaliser la considérable énergie de ses garçons et de leurs copains tout en gardant, de manière surprenante, sa concentration pour converser avec moi.

« À table, tout le monde ! a-t-elle annoncé. Je vais commander une pizza, et on va jouer à un jeu en attendant qu'elle arrive. »

Il y a eu quelques récriminations mais, après quelques instants, les garçons s'étaient rassemblés autour de la table, lançant des idées pour des garnitures de pizza en s'installant grosso modo sur leurs chaises.

« OK, OK ! a lancé Marcia. Je vous ai entendus. J'ai vos commandes. Bon, maintenant, dites-moi, y en a-t-il un parmi vous qui sait jouer à Scattergories ? » Ses fils connaissaient ce jeu, contrairement à leurs amis. « Bien, a repris Marcia. Alors, vous allez apprendre. »

Elle leur a donc exposé les règles, et, après un démarrage chaotique, la partie battait son plein. Les garçons s'amusaient de leurs réponses respectives, se connectant l'un à l'autre d'une manière que je n'avais pas vue lorsque, plus tôt, ils se couraient après dans toute la maison. Lorsque la pizza est arrivée, ils l'ont dévorée, mais la partie ne s'est pas arrêtée pour autant.

« Vous voyez ? leur a dit Marcia. C'est bien plus marrant que vous ne le pensiez, n'est-ce pas ? » Puis, elle s'est tournée vers moi tandis que les garçons se dispersaient.

« Le truc, c'est que s'ils n'essaient pas, ils ne savent pas qu'il y a une autre option. Si vous ne leur montrez pas, comment voulez-vous qu'ils connaissent ? Il se trouve que je crois aux jeux. Aux jeux dans la voiture, aux jeux à la maison – je vous le dis, les films dans la voiture, quelle mauvaise idée ! J'essaie d'être un exemple de créativité. C'est ce qui est le plus important. Vous voulez qu'ils lisent ? Lisez. Qu'ils jouent à des jeux ? Jouez avec ou sans eux. »

L'idée de Marcia est judicieuse, selon moi, et c'est ce que je lui ai dit. Ses fils en sont la preuve vivante. Ce sont des sportifs, mais ils ont également tous deux joué dans des pièces de théâtre pour la communauté et à l'école. Ils apprennent à pratiquer un instrument. Ce sont de jeunes garçons, qui évoluent au rythme étourdissant des jeunes garçons. Mais on leur donne de petites ou grandes occasions d'être créatifs et de découvrir la créativité des générations qui les ont précédés.

S'il vous est possible de voyager pour aller voir de la famille ou des lieux où ont grandi vos ancêtres, le périple en vaut la peine. Si vous n'en avez pas les moyens, parlez de ces personnes et de ces lieux à vos enfants. Racontez-leur ce dont vous vous souvenez au sujet de votre enfance. Puis demandez-leur de raconter une anecdote personnelle. Si vos ancêtres étaient allemands, allez dans un restaurant allemand. Apprenez à compter jusqu'à dix en allemand. Ouvrez une porte – n'importe laquelle – sur la riche histoire de votre passé, et votre enfant en sera enrichi.

Nous sommes parfois en mesure de donner des racines au rêve de nos enfants, mais nous devons faire appel à un autre membre de la famille pour nous aider à leur donner des ailes. Si nous pouvons partager leur développement avec d'autres membres de la famille, un cadeau rare et précieux leur est offert, en effet.

Sarah, la jeune maman d'Eva, trois ans, n'avait aucun intérêt pour le théâtre. Dans son enfance, ses parents trouvaient important de mettre leurs enfants en contact avec autant de créativité que possible, les emmenant voir des productions locales au théâtre pour enfants ou dans les écoles du quartier. Bien que Sarah n'ait jamais été tentée de se joindre à l'action sur scène, elle aimait beaucoup assister aux spectacles, et autant elle ne se voyait guère participer à une activité de ce genre, autant elle la trouvait divertissante à regarder.

Avec le jeune frère de Sarah, Toby, cependant, c'était une autre histoire. Il n'avait que trois ans quand il a assisté à sa première comédie musicale, un spectacle qui l'a immédiatement fasciné. À présent metteur en scène de théâtre professionnel, Toby parle encore de ses premiers souvenirs théâtraux avec tout l'émerveillement d'un enfant.

« Je pense que le premier spectacle que j'ai vu, c'était à l'école primaire, se rappelle-t-il. Mais dans un sens, c'était aussi époustouflant que de voir pour la première fois une comédie musicale à Broadway. Je n'en croyais pas mes yeux. J'avais l'impression que c'était vraiment magique. Dans mon travail, j'essaie de recréer cette impression pour le public. Je me demande toujours si mon ancien Moi est assis dans la salle, à assister à mes spectacles. Je présume que oui. »

Étant donné qu'on a inculqué à Sarah et à Toby qu'il vaut la peine de s'intéresser à la créativité sous toutes ses formes, Sarah s'engage à offrir ce même cadeau à Eva.

« Je ne comprends pas vraiment le théâtre, mais Eva semble beaucoup s'y amuser, dit Sarah. Ce n'est pas l'une de mes passions, mais je me réjouis de tout ce qui peut l'enthousiasmer, vraiment. Ses réactions sont aussi fascinantes à mes yeux que tout ce qui se passe sur scène. Je l'emmène à autant de représentations théâtrales que possible. Et dès qu'elle voudra y participer, je l'y encouragerai. »

Toby est vraiment ravi que sa nièce semble partager certains de ses centres d'intérêt. Il va la voir régulièrement et lui apporte des films et des CD de comédies musicales. Il joue des scènes avec elle et l'encourage à jouer ses propres scènes.

« Eva est vraiment en train de devenir une actrice, dit Sarah en riant. Je me contente de rester à l'écart quand elle est occupée à créer ses personnages. C'est hilarant pour moi de regarder où elle peut aller chercher ces trucs, en inventant constamment des histoires qu'elle "joue" pour moi. Je serai toujours très bon public – à présent et si jamais elle décide vraiment de monter sur scène. »

Le grand cadeau de Sarah à Eva, c'est son attention et ses applaudissements. En les lui donnant, elle lui donne ses racines. Eva a non seulement en Toby une connexion à sa famille étendue, mais aussi un allié qui parle son langage, qui lui offre des cadeaux qui élargissent ce qu'elle a déjà imaginé ou ce qu'on lui a présenté, contribuant ainsi à l'essor de ses passions. La place de Sarah dans le public lui apporte un sentiment de sécurité. En la laissant jouer ses histoires dans le salon, elle lui donne des racines. En tant que spectatrice, elle peut paraître passive, mais faire cadeau de son attention est peut-être l'acte le plus important qui soit.

Quand nous exposons nos enfants à la plus grande variété possible de stimulations, nous leur permettons de découvrir non seulement comment s'amuser, mais aussi comment se sentir connectés au monde. En leur faisant part de nos passions et de notre histoire, nous leur faisons savoir qu'ils s'inscrivent dans cette histoire et ces passions. En leur permettant de forger des connexions, nous donnons des ailes à leurs rêves.

DE RETOUR AUX JEUX

Exercice

Jouez à un jeu, de préférence autre qu'un jeu vidéo. Idéalement, choisissez-en un auquel vous jouiez dans votre enfance. Jouez-y aujourd'hui avec votre enfant. Quels souvenirs refont surface ? Comment votre enfant s'amuse-t-il à « jouer dans votre passé » ?

Chapitre 12

CULTIVEZ LA FOI

La foi est nécessaire à la créativité, et nécessite que nous renoncions à tout contrôler. Nous sommes si intrinsèquement liés à la trame de la vie de nos enfants qu'il est facile de penser que, pour eux, nous devons jouer le rôle de Dieu. Il ne le faut pas. Nous pouvons consciemment introduire dans leur vie et la nôtre des personnes positives, mais nos enfants ont déjà – et auront toujours – leur propre connexion, unique, à une puissance suprême. Cette idée a de quoi nous réconforter à jamais. En apprenant à être serviables, nos enfants participent d'un plus grand dessein. En pratiquant leur créativité, ils se rapprochent de la divinité. En chacun de nous se trouve une étincelle divine, et cette étincelle peut évoluer en une flamme constante. Éclairée d'un rayonnement intérieur, la vie de nos enfants se fait lanterne éclairant la voie à suivre pour eux, ainsi que pour d'autres.

LES « MIROIRS CROYANTS »

Les « miroirs croyants » sont des personnes qui voient le meilleur en nous, qui nous renvoient une image de nous-mêmes plus vaste et plus remarquable que celle que nous pouvons avoir. Ils perçoivent notre potentiel et répondent à nos idées avec enthousiasme et confiance. Nous devons dénicher de telles personnes pour nous-mêmes, ainsi que pour nos enfants. Cet objectif signifie que non seulement nous devons être pour eux un « miroir croyant », mais également que nous devons les entourer de personnes qui prendront extrêmement soin de leur créativité – et non de personnes qui essaieront de la domestiquer à l'excès « pour leur propre bien ». Certaines de nos amitiés inspireront notre imagination artistique, tandis que d'autres l'étoufferont. Il en est de même des gens auxquels nous présentons nos enfants.

Ce constat ne signifie pas que nous pouvons contrôler toute influence dans notre vie ou la leur, bien sûr que non. Nos enfants rencontreront certainement un professeur nul ou un entraîneur mesquin, et ce n'est pas mauvais pour eux d'apprendre comment gérer ce genre d'individus. Tout le monde n'est pas disposé à jouer gentiment, telle est la réalité. Mais idéalement, nous pouvons œuvrer pour nous assurer que la plupart des gens qu'ils rencontrent soient encourageants et d'un grand soutien ; il faut aussi veiller à enseigner à nos enfants à faire preuve de perspicacité.

Prendre soin de soi est lié à l'estime de soi. Lorsque nous prenons soin de notre artiste intérieur en l'encourageant et en le respectant, nous comprenons comment encourager et respecter l'artiste intérieur de nos enfants. Lorsque nous leur renvoyons l'image de leurs principales et plus appréciables qualités, ils se développent en fonction et grandissent pour accomplir leur potentiel créatif.

La créativité s'apparente à de l'oxygène pour l'âme de nos enfants. Les couper de leur créativité les rend sauvages. Nous ne sommes pas différents nous-mêmes – si l'on nous pousse, jour après jour, à nous plier à un emploi du temps ne laissant aucune place pour que nous puissions nous arrêter et prendre conscience de nous-mêmes, ou si notre entourage nous fait des remarques cinglantes, nous avons tendance à réagir comme si nous défendions notre vie. Et c'est bien le cas. Lorsque nous obligeons nos enfants à entrer dans des cases qui ne permettent pas à leur créativité d'évoluer, ils se rebellent, réagissent avec rage et comme s'ils défendaient leur vie. Car c'est bien le cas.

Beaucoup de personnes, amis, étudiants ou collègues, qui ont poursuivi avec succès une pratique créative depuis leur enfance jusqu'à leur vie d'adultes m'ont tenu des propos vraiment très similaires à ce sujet. À un moment ou à un autre, un « miroir croyant » – ou plusieurs – les a encouragés à aller de l'avant. Très souvent, il s'agissait d'un parent. Et quand il s'agit du père ou de la mère, l'enfant est en effet dans une position très privilégiée.

L'un de mes étudiants est musicien professionnel. Quand je lui ai demandé ce qui lui avait permis de poursuivre ses rêves, il m'a répondu sans la moindre hésitation. « Mes parents, sans aucun doute. Ils ne m'ont jamais ridiculisé ni culpabilisé de m'intéresser aux arts, ni d'avoir fait carrière dans ce domaine. Ils m'ont aidé financièrement et spirituellement aux moments où j'avais grand besoin de leur soutien. Mon père me dit toujours comme j'ai eu de la chance de trouver très tôt mes passions et ma créativité, et que beaucoup de gens cherchent encore dans quoi s'investir. »

On ne saurait mieux dire. Selon moi, tout le monde cherche un domaine dans lequel s'investir. Nous sommes tous destinés à créer. Ceci peut se manifester de multiples façons, et ceux qui peuvent pratiquer, personnifier et transmettre l'acte de créer sont les « miroirs croyants » dont nous avons tous besoin.

Mon estime de moi en tant qu'artiste vient de la réalisation d'une œuvre. L'estime de soi de nos enfants découle de leurs actes et travaux créatifs. En soutenant et appliquant sérieusement cette idée, nous leur disons : « Ton point de vue individuel a de l'importance. Je veux me mettre à l'écoute de ce que tu vois et de ce que tu penses. »

Des gestes simples peuvent avoir un grand impact. Peter, un acteur, décrit comment sa mère était présente à chaque représentation à laquelle il participait à l'école primaire : « Je savais qu'elle venait me soutenir, dit-il. Elle ne ratait aucun spectacle. Qu'elle soit dans le public m'a appris qu'elle était heureuse que j'y participe. Et en sachant qu'elle en était heureuse, j'ai pu me rendre compte que j'étais en fait un acteur. Sa présence m'a permis d'admettre que jouer la comédie me rendait heureux aussi. »

Être un « miroir croyant » peut également se manifester autrement. Lorsque nous incitons vivement nos enfants à se lancer créativement en usant de leurs ressources personnelles, nous leur enseignons à puiser en eux-mêmes. Ce faisant, nous reconnaissons qu'il y a, en effet, quelque chose en eux qu'il vaut la peine de découvrir.

« Ma belle-mère a eu l'impact le plus direct sur ma créativité. Elle limitait notre usage de certains divertissements "paresseux", dit Michele. Nous étions obligés de trouver des façons créatives de nous amuser. Comme nous n'étions pas autorisés à regarder la télé dans la journée et que nous préférions ne pas faire la vaisselle le samedi après-midi, nous trouvions de quoi nous occuper. Avec mon frère introverti, nous jouions aux "amis imaginaires", pendant que mes autres frères jouaient au foot sur l'îlot de verdure au bout de la rue. Je n'avais pas de poupées, alors je faisais des "personnages en papier" avec du papier-machine. Je passais des heures à dessiner leurs vêtements, de petits téléphones, leurs produits de maquillage et leur panier à provisions. »

La créativité repose sur la spécificité et la précision, autrement dit, sur ce qui est bien imaginé. Ce n'est pas une coïncidence si, quand les gens évoquent leurs souvenirs d'enfance en ce qui concerne le développement de leur créativité, ils relatent des expériences et des événements précis.

Pour être artiste, il faut reconnaître et apprécier ce qui est singulier.

« Ma passion pour la comédie me vient de mon grand-père, poursuit Michele. Quand j'étais toute petite, assis devant moi, il faisait des grimaces. Quand j'ai été un peu plus grande, je me rappelle avoir pris le train pour aller le voir, et je l'ai vu s'avancer vers moi en jouant son rôle habituel du "vieux pépé". Il était là-bas, encore loin, avançant en claudiquant vers le train, un œil à moitié clos. Lorsque je jouais des personnages pour lui, au début en l'imitant avant d'en inventer, c'était lui mon plus grand soutien. Il réagissait comme si chaque grimace que je faisais était hilarante. Il riait à toutes mes plaisanteries. Qu'il croie en mon côté comique m'a fait croire que j'étais drôle. »

Aujourd'hui, Michele est comédienne d'improvisation. Et quel est son personnage le plus populaire ? Le « vieil homme qui boite ».

Quand nous réprimons des rêves créatifs sous prétexte qu'ils seraient « irresponsables », autant dire que c'est nous qui le sommes. Le Créateur nous a tous faits créatifs. En nous servant de notre créativité, et en encourageant autrui à faire de même, nous acceptons de remplir notre part du marché. Or, c'est de cette façon que l'on commence vraiment à s'accepter soi-même. En acceptant les autres, et en leur renvoyant l'image de leur Moi la plus vaste et la plus remarquable, nous devenons un « miroir croyant ». En encourageant nos enfants de multiples façons, aussi minimes qu'amusantes, nous leur renvoyons l'image de leur potentiel.

LES « MIROIRS CROYANTS »

Exercice

Consacrez un moment à réfléchir à vos « miroirs croyants » :

Dans ma vie, l'un de mes « miroirs croyants » a été ____________ ____.

Cette personne m'a montré que je____________________________

Maintenant, examinez globalement la vie de votre enfant. S'y trouve-t-il déjà des « miroirs croyants » ? Y en a-t-il d'autres que vous pourriez inviter à y entrer ?

ÊTRE SERVIABLE

Jenna Schwartz, la baby-sitter du quartier, vivait dans une petite rue de la banlieue de Minneapolis. Elle avait elle-même quatre enfants et pas beaucoup d'argent, alors elle ouvrait sa maison et proposait ses services. Elle accueillait pratiquement tout le quartier – sa devise étant : « Il y a toujours de la place pour un de plus. » S'occupant d'enfants dont le nombre grimpait souvent à deux chiffres, sa règle était : « Mettez le bazar – mais nettoyez. » Les gamins savaient qu'aller chez Jenna signifiait qu'ils allaient jouer à des jeux farfelus et qu'ils pourraient vraiment mettre le bazar. Certains des parents les plus collet monté du quartier mettaient en doute les méthodes de Jenna, tout en sachant que leurs enfants en raffolaient.

Pour sa part, Jenna aimait passer du temps avec les gamins du voisinage. « Plus on est de fous, plus on rit », chantonnait-elle.

Elle adorait présenter les enfants les uns aux autres, plus particulièrement lorsque des familles venaient d'emménager dans le quartier. « Il n'y a pas plus rapide pour rencontrer les voisins que de venir chez moi », disait-elle avec fierté.

Elle éprouvait une profonde satisfaction à regarder les liens d'amitié se tisser entre les enfants, et elle disait que ce qu'elle trouvait le plus satisfaisant, c'était de réussir à les faire rire ou de les aider à comprendre un peu mieux leurs devoirs de maths. « Cela me rend tellement heureuse ! expliquait-elle. Comme si je contribuais à améliorer un peu le quotidien de quelqu'un. Et cela améliorait considérablement le mien. » Jenna décrivait ainsi la profonde satisfaction qui découle de la serviabilité.

Mon amie Maude dit qu'elle croit que « les professeurs et les infirmières vont assurément au paradis ». Elle évoque ainsi des gens qui consacrent leur vie à être serviables. Comptabilisant elle-même quasiment soixante-dix ans dans une profession de service, elle a pu voir un nombre incalculable de services rendus de manière désintéressée – beaucoup effectués en toute discrétion, sans aucune attente de récompense – qui ont amélioré la vie de bien des gens.

Nous pouvons et devrions être inspirés par les personnes dont les actions serviables enrichissent notre vie. Si nous avons de la chance, les professeurs remplissent ce rôle pour nos enfants. Sharon décrit l'influence du professeur de théâtre de son fils comme « un tournant dans sa vie ». « Tyler a aidé Peter à sortir de sa coquille, dit-elle, les yeux soudain pleins de larmes. Il a perçu que mon fils avait le potentiel d'évoluer, sans se laisser démonter par ses réactions négatives. Il a encouragé Peter à essayer de jouer un rôle, de s'exprimer par la parole et de s'essayer à la comédie. Je savais que Peter avait du talent, mais ce que j'ignorais, c'est ce qu'il était censé en faire. Je ne savais pas comment le convaincre de jouer la comédie ailleurs que dans notre salon. Tyler savait comment, lui, et je ne l'en remercierai jamais assez. »

Nous pouvons chercher ces merveilleux mentors qui influenceront nos enfants, et ce sera rendre un grand service que de faciliter leurs rencontres. Nous n'avons pas besoin de savoir enseigner la danse à nos enfants ; par contre nous pouvons adapter notre emploi du temps afin de les conduire à leur cours de danse. Un père en Californie me dit que « tout » ce qu'il faisait, c'était de conduire ses filles à toutes leurs activités. À part ça, selon lui, il n'y était pas pour grand-chose si elles étaient devenues des personnes extrêmement créatives. Eh bien, les conduire chaque jour à tant de cours durant de nombreuses années était assurément un acte de noblesse. Son soutien général et généreux – en argent, en temps et en énergie – a permis à ses gamines de s'épanouir pour devenir qui elles sont aujourd'hui.

L'une de ses filles me relate maintenant la raison pour laquelle elle pense qu'elle et ses sœurs gagnent toutes maintenant leur vie dans un domaine artistique. « Je pense que nos parents étaient déterminés à nous immerger dans des communautés et des activités où nous serions entourées de gens créatifs. Bien que mes parents soient de grands amateurs d'art, aucun d'eux ne s'était engagé dans cette voie durant son enfance. La volonté de mes parents de m'encourager ainsi que mes sœurs par l'intermédiaire de toutes ces expériences nous a permis d'être constamment entourées de personnes créatives et de jeunes de notre âge ayant les mêmes centres d'intérêt. »

Ces sœurs s'encourageaient aussi mutuellement. Les fratries peuvent pratiquer l'acte généreux de la serviabilité en transmettant leurs connaissances aux plus jeunes. Dans la maison des Cameron, dès que l'un de nous avait appris quelque chose, il s'empressait de l'apprendre à ses frères et sœurs. Cette forme de parrainage ou de tutorat est une récompense en soi. En encourageant les projets créatifs des autres, nous nourrissons les nôtres. En exprimant clairement notre soutien au rêve d'autrui, nos propres rêves s'éclaircissent.

COMMENT S'AIDER MUTUELLEMENT

Exercice

Aujourd'hui, cherchez comment votre enfant pourra aider quelqu'un à faire quelque chose. Cela peut être n'importe quoi et pour n'importe qui. Peut-être aider son frère ou sa sœur à faire des corvées, ou une voisine âgée à jardiner ? Peut-être contribuer à illuminer la journée de quelqu'un par un sourire ou un câlin. Indiquer bien à votre enfant qu'il peut choisir la manière dont il apportera son aide. Quand il aura fini l'exercice, demandez-lui si se montrer serviable lui a plu.

DIEU S'OCCUPE DE TOUT

La créativité requiert de la foi. La foi requiert que nous renoncions à tout contrôler. Mais nous sommes parents – n'est-ce pas à nous de nous charger de tout ? Pas exactement. Nous prenons les meilleures décisions, nous écoutons, et nous agissons. Mais sous tout cela se trouve la foi en quelque chose de plus vaste – la foi que quelque chose guide chacun de nos pas, que nos instincts sont en fait fiables, tout comme Dieu.

Nous n'avons pas l'habitude de penser que la volonté de Dieu en ce qui nous concerne coïncide avec nos rêves intérieurs. Nous présumons souvent que la volonté de Dieu se trouve aux antipodes de ce que nous voulons pour nous-mêmes. Nous croyons au message de notre culture : la vie est dure et soyez vertueux. En vérité, c'est l'inverse : la vie est belle et vivez généreusement. Nous ne sommes jamais seuls, pas plus que nos enfants. Nous ne pouvons pas tout représenter pour eux, nous pouvons cependant espérer qu'il leur arrivera du bien. L'univers soutiendra toujours l'action créative positive. Nos rêves les plus sincères, pour nous-mêmes et nos enfants, dépendent également la volonté de Dieu en ce qui nous concerne.

Avant l'adolescence, Domenica est allée dans une école publique à Chicago. Je l'avais inscrite là pour l'éloigner du feu des projecteurs – son père devenant de plus en plus célèbre et controversé. Il avait réalisé un film intitulé *La Dernière Tentation du Christ*, qui avait déclenché un tollé quasi général de New York à Chicago. Les camarades de classe de Domenica se sont mis à l'asticoter sans pitié. Initialement, je n'ai pas pris la situation au sérieux. Après tout, raisonnais-je, ils étaient trop jeunes pour comprendre. Mais qu'ils soient jeunes ou pas et qu'ils ne fassent que répéter les préjugés de leurs parents ne changeait rien au fait que Domenica était devenue la cible de leur cruauté. Elle rentrait de l'école en larmes. Elle se sentait exclue et traitée comme un paria, tout en voulant défendre la réputation de son papa. Heureusement, elle avait un professeur plein d'empathie, Jeff Thornton, qui m'a appelée pour m'expliquer qu'en effet certains la prenaient à partie.

« Je fais ce que je peux, dit-il, mais je ne peux faire que mon possible. J'ai bien peur qu'elle ne se démarque trop. »

Après ma conversation avec M. Thornton, j'ai commencé à explorer d'autres options. Il y avait deux écoles privées où la célébrité du père de Domenica se fondrait à celle des parents des autres élèves. J'ai choisi l'école Francis W. Parker, en me disant que ce serait le meilleur environnement. Avec également le soutien de son père, Domenica a été transférée dans cette école, où son intérêt pour les arts a été récompensé par une attention positive. Elle s'est investie dans l'aspect technique du théâtre, apprenant comment faire fonctionner les éclairages et le son. Elle a été remarquée par un garçon plus âgé appelé Tony. Mais je la jugeais encore trop jeune pour sortir avec lui. Vingt ans plus tard, Tony a retrouvé Domenica. Il l'a invitée à dîner et s'en est suivie une histoire d'amour qui les a menés à un heureux mariage.

« Maman, il m'aimait déjà bien quand j'avais mes lunettes et mon appareil dentaire ! » s'était-elle exclamée.

La créativité – tout comme la vie humaine elle-même – commence dans l'obscurité. Le processus est guidé par quelque chose de plus vaste qui dépasse notre entendement, et nous devons nous laisser porter.

Le mystère se trouve au cœur de la créativité. La surprise aussi. Nous devons faire confiance à l'obscurité. Nous devons laisser nos idées suivre leur cours – et accorder à nos enfants le temps et l'espace de laisser leurs propres idées incuber – au lieu de turbiner comme une petite locomotive sur une voie ferrée bien droite. À vrai dire, c'est de cette façon qu'on voit s'épanouir les meilleures idées – et les enfants ayant les meilleures idées. Laissez-les pousser dans l'obscurité et le mystère. Offrez de les guider, mais laissez-les prendre leur forme unique. Nous sommes tous nés créatifs. Nous sommes tous, pour toujours, destinés à créer.

Aujourd'hui, ma magnifique petite-fille, Serafina Rose, me rappelle de garder l'esprit ouvert à ce qui est bien, d'inviter le mystère. En tenant sa petite main, je me souviens : Dieu est le Grand Créateur.

PRIÈRE

Exercice

Écrivez une prière. Elle peut être courte, longue, ordinaire, formelle. Peu importe la manière dont vous concevez Dieu ou vous adressez à Lui. Simplement, entrez en contact comme vous le feriez avec un bon ami. Ce moment est pour vous et pour vous seul.

INDEX

M-N

O

P

Q-R

Achevé d'imprimer en France par France Quercy, 46090 Mercuès
N° d'impression : 40768 - Dépôt légal : septembre 2014